中职中专
军事训练教材

李 军 主编

ZHONG ZHI ZHONG ZHUAN
JUNSHIXUNLIAN
JIAO CAI

山东科学技术出版社

前言

为落实国防教育法规，结合中职学生身心发展特点，我们组织部分军事理论素养过硬，热爱军事教育的教师组织编写了此本教材，作为中职中专军事教育训练的教材。

接受军事教育，培养国防意识，是每一个公民的光荣义务，是中职中专学生义不容辞的责任，是全面提升学生综合素养的重要举措，本书从军事法规、条令、人民解放军的光辉历程、军事思想、现代国防与高科技、应急救护、防空常识、增强国防意识，注意信息安全等方面，通过翔实的案例，鲜活的革命人物事迹，结合东西方军事思想的发展，从人民军队的诞生到现代鱼水深情，向学生展示一幅幅军事历史的画卷，从齐地军事思想大家、典型案例，激发学生民族自豪感和挖掘地域特点，增强学生的历史积淀，提升学生的历史素养，从鱼水深情、矢志不渝国防情、工匠精神让学子了解国防建设的重要性和人民军队的优良传统，了解现代学子肩负的民族复兴的历史使命和职业教育培养方向，是落实劳动光荣、创造伟大，大众创业，万众创新的新任务，为培养学生的核心价值观，落实习总书记的教育精神的高度体现。讴歌革命军人的英雄事迹，唤起学生的革命热情，投身全面改革开放的新时代，树立典型的学习榜样。此教材紧密结合职校生的学习生活和时代特点，是一本可读性强，富有教育意义的教材。

在编写过程中，编者大量查阅各种资料，得到了多位关心国防事业、热爱教育的有志之士的帮助，孙林涛校长多次给予指导，此书集众智之所为，在此表示感谢。对书中的错漏，敬请斧正！

目 录

第一章 国防法规......1
第一节 《中华人民共和国国防法》概述......1
第二节 《中华人民共和国兵役法》概述......3
第三节 《中华人民共和国国防教育法》概述......6
第四节 依法服兵役是每一个职业学校学生的光荣义务......6
第二章 共同条令......8
第一节 《中国人民解放军内务条令》概述......9
第二节 《中国人民解放军纪律条令》概述......12
第三节 《中国人民解放军队列条令》的军事训练......14
第四节 铁的纪律是战无不胜的法宝......17
第三章 中国人民解放军的光辉历程......20
第一节 中国人民解放军的发展史......20
第二节 齐鲁儿女多壮志......43
第三节 鱼水情谱新篇......56
第四章 军事思想......81
第一节 军事思想的形成与发展......81
第二节 齐国军事思想家与战例......94
第三节 毛泽东军事思想......101
第四节 新时期军事思想......110
第五章 现代国防与高科技......120
第一节 概述......120
第二节 现代国防特征......123

第三节　强大的我国国防......127
第四节　高科技在现代国防中的运用......134
第五节　矢志不渝国防情......139
第六节　工匠精神，逐梦成长......141
第六章　应急救护......147
第一节　救护新概念......147
第二节　心肺复苏（CPR）......150
第三节　气道梗阻的急救......155
第四节　创伤救护......160
第七章　防空常识......167
第一节　人民防空......167
第二节　要地防空......174
第三节　野战防空......176
第八章　增强国防意识，注意信息安全......178
第一节　国防意识......178
第二节　信息安全......181
附　录......185
一、《中华人民共和国国防法》......185
二、《中华人民共和国兵役法》......194
三、《中华人民共和国国防教育法》......206
参考文献......212

第一章 国防法规

我国已经建立了比较完备的国防法律法规，其涉及面广，权利义务规定明确，主要包括《中华人民共和国国防法》《中华人民共和国兵役法》《中华人民共和国国防教育法》。国防法规是由国家立法机关制定的并以国家强制力保证其实施的，用于调整国防体制、武装力量建设、国防科技建设、战争动员体制、国防生产、全民防御和国防教育等方面社会关系的法律规范的总称。它是国家国防政策的法律体现，是指导国防活动的行为准则，又是国家法律体系的重要组成部分。

第一节 《中华人民共和国国防法》概述

《中华人民共和国国防法》于 1997 年 3 月 14 日，第八届全国人民代表大会第 5 次会议通过，1997 年 3 月 14 日中华人民共和国主席令第 84 号公布，自公布之日起施行，分为 12 章、70 节。国家为防备和抵抗侵略，制止武装颠覆，保卫国家的主权统一、领土完整和安全所进行的军事活动，以及与军事有关的政治、经济、外交、科技、教育等方面的活动，适用本法。

一、加强国防建设的意义

在总则部分，详细论述了国防建设的意义，国防建设是保障社会主义现代化建设的顺利进行，是国家生存与发展的安全保障，国家不断适应现代科技的发展，提高国防水平，适应新时代的发展需要，加强国防是我国改革开放的需要，是维护世界和平，反对侵略扩张行为的需要，国家在集中力量进行经济建设的同时，加强国防建设，促进国防建设与经济建设协调发展。国家加强武装力量建设和边防、海防、空防建设，发展国防科研生产，普及全民国防教育，完善动员体制，实现国防现代化。

二、国家机构的国防职责

全国人民代表大会依照宪法规定，决定战争和和平的问题，并行使宪法规定的国防方面的其他职权。中华人民共和国主席根据全国人民代表大会的决定和全国人民代表大会常务委员会的决定，宣布战争状态，发布动员令，并行使宪法规定的国防方面的其他职权。国务院领导和管理国防建设事业。中央军事委员会领导全国武装力量。地方各级人民代表大会和县级以上地方各级人民代表大会常务委员会在本行政区域内，保证有关国防事务的法律、法规的遵守和执行。

三、武装力量

中华人民共和国的武装力量由中国人民解放军现役部队和预备役部队、中国人民武装警察部队、民兵组成。

中国人民解放军现役部队是国家的常备军，主要担负防卫作战任务，必要时可以依照法律规定协助维护社会秩序；预备役部队平时按照规定进行训练，必要时可以依照法律规定协助维护社会秩序，战时根据国家发布的动员令转为现役部队。

中国人民武装警察部队在国务院、中央军事委员会的领导指挥下，担负国家赋予的安全保卫任务，维护社会秩序。

民兵在军事机关的指挥下，担负战备勤务、防卫作战任务，协助维护社会秩序。

中华人民共和国的武装力量属于人民，受中国共产党领导。武装力量中的中国共产党组织依照中国共产党章程进行活动。它的任务是巩固国防，抵抗侵略，保卫祖国，保卫人民的和平劳动，参加国家建设事业，全心全意为人民服务。

四、国防教育

国家通过开展国防教育，使公民增强国防观念、掌握国防知识、

发扬爱国主义精神，自觉履行国防义务。学校的国防教育是全民国防教育的基础。各级各类学校应当设置适当的国防教育课程，或者在有关课程中增加国防教育的内容。《中华人民共和国兵役法》第四十七条规定，普通高中和中等职业学校，配备军事教员，对学生实施军事训练。《中华人民共和国国防教育法》第十五条规定，高等学校、高级中学和相当于高级中学的学校应当将课堂教学与军事训练相结合，对学生进行国防教育。高等学校应当设置适当的国防教育课程，高级中学和相当于高级中学的学校应当在有关课程中安排专门的国防教育内容，并可

以在学生中开展形式多样的国防教育活动。高等学校、高级中学和相当于高级中学的学校学生的军事训练，由学校负责军事训练的机构或者军事教员按照国家有关规定组织实施。军事机关应当协助学校组织学生的军事训练。第十六条规定，学校应当将国防教育列入学校的工作和教学计划，采取有效措施，保证国防教育的质量和效果。学校组织军事训练活动，应当采取措施，加强安全保障。

五、公民、组织的国防义务和权利

《中华人民共和国宪法》第五十五条规定："保卫祖国、抵抗侵略是中华人民共和国每一个公民的神圣职责。依照法律服兵役和参加民兵组织是中华人民共和国公民的光荣义务。"《中华人民共和国国防法》明确规定：依照法律服兵役和参加民兵组织是中华人民共和国公民的光荣义务，每个公民应当接受国防教育，了解国防知识，增强国防意识，积极保护国防设施，不得破坏、危害国防设施。公民和组织应当遵守保密规定，不得泄露国防方面的国家秘密，不得非法持有国防方面的秘密文件、资料和其他秘密物品。对破坏国防设施、危害国防利益犯罪的，《中华人民共和国刑法》第七章专门做了规定。

练习题

1. 请同学们谈一下国防建设的重要性。

2. 你们学校是如何开展国防教育的？

第二节 《中华人民共和国兵役法》概述

《中华人民共和国兵役法》，1984 年 5 月 31 日第六届全国人民代表大会第 2 次会议通过；1984 年 5 月 31 日中华人民共和国主席令第 14 号公布；根据 1998 年 12 月 29 日第九届全国人民代表大会常务委员会第 6 次会议《关于修改〈中华人民共和国兵役法〉的决定》第 1 次修正；根据 2009 年 8 月 27 日第十一届全国人民代表大会常务委员会第 10 次会议《关于修改部分法律的决定》第 2 次修正；根据 2011 年 10 月 29 日第十一届全国人民代表大会常务委员会第 23 次会议《关于修改〈中华人民共和国兵役法〉的决定》第 3 次修正，共 12 章、74 条，其依据是中华人民共和国宪法第 55 条"保卫祖国、抵抗侵略是中华人民共和国每一个公民的神圣职责。依照法律服兵役和参加民兵组织是中华人民共和国公民的光荣义务”和其他有关条款的规定制定，实行义务兵与志愿兵相结合、民兵与预备役相结合的兵役制度。《中华人民共和国兵役法》对平时征集、战时动员、军事训练和法律责任做出了明确的规定。

一、兵役制度

中华人民共和国实行义务兵与志愿兵相结合、民兵与预备役相结合的兵役制度。中华人民共和国公民，不分民族、种族、职业、家庭出身、宗教信仰和教育程度，都有义务依照本法的规定服兵役。兵役分为现役和预备役。现役军人和预备役人员，必须遵守宪法和法律，履行公民的义务，同时享有公民的权利。《中华人民共和国兵役法》第三章、第四章、第七章分别对士兵的现役和预备役、军官的现役和预备役、预备役人员的军事训练做出了具体明确的规定。第二十四条规定，士兵预备役的年龄，为 18 ~ 35 周岁，根据需要可以适当延长。具体办法由国务院、中央军事委员会规定。第 30 条规定，退出现役转入预备役的军官，退出现役确定服军官预备役的士兵，在到达安置地以后的 30 日内，到当地县、自治县、市、市辖区的兵役机关办理预备役军官登记。第四十一条规定：预备役士兵的军事训练，在现役部队、预备役部队、民兵组织中进行，或者采取其他组织形式进行。未服过现役预编到现役部队、编入预备役部队和编入基干民兵组织的预备役士兵，在 18 ~ 24 周岁期间，应当参加 30 ~ 40 日的军事训练。其中专业技术兵的训练时间，按照实际需要确定。服过现役和受过军事训练的预备役士兵的复习训练，以及其他预备役士兵的军事训练，按照中央军事委员会的规定进行。第四十二条规定：预备役军官在服预备役期间，应当参加 3 ~ 6 月的军事训练；预编到现役部队和在预备役部队任职的，参加军事训练的时间可以适当延长。

全国的兵役工作，在国务院、中央军事委员会领导下，由国防部负责。

二、平时征集

每年 12 月 31 日以前，年满 18 周岁的男性公民都应当在当年 6 月 30 日以前，按照县、自治县、市、市辖区的兵役机关的安排，进行兵役登记。应征公民符合服现役条件，并经县、自治县、市、市辖区的兵役机关批准的，被征集服现役。当年未被征集的，在 22 周岁以前仍可以被征集服现役，普通高等学校毕业生的征集年龄可以放宽至 24 周岁。根据军队需要和本人自愿，可以征集当年 12 月 31 日以前年满 17 周岁未满 18 周岁的公民服现役。2013 年首次将冬季征兵调整为夏秋季征兵，即从 8 月 1 日开始，9 月 1 日批准新兵入伍，9 月 5 日起运新兵，9 月 30 日征兵结束。

每年征集服现役的人数、要求和时间，由国务院和中央军事委员会的命令规定。

经过兵役登记的应征公民，未被征集服现役的，办理士兵预备役登记。士兵预备役的年龄，为 18 ~ 35 周岁，根据需要可以适当延长。具体办法由国务院、中央军事委员会规定。未服过现役预编到现役部队、编入预备役部队和编入基干民兵组织的预备役士兵，在 18 ~ 24 周岁期间，应当参加 30 ~ 40 日的军事训练。其中专业技术兵的训练时间，按照实际需要确定。

应征公民是维持家庭生活唯一劳动力的，可以缓征。

应征公民正在被依法侦查、起诉、审判的或者被判处徒刑、拘役、管制正在服刑的，不征集。

三、战时兵员动员

为应对复杂多变的国际形势和敌对势力，免遭敌人的突然袭击和侵略，各级人民政府、各级军事机关，在平时必须做好战时兵员动员的准备工作，一旦国家发布动员令，各级人民政府、各级军事机关，必须迅速实施动员：

1. 现役军人停止退出现役，休假、探亲的军人必须立即归队。

2. 预备役人员、国防生随时准备应召服现役，在接到通知后，必须准时到指定的地点报到。

3. 机关、团体、企业事业单位和乡、民族乡、镇的人民政府负责人，必须组织本单位被征召的预备役人员，按照规定的时间、地点报到。

4. 交通运输部门应当优先运送应召的预备役人员、国防生和返回部队的现役军人。

根据战时需要，国务院和中央军事委员会可以决定征召 36 ~ 45 周岁的男性公民服现役，可以决定延长公民服现役的期限。

练习题

请同学们讨论平时征集的对象、时间和缓征、不征条件。

第三节　《中华人民共和国国防教育法》概述

《中华人民共和国国防教育法》，于2001年4月28日第九届全国人民代表大会常务委员会第21次会议通过，2001年4月28日中华人民共和国主席令第52号公布，自公布之日起实施。共分为6章，38条，制定本法的目的是普及和加强国防教育，发扬爱国主义精神，促进国防建设和社会主义精神文明建设，国防教育是建设和巩固国防的基础，是增强民族凝聚力、提高全民素质的重要途径。国防教育贯彻全民参与、长期坚持、讲求实效的方针，实行经常教育与集中教育相结合、普及教育与重点教育相结合、理论教育与行为教育相结合的原则，针对不同对象确定相应的教育内容分类组织实施。国防教育是全社会的责任，学校的国防教育是全民国防教育的基础，是实施素质教育的重要内容。教育行政部门应当将国防教育列入工作计划，加强对学校国防教育的组织、指导和监督，并对学校国防教育工作定期进行考核。针对教育学段的不同和教育对象的差异，根据国防教育大纲，开展喜闻乐见、适合学生年龄特点的国防教育。

练习题

请同学们结合《中华人民共和国国防教育法》中学校国防教育内容，设计符合中职学生身心特点的国防教育。

第四节　依法服兵役是每一个职业学校学生的光荣义务

《中华人民共和国国防法》《中华人民共和国兵役法》明确规定依法服兵役是每个公民的权利和义务，作为当代中职生，依法服兵役是义不容辞的光荣责任，现代国防建设需要大量的德智体全面发展的身怀一技之长的热血青年，国家重视职业教育，提出了劳动光荣，技能宝贵，创造伟大，大力开展技能大赛、文明风采大赛，有力促进了中职生综合素质的提升和职业教育的发展，作为社会不可或缺的一分子，我们必须时刻准备着，等待党的召唤。

一、砥砺德行，不断提高思想道德修养

我国文化源远流长，《礼记·大学》载："古之欲明明德于天下者，先治其国；欲治其国者，先齐其家；欲齐其家者，先修其身；欲修其身者，先正其心；欲正其心者，先诚其意；欲诚其意者，先致其知，致知在格物。物格而后知至，知至而后意诚，意诚而后心正，心正而后身修，身修而后家齐，家齐而后国治，国治而后天下平。"诸葛亮在《诫子书》中提出："夫君子之行，静以修身，俭以养德，非淡泊无以明志，非宁静无以致远。"论述了修身和德行的重要性，按照国家教育方针的要求，以时代楷模为榜样，弘扬大国工匠精神，认真学习新时代习总书记的讲话精神，坚持德立身，技立业，匠心匠艺双馨，立报国志，祖狄中流击水，岳飞满江红，激起多少爱国志士，为国家民族，抛头颅，洒热血，勿以善小而不为，勿以恶小而为之，从小事做起，从自身做起，从现在做起。

二、苦练技能，身怀一技之长

国防事业的不断发展，需要更多身怀一技之长的专业技术人才投身国防事业建设，1986 年入伍的王忠心是二炮某部技术营控制技师。参加了多次实弹发射任务，2000 年以来，连续 14 年被评为"旅技术骨干"。在第二炮兵，测控可谓最难上手的岗位之一，那些复杂如天书的大小电路管线，是保障导弹不仅能打出去、更能打得准的关键角色。王忠心对此的要求是"万无一失"。部队近年换装某新型中程弹道导弹，系统发生了翻天覆地的变化，因此几年来的专业训练，王忠心除担任总教练外，训练课目也一个不落。营长劝他，这些课目你都练了数千遍，指挥就行。王忠心说："专业技能一天不练容易手生，指挥起来心里就没底。当兵不训练不操作，那还叫兵么？"王忠心身怀一技之长，扎根军营，为国防事业做出了突出贡献，我们中职学生，应以此为榜样，按照技能训练规律，以孜孜不倦的精神，在"三段实习"中，通过认知、跟岗、顶岗环节，掌握一门专业技术，成为技术能手。

练习题

请同学们搜集本校技术过硬的学生事迹，讨论如何练就过硬本领，时刻报效国家，为国防事业贡献自己的青春力量。

第二章 共同条令

共同条令是中央军事委员会以简明条文形式发布给全军的命令，是军队（预备役部队）战斗、训练、工作、生活的法规和准则。现行的共同条令是 2010 年 5 月 4 日经中央军委常务会议通过，由中华人民共和国中央军事委员会主席胡锦涛于同年 6 月 3 日签署命令，将重新修订的《中国人民解放军内务条令》《中国人民解放军纪律条令》和《中国人民解放军队列条令》发布全军部队贯彻施行。共同条令就是用法规形式，把统一的、行之有效的管理制度和方法固定下来，作为军队的行为准则。

我军从创建之日起就十分重视条令建设。不同的时期，其种类和内容也不尽相同，并在实践中不断地充实和完善，成为我军建设的重要依据。在新的历史时期，用条令规范军队的一切行动，使之适应军队建设新形势的要求显得更加重要。治军先治典，共同条令的修改施行是适应新时期我军革命化、现代化、正规化建设和军事斗争准备需要的重要措施。只有全面认真地贯彻执行条令，才能维护良好的上下级关系、军内外关系和正规的内务制度；才能严格履行职责，搞好行政管理；才能培养优良作风，增强纪律性，巩固和提高战斗力。

《中国人民解放军内务条令》《中国人民解放军纪律条令》和《中国人民解放军队列条令》统称共同条令，也称为三大条令。有时共同条令和《中国人民解放军警备条令》一起也被并称为四大条令。本章重点介绍《中国人民解放军内务条令》《中国人民解放军纪律条令》和《中国人民解放军队列条令》三大条令。

第一节 《中国人民解放军内务条令》概述

中国人民解放军历来重视内务管理。1936年，统一颁发了第一部《中国工农红军暂行内务条令》。随着军队的发展，1942 ~ 2010年，对内务条令先后修订9次。现行《中国人民解放军内务条令》于2010年6月3日由中央军委主席胡锦涛签署颁行（军发〔2010〕21号），主要内容包括：总则、军人宣誓、军人职责、内部关系、礼节、军人着装、军容风纪、与军外人员的交往、作息、日常制度、值班、警卫、零散人员管理、日常战备和紧急集合、后勤日常管理、装备日常管理、营区管理、野营管理、常见事故防范、国旗军旗军徽的使用、附则等。这些规定体现了人民军队的建军宗旨和原则。全军贯彻执行内务条令，对于保持和发扬优良传统，促进革命化、现代化、正规化建设，具有十分重要的作用。

内务建设必须坚持人民军队的性质，必须坚持以提高战斗力为根本标准，必须坚持政治工作的生命线地位，必须坚持依法治军、从严治军，必须坚持继承和发扬优良传统。

一、人民军队的性质、宗旨、任务和指导思想

1. 性质

中国人民解放军是中国共产党缔造和领导的，用马克思列宁主义、毛泽东思想和邓小平理论武装起来的人民军队，是中华人民共和国的武装力量，是人民民主专政的坚强柱石。

2. 宗旨

全心全意为人民服务。

3. 任务

担负着巩固国防，抵抗侵略，保卫祖国，保卫人民的和平劳动，参加国家建设事业的任务。

4. 指导思想

必须以毛泽东军事思想和邓小平新时期军队建设思想为指导，贯彻新时期军事战略方针和政治合格、军事过硬、作风优良、纪律严明、保障有力的总要求，

努力建设一支强大的现代化、正规化革命军队。

5. 基本任务

使每个军人明确和认真履行职责，维护军队良好的内外关系，建立正规的战备、训练、工作、生活秩序，培养优良的作风和严格的纪律，保证军队圆满完成任务。

二、士兵的职责

《中国人民解放军内务条令》（以下简称《内务条令》）第十七条、第十八条、第十九条、第二十条，要求士兵服从命令，听从指挥，勇敢顽强，坚决完成任务。刻苦训练，熟练掌握手中武器和技术装备。努力学习政治，不断提高思想觉悟。严守纪律，服从管理，尊重领导，团结同志，爱护集体荣誉。艰苦奋斗，厉行节约。爱护武器装备和公物。积极学习科学文化，提高文化素质。积极参加体育训练，锻炼身体，增强体质。遵守安全规定，保守军事秘密。

士官除履行士兵一般职责外，还必须精通本职业务，以身作则，协助军官做好思想政治工作和行政管理工作，在完成各项任务中发挥骨干作用。

三、军人的礼节

中国人民解放军军人，不论职位高低，在政治上一律平等，相互间是同志关系。为体现军队内部的团结友爱和互相尊重，军人必须有礼节。军人的礼节分为内部礼节、对军外人员的礼节、其他时机和场合的礼节。

1. 军队内部礼节

军人敬礼分为举手礼、注目礼和举枪礼。着军服戴军帽或者不

戴军帽，通常行举手礼。携带武器装备不便行举手礼时，可以行注目礼。举枪礼仅限于执行阅兵和仪仗任务时使用。

军人听到首长和上级呼唤自己时，应当立即答“到”。回答首长问话时，应当自行立正。领受首长口述命令、指示后，应当回答“是”。

2. 军人和部队（分队）对军外人员的礼节

军人同党政机关工作人员、人民群众和外宾接触时，应当讲文明，有礼貌。进见和遇见党和国家领导人时，应当敬礼。与地方党政机关领导人员接触时，对比自己职位高的应当敬礼。遇见军队首长陪同的来队外宾时，对比自己职位或者军衔高的应当敬礼。参加外事活动与外宾接触时，对比自己职位或者军衔高的应当敬礼。

3. 其他时机和场合的礼节

升国旗时，列队军人应当自行立正，行注目礼，位于指挥位置的军官、文职干部，行举手礼；单个活动的军人，应当自行立正，着军服时行举手礼，着便服时行注目礼。奏唱国歌时，应当自行立正。

迎送军旗时的礼节，按照《中国人民解放军队列条令》的规定执行。

舰（船）艇上的礼节，按照有关条令、条例的规定执行。

4. 探亲休假的规定

军人探亲休假主要用于休息和处理个人事务。探亲休假人员应当按照批准的时间、地点、路线、事由执行；需要更改时，及时向单位首长报告，并保持联系，保证部队有紧急任务时能及时召回。单位首长应当向探亲休假人员提出要求，交代注意事项。军人在探亲休假期间应当服从当地县（市）人民武装部的管理；处理家庭和其他纠纷时，应当依法办事，依靠军队组织和地方人民政府妥善处理。

5. 个人卫生保健

新兵编入部队前，必须进行包括理发、洗澡、换衣在内的卫生整顿和体格复查、病史登记；进行卫生防病知识教育以及预防接种。对来自疫区或者运输途中发生传染病的新兵，应当实施集体检疫，发现传染病患者或者疑似传染病患者，应当迅速隔离并对被污染的环境和衣物进行消毒。经常进行健康教育，培养良好的卫生习惯，做到饭前便后洗手，不吃（喝）不洁净的食物（水），不暴饮暴食；勤洗澡，勤理发，勤剪指甲，勤洗晒衣服被褥；不随地吐痰和便溺，不乱扔果皮、烟头、纸屑等废弃物；保持室内和公共场所的清洁卫生。提倡戒烟。

按照规定对军人进行健康检查，通常军官每年一次，士兵每两年一次，并建立健康档案。对查出有疾病的患者应当及时治疗，不适宜继续服役的，及时报请有关部门按照规定退出现役。

按照规定对军人进行预防接种或者预防服药。对来自疫区的军人应当及时进行检疫；发现传染病患者，必须迅速隔离治疗。军人患病应当及时将病况报告直接首长，经批准后前往就医，由医师决定门诊、住院或者回队治疗，并根据病情开具病休证明。对急症病人，医疗部门必须随时诊治。

军人应当学习和遵守各项卫生规章制度，接受卫生人员的监督指导。深入开展爱国卫生活动，搞好卫生设施建设和管理，防止疾病发生和蔓延。室内外卫生应当划区分工负责，每日清扫，每周进行大扫除。室内保持整齐清洁，空气新鲜，无蜘蛛网，无污迹，无烟头，无积尘。及时消灭蚊子、苍蝇、老鼠、蟑螂。室外道路平整，沟渠畅通，无积水，无蚊蝇滋生地。有定点的密闭式垃圾收容设施，做到垃圾不乱倒、不暴露、定期处理。

定期检查生活饮用水的水源、水质。水质不符合要求的应当洁治。加强水源保护，禁止在饮用水源50米内设置厕所、畜圈、粪坑和堆积垃圾，不得因洗澡、洗衣、刷洗物品而污染水源。

厕所、畜圈符合卫生要求，每日清扫冲刷，保持清洁、无蛆。厕所有防蝇设备，密封贮粪池，粪便处理达到无害化。

卫生检查，通常班每日、连每周、营每月组织一次，团以上单位每季或者重大节日前组织检查评比。

练习题

1. 在学习了《内务条令》后，请结合学校的学生管理规章制度，讨论如何做到请消假。

2. 如何进行爱国卫生运动，保持个人卫生习惯？

第二节 《中国人民解放军纪律条令》概述

《中国人民解放军纪律条令》(以下简称《纪律条令》) 是为了维护和巩固中国人民解放军的纪律，正确实施奖惩，保证军队的高度集中统一，加强革命化、现代化、正规化建设，巩固和提高战斗力，根据有关法律的规定，结合军队实际而制定。本条令是中国人民解放军维护纪律、实施奖惩的基本依据，适用于中国人民解放军现役军人和单位，以及参战、支前的预备役人员。

一、《纪律条令》的目的

为了维护和巩固中国人民解放军的纪律，正确实施奖惩，保证军队的高度集中统一，加强革命化、现代化、正规化建设，巩固和提高战斗力。

二、中国人民解放军纪律的基本内容

1. 执行中国共产党的路线、方针、政策。

2. 遵守国家的宪法、法律、法规。

3. 执行军队的条令、条例和规章制度。

4. 执行上级的命令和指示。

5. 执行三大纪律、八项注意。

三、中国人民解放军的纪律要求

1. 听从指挥，令行禁止。

2. 严守岗位，履行职责。

3. 尊干爱兵，团结友爱。

4. 军容严整，举止端正。

5. 提高警惕，保守秘密。

6. 爱护武器装备和公物。

7. 廉洁奉公，不谋私利。

8. 拥政爱民，保护群众利益。

9. 遵守社会公德，讲究文明礼貌。

10. 缴获归公，不虐待俘虏。

四、《纪律条令》的原则

维护和巩固纪律，必须以毛泽东军事思想、邓小平新时期军队建设思想为指针，贯彻落实政治合格、军事过硬、作风优良、纪律严明、保障有力的总要求，继承和发扬我军优良传统，坚持官兵一致、上下一致，严格管理、严格要求，说服教育、启发自觉，公正无私、赏罚严明的原则。

五、奖励的目的和原则

奖励的目的在于维护纪律，鼓励先进，调动官兵的积极性、创造性，发扬爱国主义、共产主义和革命英雄主义精神，保证作战、训练和其他各项任务的完成。

奖励应当坚持下列原则：

1. 严格标准，按绩施奖。

2. 发扬民主，贯彻群众路线。

3. 以精神奖励为主，物质奖励为辅。

六、处分的目的与原则

处分的目的在于严明纪律，教育违纪者和部队，加强集中统一，巩固和提高部队战斗力。

处分应当坚持下列原则：

1. 依据事实，惩戒恰当。

2. 惩前毖后，治病救人。

3. 纪律面前人人平等。

练习题

作为当代职业学校的学生，生活学习在充满诗意的校园，感受当代职业教育的先进性、职业性的同时，学校会有各种纪律约束和限制，请同学们结合《纪律条令》的目的、原则，讨论学校制度的目的、原则的必要性。并请分析制度规章的意义。

第三节 《中国人民解放军队列条令》的军事训练

《中国人民解放军队列条令》于2010年5月4日中央军委常务会议通过，自2010年6月15日起施行。适用于中国人民解放军现役军人和单位，以及参训的预备役人员，是为了规范中国人民解放军的队列动作、队列队形和队列指挥，保持整齐划一和严格正规的队列生活，全体军人必须严格执行本条令，加强队列训练，培养良好的军姿、严整的军容、过硬的作风、严格的纪律性和协调一致的动作，促进军队正规化建设，巩固和提高战斗力。

一、队列纪律

1. 坚决执行命令，做到令行禁止。

2. 姿态端正，军容严整，精神振作，严肃认真。

3. 按照规定的位置列队，集中精力听指挥，动作迅速、准确、协调一致。

4. 保持队列整齐，出列、入列应当报告并经允许。

二、队列指挥要求

1. 指挥位置正确。

2. 姿态端正，精神振作，动作准确。

3. 口令准确、清楚、洪亮。

4. 清点人数，检查着装，认真验枪。

5. 严格要求，维护队列纪律。

三、基本队形

队列的基本队形为横队、纵队、并列纵队。需要时，可以调整为其他队形。

四、列队的间距

队列人员之间的间隔（两肘之间）通常约 10 厘米，距离（前一名脚跟至后一名脚尖）约 75 厘米。需要时，可以调整队列人员之间的间隔和距离。

五、立正

立正是军人的基本姿势，是队列动作的基础。军人在宣誓、接受命令、进见首长和向首长报告、回答首长问话、升降国旗、迎送军旗、奏唱国歌和军歌等严肃庄重的时机和场合，均应当立正。口令：立正。

要领：两脚跟靠拢并齐，两脚尖向外分开约 60° ；两腿挺直；小腹微收，自然挺胸；上体正直，微向前倾；两肩要平，稍向后张；两臂下垂自然伸直，手指并拢自然微曲，拇指尖贴于食指第二节，中指贴于裤缝；头要正，颈要直，口要闭，下颌微收，两眼向前平视。

六、稍息

口令：稍息。

要领：左脚顺脚尖方向伸出约全脚的三分之二，两腿自然伸直，上体保持立正姿势，身体重心大部分落于右脚。携枪（筒）时，携带的方法不变，其余动作同徒手。稍息过久，可以自行换脚。

七、停止间转法

1. 向右（左）转

口令：向右（左）——转。半面向右（左）——转。

要领：以右（左）脚跟为轴，右（左）脚跟和左（右）脚掌前部同时用力，使身体协调一致向右（左）转 90 度，体重落在右（左）脚，左（右）脚取捷径迅速靠拢右（左）脚，成立正姿势。转动和靠脚时，两腿挺直，上体保持立正姿势。

半面向右（左）转，按照向右（左）转的要领转 45 度。

2. 向后转

口令：向后——转。

要领：按照向右转的要领向后转 180 度。

八、行进

行进的基本步法分为齐步、正步和跑步，辅助步法分为便步、踏步、移步和礼步。

1. 齐步

齐步是军人行进的常用步法。

口令：齐步——走。

要领：左脚向正前方迈出约 75 厘米，按照先脚跟后脚掌的顺序着地，同时身体重心前移，右脚照此法动作；上体正直，微向前倾；手指轻轻握拢，拇指贴于食指第二节；两臂前后自然摆动，向前摆臂时，肘部弯曲，小臂自然向里合，手心向内稍向下，拇指根部对正衣扣线，并高于春秋常服最下方衣扣约 5 厘米（着夏常服、水兵服时，高于内腰带扣中央约 5 厘米；着作训服时，与外腰带扣中央同高），离身体约 30 厘米；向后摆臂时，手臂自然伸直，手腕前侧距裤缝线约 30 厘米。行进速度每分钟 116 ~ 122 步。

2. 正步

正步主要用于分列式和其他礼节性场合。

口令：正步——走。

要领：左脚向正前方踢出约 75 厘米（腿要绷直，脚尖下压，脚掌与地面平行，离地面约 25 厘米），适当用力使全脚掌着地，同时身体重心前移，右脚照此法动作；上体正直，微向前倾；手指轻轻握拢，拇指伸直贴于食指第二节；向前摆臂时，肘部弯曲，小臂略成水平，手心向内稍向下，手腕下沿摆到高于春秋常服最下方衣扣约 15 厘米处（着夏常服、水兵服时，高于内腰带扣中央约 15 厘米处；着作训服时，高于外腰带扣中央约 10 厘米处），离身体约 10 厘米；向后摆臂时（左手心向右，右手心向左），手腕前侧距裤缝线约 30 厘米。行进速度每分钟 110 ~ 116 步。

3. 跑步

跑步主要用于快速行进。

口令：跑步——走。

要领：听到预令，两手迅速握拳（四指蜷握，拇指贴于食指第一关节和中指第二节），提到腰际，约与腰带同高，拳心向内，肘部稍向里合。听到动令，上体微向前倾，两腿微弯，同时左脚利用右脚掌的蹬力跃出约85厘米，前脚掌先着地，身体重心前移，右脚照此法动作；两臂前后自然摆动，向前摆臂时，大臂略垂直，肘部贴于腰际，小臂略平，稍向里合，两拳内侧各距衣扣线约5厘米；向后摆臂时，拳贴于腰际。行进速度每分钟170 ~ 180步。

4. 便步

便步用于行军、操练后恢复体力及其他场合。

口令：便步——走。

要领：用适当的步速、步幅行进，两臂自然摆动，上体保持良好姿态。

5. 踏步

踏步用于调整步伐和整齐。

停止间口令：踏步——走。

行进间口令：踏步。

要领：两脚在原地上下起落（抬起时，脚尖自然下垂，离地面约15厘米；落下时，前脚掌先着地），上体保持正直，两臂按照齐步或者跑步摆臂的要领摆动。

练习题

在学习了《队列条令》后，请同学们结合学校的三操要求，思索如何在四个环节中落实纪律要求、培养习惯？

第四节　铁的纪律是战无不胜的法宝

吴王阖闾在位的时期，为了使吴国能称霸诸侯，到处网罗人才，伍子胥就向他推荐了齐国人孙武。于是，吴王急忙派人寻找这位奇人。一天，在一间破屋中将隐居的孙武找到了。

孙武来到都城，先向吴王献上自己撰写的《孙子兵法》，这本书深深地吸引住了吴王。吴王废寝忘食，细心研读了好几天。看完后，他喜滋滋地对左右大臣们说："我有此书，霸业岂有不成之理？"

有一天，吴王突然对孙武说："你的兵法确是前所未见的，但是不知道实用性如何。能不能小规模地演练一下，让我有点感性认识？"孙武道："我写的兵书不是束之高阁的东西，当然可以用来练兵。"吴王于是下令挑选180名宫女准备练兵。原来，吴王把练兵既当作对孙武用兵方法的考验，又当作娱乐活动。这些美女平时都是娇声娇气的，看她们耍枪弄棒，岂不是非常有趣吗？

孙武将180名美女分成左右两队，吴王说："要不要给她们设个队长？"孙武点头称是。吴王令人到宫中，赶快将自己最宠爱的两个妃子叫来，让她俩当队长。于是，孙武把10人分成一队，有一人站在旁边击鼓，鼓一响，她们就走；鼓一停，她们也就得停下。

训练开始，孙武喊令，一人击鼓，一队出列，但宫女们走得七扭八歪，宫女们大笑，吴王也在台上笑得直不起腰。孙武大喝一声："停下！"可还有不少宫女停不下来，在揉着笑出眼泪的眼睛。孙武说："治军要遵守军法，军法不严，则军不得治，我给你们约法三章，倘若再不听号令者，当以斩首论处。"这下宫女们不笑了。

孙武又传令开始，鼓又响了，一对对宫女出列，都能遵守孙武的号令，单单那两个队长嬉皮笑脸的。孙武正色道："听令。"吴王的两个爱妃不但不听令，反而还纵声大笑，局势一下子失去了控制，宫女们都跟着笑了起来。孙武就命人将这两个队长推出去斩了。

吴王一看要斩自己的爱妃，大惊失色，慌忙走到孙武的面前求情，但孙武不为所动。吴王只能眼睁睁看着自己两个爱妃被推出去斩首。斩首完毕，孙武道："以后谁再敢违反军令，就照此论罪。"

孙武命令两队的排头当队长，继续操练，宫女们一见吴王的爱妃已成刀下鬼，个个吓得花容失色，一下子如同变了另一个人。鼓声令左，便一起向左；鼓声令右，便一起向右。不管鼓声如何指令，宫女或进或退，或跪或起，全都合乎要求。

孙武小试牛刀，大展用兵之才，帮助吴王成就霸业，在孙吴操练的过程中，其核心是：约束不明，申令不熟，将之罪也；既已明而不如法者，吏士之罪也！没有严格的纪律要求和铁的执法，就没有战无不胜的军队，诸葛亮《兵要》指出：有制之兵，无能之将，不可以败；无制之兵，有能之将，不可以胜。我军光荣的发展史，也是一部严明军纪的历史，三大纪律八项注意，妇孺皆唱，都指出了纪律的重要性，中职学生，正处于发展的关键期，自我意识增强，独立性增强，希望摆脱成人的约束，由于涉世不深和冲动性，往往带来难以弥补的伤害。

希望中职学生做到以下两点：

1. 树立法制意识，辩证地看待学校的规章制度，制度是约束更是发展的保障措施，是学生学校学习生活的有力保障，没有规矩不成方圆。

2. 认真学习学校的规章制度，做到熟记于心，外化于行，做核心价值观的践行者和工匠精神的传人。

练习题

请同学们结合学校规章制度，讨论其重要性和如何自觉维护各项制度。

第三章　中国人民解放军的光辉历程

第一节　中国人民解放军的发展史

中国人民解放军诞生于1927年8月1日。土地革命战争时期称中国工农红军，抗日战争时期称八路军和新四军，从解放战争时期起改称中国人民解放军。

中国人民解放军在中国共产党的领导下，以马克思列宁主义、毛泽东思想为指导，紧密依靠人民群众，进行了土地革命、抗日战争和解放战争，历经艰难曲折，由小到大，由弱到强，战胜了国内外的强大敌人，为中国人民的解放事业立下了不朽功勋，赢得了全国各族人民的爱戴与拥护。中华人民共和国建立后，人民解放军抵御外来侵略，参加抗美援朝战争，维护国家独立与安全，参加和支援社会主义建设，同时，在加强自身革命化、现代化和正规化建设方面取得了巨大成就，成为巩固国防、保卫社会主义革命和社会主义建设的坚强柱石。

一、八一南昌起义

八一南昌起义，又称南昌起义、八一起义、南昌起事，是土地革命战争时期，中国共产党领导部分国民革命军在江西省南昌市举行的武装起义（图3-1）。

图3-1 八一南昌起义

1927年4月12日和7月15日，蒋介石、汪精卫先后在南京和武汉发动“清共”后，中共中央在汉口召开了临时政治局常委会议，决定利用共产党掌握和影响下的国民革命军在南昌举行起义，并指派周恩来为起义领导机关前敌委员会书记。

预定参加起义的部队有：第四集团军第二方面军的二十军、十一军二十四师和十师一部、四军二十五师两个团，第五方面军的三军军官教育团一部和南昌市警察武装，共两万余人。7月27日，周恩来在南昌召开了有朱德、刘伯承、恽代英、彭湃、叶挺、聂荣臻以及江西党组织负责人参加的重要会议，成立了以刘伯承为参谋团长，周恩来、叶挺、贺龙为委员的参谋团，下设起义军总指挥部，由贺龙任总指挥，叶挺任前敌总指挥。起义原定于7月30日夜发动，后因张国焘的阻挠而延期。

8月1日凌晨2时，周恩来、朱德、贺龙、叶挺、刘伯承等指挥各路起义军向驻守南昌的国民党军队发动进攻，经过四个多小时的激战，歼敌3 000余人，缴获枪支5 000余支，子弹100万余发，大炮数门，占领了南昌城。当天上午，在南昌举行了国民党中央委员、各省区特别市和海外各党部代表联席会议，通过了《中央委员宣言》，成立了由宋庆龄、周恩来、贺龙、叶挺、朱德等25人组成的中国国民党革命委员会，通过了《八一起义宣言》等文件，提出了“打倒帝国主义”“打倒新旧军阀”“实行耕者有其田”等革命口号和政纲。同时对起义部队进行了整编，仍沿用国民革命军第二方面军番号，贺龙兼代总指挥。后因敌人以重兵进攻南昌，中共前委决议根据中共中央的预定计划，起义部队于8月3～6日先后撤离南昌，挥师南下，取道临川、宜黄、广昌，直奔广东潮汕地区。这样做的目的，是准备同富有革命传统的广东东江地区农民起义军汇合，发动土地革命，进军广州，恢复广东革命根据地，并夺取出海口，取得共产国际的援助，重新举行北伐。起义部队在江西瑞金、会昌打垮了国民党反动军队的堵截，然后经过福建的长汀、上杭和广东的大浦，于9月下旬占领了潮州、汕头，主力部队经揭阳向汤坑西进。10月初，西进部队和留守潮汕的部队遭到优势敌军的围攻，起义部队大部分被打散，一部分突围到了海陆丰，与当地的农民武装汇合；另一部分由朱德、陈毅率领经赣南、粤北转入湘南，开展游击战争。1928年1月在湘南地方党组织和农民武装的配合下，在宜章举行了“年关起义”，由于遭到优势敌军的“协剿”，起义部队和农民武装撤出湘南，于同年4月到达井冈山与毛泽东率领的部队胜利会师，组成中国工农革命军第四军，后改称工农红军第四军。

八一南昌起义在中国革命史上具有重大而深远的意义。它打响了武装反对国民党反动派的第一枪，宣告了中国共产党人不畏强暴、继续坚持革命的坚强决心，体现了中国共产党前赴后继的革命精神，在全党和全国人民面前树立了一面革命武装斗争的旗帜，标志着中国共产党独立领导人民革命战争和创建人民军队的伟大开端。南昌起义是第二次国内革命战争的起点，它保存下来的部队成为工农红军的骨干之一。

1933 年 7 月 11 日，中华苏维埃共和国临时中央政府根据中央革命军事委员会 6 月 30 日的建议，决定 8 月 1 日为中国工农红军成立纪念日。1949 年 6 月 15 日，中国人民革命军事委员会发布命令，规定以“八一”两字作为中国人民解放军军旗和军徽的主要标志。中华人民共和国成立后，将此纪念日改称为中国人民解放军建军节。

二、秋收起义

1927 年 9 月，中国共产党在湖南、江西边界领导发动的农民武装起义。“八七会议”后，毛泽东受中共中央的委派，以中共中央特派员的身份前往长沙，领导湘赣边界的秋收起义。8 月 18 日，改组后的湖南省委在长沙市郊的沈家大屋召开会议，讨论制定秋收起义的计划。毛泽东在会上着重阐述了枪杆子出政权的思想。会议决定要与国民党彻底划清界限，旗帜鲜明地以中国共产党的名义号召群众，并确定集中力量在湘东赣西发动以长沙为中心的武装起义（图 3-2）。

图 3-2 秋收起义

为便于领导秋收起义，省委确定秋收起义的领导机关分为两个，一个是由各军事负责人组成的党的前敌委员会，任命毛泽东为书记，作为武装起义的军事指挥机关。另一个是党的行动委员会，由起义地区各地方党委负责人组成，任命易礼容为书记，负责地方工作。9 月初，湖南省委决定 9 月 9 日开始破坏粤汉和株萍铁路，11 日各县起义，16 日长沙起义。

这次秋收起义不沿用国民革命军的番号，而将起义部队统一编为工农革命军第一军第一师，卢德铭任总指挥，余洒度任师长，下辖三个团：以原武汉国民政府警卫团为主力编为第一团，团长钟文璋；以安源工人纠察队、矿警队和萍乡等地的农民自卫军编为第二团，团长王新亚；以原武汉国民政府警卫团一个营和浏阳部分工农武装编为第三团，团长苏先骏。参加起义部队共约 5 000 人。此外，在起义前，还收编了当地的土匪武装邱国轩的一个团。起义部队以夺取长沙为目标，具体部署了各团的行动计划。9 月 9 日，湘赣边界秋收起义按预定计划爆发。参加起义的铁路工人和农民，首先破坏了岳阳至黄沙街，长沙至株洲两段铁路，切断了敌人的交通运输。

第一团从江西修水出发，向长寿街进攻，9 月 10 日占领了平江县龙门厂。这时混入起义部队的邱国轩部乘机叛变。当第一团路过金坪攻打长寿街时、邱部突然袭击，致使该团腹背受敌，损失 200 多人，步枪 200 多支，团长钟文璋失踪，被迫向浏阳转移。第二团在安源起义后，进攻萍乡未克，西进攻占了老关、醴陵，又北进占领浏阳。由于部队麻痹轻敌，9 月 16 日陷入优势敌人的包围，部队被打散，部分突围脱险，不少人牺牲。第三团于 9 月 11 日在铜鼓起义，胜利占领了白沙镇，9 月 12 日又占领东门市。9 月 14 日敌人兵分两路包围第三团，该团被迫向上坪撤退。

鉴于三路起义部队均受挫，毛泽东当机立断改变了攻打长沙的计划，并以前委书记的名义通知起义各部队到浏阳县（今浏阳市）文家市集结。9 月 19 日，各路起义部队到达湖南省浏阳县文家市。当晚，前敌委员会召开了会议。根据敌强我弱的形势，会议改变了攻打长沙的计划，决定保存实力，向敌人统治力量薄弱的农村中去坚持武装斗争，发展革命力量。9 月 20 日上午，起义部队 1 500 余人离开文家市向南进发。9 月 23 日，起义部队在芦溪镇遭反动军队伏击，损失数百人，总指挥卢德铭牺牲。9 月 25 日，起义部队冒雨攻克莲花县城。9 月 29 日，起义部队到达永新县三湾村时已不足千人，而且官多兵少，部队思想混乱，组织纪律性差。当天晚上，毛泽东召开了前敌委员会，决定对部队进行整编，这就是著名的“三湾改编”。10 月 3 日，起义部队离开三湾村，开始向井冈山进军。10 月 27 日，起义部队到达罗霄山脉中段井冈山的茨坪，开创了中国共产党领导下的第一个农村革命根据地。

三、万里长征

1934 年 10 月，第五次反围剿失败后，中央主力红军（红一方面军）为了摆脱国民党军队的包围追击，被迫实行战略大转移，退出中央根据地进行长征（图 3-3）。

图 3-3 长征

长征是人类历史上的伟大奇迹，中央红军共进行了 380 余次战斗，攻占七百多座县城，红军牺牲营以上干部多达 430 人，平均年龄不到 30 岁，共击溃国民党军数百个团，其间共经过 11 个省，翻越 18 座大山，跨过 24 条大河，走过荒无人烟的草地，翻过连绵起伏的雪山，行程约二万五千里，于 1935 年 10 月到达陕北，与陕北红军胜利会师。1936 年 10 月红二方面军和红四方面军到达甘肃会宁与红一方面军会师。红军三大主力会师，宣告着红军长征胜利结束。

参与长征的部队：第一支是中央红军（后改称红一方面军），于 1934 年 10 月 10 日由江西的瑞金等地出发，1935 年 10 月 19 日到达陕西的吴起镇（今吴旗县），行程达二万五千里；第二支是红二十五军（后编入红一方面军），于 1934 年 11 月 16 日由河南罗山何家冲出发，1935 年 9 月 15 日到达陕西延川永坪镇，同陕甘红军会师，合编为红十五军团，行程近万里，最早到达陕北的一支红军；第三支是红四方面军，于 1935 年 5 月初放弃川陕苏区，由彰明、中坝、青川、平武等地出发，向岷江地区西进，1936 年 10 月 9 日到达甘肃会宁，与红一方面军会师，行程一万余里；第四支是红二、红六军团（后同红一方面军第三十二军合编为红二方面军），于 1935 年 11 月 19 日由湖南桑植刘家坪等地出发，1936 年 10 月 22 日到达会宁以东的将台堡，同红一方面军会师，行程两万余里。

中国工农红军长征是中国近代史上一个重要事件，具有深远的影响，在一定程度上决定了中国的历史走向。中华人民共和国的主要领导人毛泽东、周恩来、刘少奇、朱德、陈云、邓小平等都经历了长征，十大元帅中有九位（除陈毅）经历了长征。

四、国民革命军第八路军

1937 年 2 月，中国共产党同中国国民党就中国工农红军改编和开赴抗日前线的问题开始谈判，卢沟桥事变之后，在国家、民族生死存亡的紧急关头，中国国民党和中国共产党再度携手合作，共同抗击日本帝国主义的侵略。8月22日，国民党政府宣布中国工农红军主力部队改编为国民革命军第八路军，简称“八路军”（图3-4）。

图3-4 国民革命军第八路军

8月25日，中共中央军委发布命令，将驻陕甘宁边区的红军第一、第二、第四方面军和西北红军改编为国民革命军第八路军，朱德任总指挥，彭德怀任副总指挥（从9月11日起，按战斗序列又称第十八集团军，朱德、彭德怀改称正、副总司令），叶剑英任参谋长，左权任副参谋长，任弼时任政治部主任，邓小平任政治部副主任。下辖3个师：第115师，林彪任师长，聂荣臻任副师长；第120师，贺龙任师长，萧克任副师长；第129师，刘伯承任师长，徐向前任副师长。全军共4.6万人。改编后，主力开赴华北前线作战。为保卫陕甘宁边区的安全，成立八路军后方总留守处（12月改称八路军留守兵团），萧劲光任主任，统一指挥各师留守部队。抗日战争期间，八路军共歼灭日伪军125万余人，解放了大片国土，为抗日民族解放战争和世界反法西斯战争做出了巨大贡献。抗日战争结束时，八路军发展到100余万人，成为解放战争时期中国人民解放军的主要组成部分。

五、百团大战

百团大战是中国抗日战争时期，中国共产党领导下的八路军、新四军与日军在中国华北地区晋察冀边区发生的一次规模最大、持续时间最长的战役。八路军的晋察冀军区、第129师、第120师在总部统一指挥下，在河北、山西发动了以破袭正太铁路（石家庄至太原）为重点的战役。战役发起第3天，八路军参战部队已达105个团，故中方称此为“百团大战”。

百团大战经历了两个主动进攻阶段和一个反“扫荡”阶段。

第一阶段（1940年8月20日至9月10日）

八路军在正太、同蒲、平汉、津浦等主要交通线发动总攻击，重点破坏了正太铁路。经过20天的战斗，预定计划全部完成。正太铁路线的路轨、桥梁、隧道、水塔、车站等均被破坏；平汉、同蒲（北段）、石德、北宁铁路以及主要公路也被切断；华北各交通线陷于瘫痪。

图 3-5 彭德怀在百团大战前线指挥作战

第二阶段（1940年9月22日至10月上旬）（图3-5）涞灵战役，第129师主要进行了榆辽战役，第120师主要破袭了同蒲路。在这些战斗中，八路军给敌人以沉重打击；但是，我军计划要拔除的敌据点未能全部拔除。

第三阶段（1940年10月6日至翌年1月24日）

主要任务是反击日伪军的报复扫荡。在这段时间里，八路军先后粉碎了日伪军对太行、太岳、平西、北岳、晋西北等抗日根据地的大规模扫荡。

百团大战是抗战时期中国工农红军主动出击日军的一次最大规模的战役，它打出了敌后抗日军民的声威，振奋了全国人民争取抗战胜利的信心，在战略上有力地支持了国民党正面战场。

六、中华人民共和国成立

1949年10月1日，北京30万群众齐集天安门广场，举行隆重的开国大典。毛泽东主席在天安门城楼上向全世界庄严宣告："中华人民共和国中央人民政府今天成立了！"中华人民共和国成立后，中国共产党成为全国范围的执政党，她依靠各族人民，发扬独立自主、自力更生、艰苦奋斗的精神，医治战争创伤，恢复国民经济，建立社会主义制度，进行大规模的经济建设，并取得了巨大成就：一个初步繁荣昌盛的中国呈现在世界面前（图3-6）。

图 3-6 新中国成立

中华人民共和国成立的伟大意义：一是中国人民经过一百多年的英勇斗争，终于推翻了帝国主义、封建主义和官僚资本主义的统治，取得新民主主义革命的胜利，中国人民从此站起来了，成了国家的主人。中国的历史进入一个新纪元。二是新中国的成立标志着中国从此走上了独立、民主、统一的道路，开始了向社会主义过渡的新时期。三是占世界人口近四分之一的大国，冲破了帝国主义的东方战线，壮大了世界和平、民主和社会主义的力量，鼓舞了世界被压迫民族和被压迫人民争取解放的斗争。

七、人民革命军事委员会组成

中华人民共和国中央人民政府人民革命军事委员会，是建国初期领导全国武装力量的最高军事机构，是由新中国成立前的中央军事委员会逐步过渡而来的。

中央军委是中国共产党领导中国人民进行武装斗争的过程中创建和发展起来的。1948 年年底，中央军事委员会改称中国人民革命军事委员会。1949 年 9 月，中国人民政治协商会议“共同纲领”第二十条规定：“中华人民共和国建立统一的军队，即人民解放军和人民公安部队，受中央人民政府人民革命军事委员会统率，实行统一的指挥，统一的制度，统一的编制，统一的纪律。”1949 年 10 月 1 日，中华人民共和国成立，中央人民政府委员会第一次会议任命毛泽东为中央人民政府人民革命军事委员会主席，朱德为中国人民解放军总司令。根据《中央人民政府组织法》，1949 年 10 月 19 日，中央人民政府人民革命军事委员会正式成立，统一管辖和指挥人民解放军及其他武装力量。毛泽东任主席，朱德、刘少奇、周恩来、彭德怀、程潜任副主席，贺龙、刘伯承、陈毅、林彪、徐向前、叶剑英、聂荣臻、高岗、粟裕、张云逸、邓小平、李先念、饶漱石、邓子恢、习仲勋、罗瑞卿、萨镇冰、张治中、傅作义、蔡廷锴、龙云、刘斐 22 人为委员。军委日常工作由周恩来主持。1952 年 7 月起，人民革命军事委员会的日常工作由彭德怀主持。

1951 年 11 月 5 日，中央人民政府委员会第十三次会议决定增补林彪、高岗为人民革命军事委员会副主席。1954 年 6 月 19 日，中央人民政府委员会第三十二次会议，决定增补刘伯承、贺龙、陈毅、罗荣桓、徐向前、聂荣臻、叶剑英为副主席，徐海东为委员。

中央人民政府人民革命军事委员会成立于开国初期、百废待兴之时，到 1954 年 9 月以后，国家根据《中华人民共和国宪法》设立国防委员会，中央根据中央政治局关于成立党的军事委员会的决议，重新设立军事委员会。其间，人民革命军事委员会除了领导继续追歼国民党残余军队和大规模剿匪反霸的斗争外，还不失时机地进行了人民解放军的正规化、现代化建设，取得了抗美援朝战争的胜利，巩固和捍卫了新生的人民政权，为维护东方与世界和平做出了巨大贡献。

中央人民政府人民革命军事委员会存在时间虽然不长，但是这种组织形式的一个重要特点在于，其组成人员不仅有中国共产党和中华人民共和国领导人，而且吸收了国民党起义部队的一些高级将领参与军队建设的领导工作。人民革命军事委员会最初28人中，非党人士有7人。因而，中央人民政府人民革命军事委员会在中国人民解放军历史上有着重要的历史地位。

八、海南岛战役

海南岛战役，是1950年3月到5月发生于广东至海南岛的一场战役，也是国共内战到目前为止最后一场主要战役，结局是中国共产党率领的解放军取得了胜利并解放了整个海南岛（图3-7）。

图3-7 海南岛战役

总面积3.4万多平方公里的海南岛，是中国第二大岛，素有“南中国海的门户”之称，战略地位十分重要。为固守海南岛，蒋介石任命薛岳为海南防卫总司令，率5个军共19个师和特种部队一部，加上地方反动武装，总兵力约10万人。另有国民党海军第3舰队及海军陆战队1个团，装备各类舰艇50余艘，飞机40余架。薛岳倚仗其海、空军优势，组织了环岛立体防御，并用其本人的别名命名为“伯陵防线”，企图阻止解放军渡海登陆。

1949年12月初，随着广西战役的基本结束，第四野战军前委开始着手进行攻打海南岛的准备工作。1950年3月5日和10日，第40、43军先后各以一个加强营共1 800余人，乘木帆船34只，利用夜暗、北风的有利条件和敌人海岸线兵力分散的弱点，实行首批偷渡，在琼崖纵队接应下，偷渡获得成功。3月26日和31日，第40、43军先后各又以一个加强团共6 600余人，分别在118师、127师领导刘振华、王东保、宋维栻率领下，乘船169只，实行第二批偷渡，在岛上守军发现后，偷渡部队以大无畏的英雄气概、有进无退，顽强战斗。除少数船只被击沉、少数人员伤亡外，偷渡亦获得成功。两批偷渡共8 000余人，大大增强了岛上我军接应力量，为主力部队强渡琼州海峡创造了有利条件。

四野渡海兵团必须在完全没有空军掩护的情况下，以木帆船为渡海工具，以陆军单独向敌陆、海、空三军立体防御发起进攻。为加强海南岛的内应力量，粉碎敌人的“围剿”阴谋，同时为大举登陆做准备，1950年3月5日黄昏时分，邓华将军命令第40军118师352团一个加强营的800名勇士直扑海南岛。3月10日下午，第 43 军 128 师 383 团一个加强营 1 000 余人，12 日清晨登上海南岛，同前来接应的琼崖纵队独立团会师。在一个多月的时间内，解放军两批 4 支先遣部队均登陆成功，为迎接大兵团强攻海南岛打下了坚实基础。

1950 年 4 月 10 日，渡海作战兵团指挥所决定，兵团主力分成第一、第二梯队向琼北实施大规模强渡登陆。第一梯队由第 40 军主力和 43 军一部构成，务于 4 月 13 日前集结完毕，等有利时机起航。第二梯队由 43 军主力担任，其任务就是在第一梯队登陆后立即起航，紧跟着"第一冲击波"登陆上岛，协同一梯队歼灭岛上守敌。不久，第二梯队也登陆成功，在与接应部队会合后，连续挫败了敌人的多次反攻，并袭占福山。至此，海南岛西北沿岸的各要点已全部被解放军控制。

4 月 16 日，渡海作战兵团以第 40 军 6 个团、第 43 军 2 个团为强渡琼州海峡第一梯队，于当日 19 时 30 分并肩起渡。途中，担负护航任务的火力船对国民党军军舰的拦击实施猛烈射击，有力地掩护了主力部队航渡。至 17 日 4 时左右，渡海部队终于突破敌人海上封锁，在琼崖纵队和先期登陆部队接应下，分别在博铺港、玉抱港一线抢滩登陆，薛岳苦心经营的"伯陵防线"已被人民解放军突破。登岛部队随即向纵深发展。

4 月 23 日，第 40 军 118 师率先解放海口市。

5 月 1 日，海南岛西岸的八所港（今东方市）被解放军攻克。海南全境获得解放。

海南岛战役，是人民解放军以木船为主要航渡工具，突破敌人海空封锁的一次成功的岛屿作战。获得成功的原因，一是有效运用了琼崖纵队这支有力的接应力量，制定了正确的偷渡与强渡相结合的战役指导方针；二是登陆部队明确树立了独立攻进，不靠后援的思想，并采取了有力措施；三是充分做好了战前准备和战中的组织指挥。在渡海作战中，由于人民解放军缺乏海、空力量配合，无力切断国民党军的海上逃路，因此，岛上敌军大部登舰逃跑。

九、西藏进军

西藏是中国领土的一部分。1949 年底，中国大陆除西藏外基本解放。为维护中国领土主权的完整和国家的统一，1950 年初，中共中央决定采取军事进攻与政治争取同时进行的方针，一面命令人民解放军立即着手进军西藏的准备工作，一面制定了驱逐帝国主义势力、实行民族区域自治、维持西藏现行制度、尊重宗教信仰、人民解放军进驻西藏保卫国防等10项政策规定，作为和平解放西藏的基本条件，与西藏地方当局谈判。西南军区遵照中共中央指示，命令第18军军长张国华、政治委员谭冠三率领该军及第14军一部，在西北军区骑兵部队配合下，执行进藏任务（图3-8）。

图3-8 进军西藏

进军西藏的战略决策，得到西藏百万农奴和上层爱国人士的欢迎，但是西藏地方当局中的顽固势力，为了维护农奴制度，进而达到“西藏独立”的目的，不仅拒绝和平解放西藏，杀害人民解放军派出的联络代表，而且还在昌都地区增兵设防，将其总兵力的三分之二，计7个代本（相当团）全部、3个代本各一部共4 500余人和士兵（部族武装）3 500余人，部署于昌都周围及金沙江沿岸，企图凭金沙江之险，阻止人民解放军进军。人民解放军为了打击西藏地方政府中的顽固势力，促使其内部分化，于1950年10月6～24日进行了昌都战役，基本消灭藏军9个代本和部分士兵，争取1个代本起义，计5 700余人，占领了藏东地区政治、经济中心昌都，打通了进军的道路，促进了西藏爱国力量的发展。1951年春，西藏地方当局响应中央人民政府和平解放西藏的号召，遂于2月派出以阿沛·阿旺晋美为首的代表团前往北京与中央人民政府代表李维汉等谈判，并于5月23日达成了《中央人民政府和西藏地方政府关于和平解放西藏办法的协议》。中共中央军委按照协议规定，于同年5月25日发出了分路向西藏进军的命令。进藏部队于1951年8～9月先后由昌都、门工及新疆之于阗、青海之香日得出发。第18军领率机关及所属一部，经丁青、边坝、沙丁、太昭等地，于10月26日进抵拉萨，相继进驻日喀则、江孜等地；第14军一部及西北军区部队也于10～11月先后进抵察隅、阿里、改则等地区。在进军途中，各部队发扬了艰苦奋斗、英勇顽强的精神，翻越雀儿山、昆仑山等20余座大山，渡过金沙江、澜沧江等多条急流，穿过漫长的原始森林和高原沼泽，战胜了空气稀薄、供应艰难等重重困难。12月20日，中央人民政府代表张经武一行及西藏地方政府谈判代表团与进军部队在拉萨举行大会，庆祝西藏和平解放。

人民解放军进军西藏的胜利，保证了中国领土的完整和国家的统一，促进了

《中央人民政府和西藏地方政府关于和平解放西藏办法的协议》的实施，使西藏各族人民回到了祖国大家庭的怀抱。

十、抗美援朝

朝鲜战争（1950 年 6 月 25 日至 1953 年 7 月 27 日签署停战协定）原是朝鲜半岛上的朝鲜与韩国之间的民族内战，后美国、中国等分别支持韩朝双方的多个国家不同程度地卷入这场战争。1950 年 10 月 19 日，抗美援朝，志愿军跨过鸭绿江赴朝鲜前线。这场战争是第二次世界大战之后冷战中的一场“热战”。由于参战双方签署的是停战协定而非和平条约，因此，从国际法上来讲，这场战争尚未结束（图 3-9）。

图 3-9 抗美援朝

1950 年 6 月 25 日，朝鲜人民军开始南进，朝鲜战争爆发。美国为了维护其在亚洲的地位和利益，立即出兵干涉。6 月 26 日，美国总统杜鲁门命令驻日本的美国远东空军协助韩国作战，6 月 27 日再度命令美国第七舰队驶入基隆、高雄两个港口，在台湾海峡巡逻，阻止中国人民解放军渡海进攻台湾。美国驻联合国代表向安理会提交了行动议案，授权组成联合国军队，帮助韩国的国家也派小部分军队参战。英国、土耳其、加拿大、泰国、新西兰、澳大利亚、荷兰、法国、菲律宾、希腊、比利时、哥伦比亚、埃塞俄比亚、卢森堡、南非与韩国国军均归驻日的美军远东军指挥，麦克阿瑟上将为美军远东军司令。7 月 5 日，美军参加了第一场对朝鲜的战役，公然干涉朝鲜内战。在苏联代表因抗议联合国拒绝接纳中华人民共和国为新成员国而自 1950 年 1 月起缺席的情况下，会议以 13 对 1（南斯拉夫投了反对票）的表决结果通过了美国提案，要求各会员国在军事上给韩国以“必要的援助”。

1950 年 6 月 28 日，毛泽东发表讲话，号召“全国和全世界的人民团结起来，进行充分的准备，打败美帝国主义的任何挑衅”。同日，周恩来代表中国政府发表声明，强烈谴责美国侵略朝鲜、我国台湾省及干涉亚洲事务的罪行。号召“全世界一切爱好和平正义和自由的人类，尤其是东方各被压迫民族和人民，一致奋起，制止美国帝国主义在东方的新侵略”。1950 年 7 月 6 日，周恩来再次发表声明，指出联合国安理会1950年6月27日关于朝鲜问题的决议为非法，中国人民坚决反对。1950年7月10日，中国人民反对美国侵略台湾朝鲜运动委员会在北京成立，并在1950年7月14日发出《关于举行“反对美国侵略台湾朝鲜运动周”的通知》。抗美援朝运动开始波及全国，形成第一个高潮。中央军事委员会（简称“中央军委”）根据毛泽东的提议，于1950年7月13日做出《关于保卫东北边防的决定》，抽调第13兵团及其他部队共25.5万余人，组成东北边防军。后又调第9、第19兵团作为二线部队，分别集结于靠近津浦、陇海两铁路线的机动地区。

1950年9月15日，美军第10军从朝鲜半岛南部西海岸仁川登陆，朝鲜人民军腹背受敌，损失严重，转入战略后退。1950年9月30日，周恩来发表讲话，警告美国：“中国人民决不能容忍外国的侵略，也不能听任帝国主义者对自己的邻人肆行侵略而置之不理。”但是，麦克阿瑟认定中国不敢出兵与美国对抗，所以，美国不顾中国政府的多次警告，1950年10月1日，美军越过北纬38°线（简称“三八线”），1950年10月19日占领平壤，企图迅速占领整个朝鲜，并公然声称：“在历史上，鸭绿江并不是中朝两国截然划分的、不可逾越的障碍。”

同时，美国飞机多次侵入中国领空，轰炸丹东地区，战火即将烧到鸭绿江边。1950年10月8日，朝鲜政府请求中国出兵援助。中国根据朝鲜政府的请求，做出“抗美援朝、保家卫国”的决策，迅速组成中国人民志愿军入朝参战。1950年10月19日，中国人民志愿军赴朝参战。战争持续了2年多的时间。1950年10月25日，志愿军打响了入朝后的第一仗，拉开了伟大的抗美援朝战争的序幕。1953年7月27日，《朝鲜停战协定》在板门店签订。朝中方面首席代表南日大将、美方首席代表哈利逊中将参加在板门店举行的签字仪式，并在协定上签字。28日，金日成元帅和联合国军总司令克拉克分别在协定上签字。28日，志愿军司令员彭德怀在协定上签字。29日，交战双方交换经双方司令官签署的停战协定。协定以北纬38度为交战双方的军事分界线，双方各由此线后退2公里成立非军事区。《朝鲜停战协定》的签订，标志着历时3年的朝鲜祖国解放战争取得了伟大的胜利。

自1950年6月25日至1953年7月27日，朝中部队共毙伤俘敌军1 093 839名，其中美军39万余名。击落击伤和缴获敌机12 224架，击毁击伤和缴获敌坦克3 064辆，击沉击伤敌舰船257艘。中国人民志愿军先后轮流参战130万人。截至2010年10月，共确认183 108名中国人民志愿军官兵在战争期间为国捐躯。

十一、解放一江山岛

图 3-10 解放一江山岛

一江山岛又称英雄岛。位台州湾外，中国浙江省东部沿海、浙江椒江椒江口台州湾之东南方，台州列岛北部，属东矶列岛。属浙江省台州市（图 3-10）。

1953 年 7 月，朝鲜停战后，美国不甘心其失败，重新加剧了对我东南沿海的军事挑衅活动。为达到其继续霸占我国领土台湾，并以此为基地，扩大对大陆的侵略和准备新的战争的目的，1954 年 12 月 2 日，美国同国民党反动集团签订了《共同防御条约》，把浙江、福建沿海岛屿都划入其"协防"范围，妄想使其武装侵占台湾的罪恶行为合法化。在美国支持下，蒋介石反动派蠢蠢欲动，准备反攻大陆。他们在浙江沿海以上、下大陈为中心，在福建沿海以马祖、金门岛为中心，苦心经营，以作为其所谓"保卫自由世界"的前哨据点和"反攻大陆的跳板"。他们以部分残余部队为骨干，组织海匪、特务、在海上抢劫、破坏，使我沿海渔民无法进行正常的渔业生产，严重威胁着我人民生命财产的安全。

为改变台海战略态势，彻底粉碎国民党反动集团对我沿海的袭扰，维护人民的和平生活和生产；打击美蒋《共同防御条约》，宣示我解放台湾，统一祖国的坚强决心；为解放台湾的渡海登陆作战积累经验，进而实现祖国统一，中央军委总参作战部及华东军区提出了以 20 军 60 师为主，组织陆、海、空三军联合作战，发起大陈列岛战役，首战直取国民党据守的一江山岛的建议，得到了毛泽东主席的同意和中央军委的批准。

为解放浙江沿海岛屿，人民解放军于 1955 年 1 月 18 日发起了一江山岛登陆作战。参战部队有 4 个步兵营，9 个炮兵营，22 个空、海军航空兵大队，各类舰船 188 艘。18 日上午 8 时，航空兵、炮兵先后实施火力准备。14 时 30 分，渡海部队登陆成功。战至 19 日 2 时，击毙国民党守军 519 人，俘虏 567 人，以牺牲 393 人的代价解放了一江山岛。盘踞在大陈各岛屿的国民党军，在美国海、空军的掩护下，胁迫岛上居民约 2 万人撤逃至台湾。2 月 13 日至 26 日，人民解放军进驻大陈等岛屿。至此，浙江沿海岛屿全部解放。在解放一江山岛作战中，人民解放军首次取得了陆、海、空军联合作战的宝贵经验。

一江山岛战役是永载史册的，这次战役的胜利不仅显示了中国政府和人民不允许外国势力干涉中国内政的坚强决心和意志，奠定了台海形势的基本走向和军事格局，而且为我军联合渡海登陆作战积累了宝贵的经验，为我军进行现代化建设和现代化战争揭开了新的一页。

十二、军衔制度实行

中国人民解放军军衔制是中华人民共和国实行的军衔制度。

军衔是国家给予军人的一种荣誉。军衔制以军官的职务、贡献、才能等综合因素作为评定和晋升军衔的标准。新的军衔制进一步理顺了军官的编配关系，有效地调整军官队伍的比例结构，对于增强军人的责任心和荣誉感、提高军官素质，加强军队的指挥、管理、保障和协同等方面具有重要意义和作用，是深化军队改革的重要步骤，标志着人民解放军现代化、正规化建设进入新阶段。

该制度经历了1955年至1965年首次军衔制、1988年后恢复军衔制，两个历史时期。

1955年2月8日，第一届全国人大常委会第六次会议通过《中国人民解放军军官服役条例》，中国人民解放军正式实行军衔制。

1965年5月22日，第三届全国人大常委会第九次会议通过了《关于取消中国人民解放军军衔制的决定》，1965年6月1日开始实施。

1988年7月1日，第七届全国人民代表大会常务委员会第二次会议通过了《中国人民解放军军官军衔条例》，中国人民解放军重新实行军衔制。此后，中国人民解放军军衔制又历经数次修改。

中国人民解放军现行军衔制，军官军衔共分3等10级，即：

将官：上将、中将、少将。

校官：大校、上校、中校、少校。

尉官：上尉、中尉、少尉。

海军、空军、武警军官警官在军衔前分别冠以“海军”“空军”“武警”。专业技术军官，在军衔前冠以“专业技术”。还另设有文职干部与学员军衔。

士官军衔设置由低至高为：下士、中士、上士、四级军士长、三级军士长、二级军士长、一级军士长。武警部队还设有礼仪士兵军衔，分为列兵、上等兵、下士、中士、上士2等5级。

十三、中国人民解放军火箭军

中国人民解放军火箭军成立于2015年12月31日，其前身是成立于1966年7月1日的中国人民解放军第二炮兵，即中国战略导弹部队，2015年12月31日更名为中国人民解放军火箭军，是一支由中央军委直接领导指挥的战略性兵种，是中国实施战略威慑的核心力量（图3-11）。

图3-11 中国人民解放军火箭军

火箭军的主要任务是遏制敌人对中国使用核武器，在敌人对中国发动核袭击时，遵照统帅部的命令，独立地或联合其他军种的战略核部队对敌人实施有限而有效地自卫反击，打击敌人的重要战略目标，被称为共和国的“和平利剑”。

火箭军严格执行核安全控制制度、涉核人员资质认证制度，采取可靠技术手段，强化核武器储存、运输和训练等环节的安全管理，完善核事故应急处理机制和手段，采取特殊安全措施杜绝非授权发射和事故发射，确保核武器的绝对安全。

经过数十年发展，火箭军已形成核常兼备、固液并存、射程衔接、战斗部种类配套的武器装备体系，装备各种型号的核导弹和常规导弹，具备威慑和实战能力并存、武器装备与作战阵地配套、人才素质和部队作风过硬的战略力量。在捍卫祖国统一、维护世界和平和促进共同发展中，火箭军将继续发挥重要作用。

十四、珍宝岛自卫反击作战

珍宝岛自卫反击战，是中国人民解放军边防部队在珍宝岛击退苏联军队入侵的战斗（图3-12）。

图3-12 珍宝岛自卫反击作战

珍宝岛位于黑龙江省乌苏里江主航道中心线中国一侧，面积0.74平方公里，历来为中国领土，当地居民祖祖辈辈在这里从事生产活动，中国边防军也一直在这一地区执行巡逻任务。自20世纪60年代初期后，随着中苏关系的不断恶化，中苏边界开始多事。20世纪60年代中期后，苏联不断对中国实施军事压力和威胁，在中苏边界上挑起事端，从1964年10月至1969年2月，苏联军队在中苏边境地区挑起各种边境事件达4 180余起。1967年后，苏联边防军开始入侵中国领土珍宝岛，阻挠中国边防部队巡逻队上岛巡逻，多次制造流血事件，打死打伤中国边防部队巡逻官兵多人，抓捕中国渔民。对于苏军的挑衅行径，中国边防部队严格执行中国政府、中央军委的指示，采取了极大的克制和忍让，但苏联政府对中国政府的严正抗议和警告置若罔闻，苏联边防军的挑衅行为毫无收敛。

1969年3月2日8时，中国边防部队派出巡逻分队登岛执行巡逻任务。苏军发现后，立即出动70多人，分乘2辆装甲车、1辆军用卡车和1辆指挥车，从苏联境内分路向珍宝岛急进，接近珍宝岛后，列开战斗队形向中国边防巡逻分队进逼，并以一部兵力向中国边防巡逻分队的一个小组侧后穿插。入侵苏军不顾中国边防巡逻分队向其发出的警告，突然开枪射击，打死打伤中国边防巡逻人员6人。中国边防巡逻分队被迫进行自卫还击。中国边防巡逻第二小组听到枪声后，在班长周登国的指挥下，给侧后的入侵苏军以沉重打击。随后，中国边防巡逻分队发起反击，但遭到丛林中苏军的猛烈射击。中国边防战士于庆阳猛然跃起，向丛林苏军射击，吸引火力。苏军火力向他射击，击中他的头部，他倒下后不久，顽强地站起，端起冲锋枪继续向苏军冲击，直至英勇牺牲。副连长陈绍光指挥一个班迂回到丛林中苏军侧后，但一股苏军又从他的侧后冲来，两面机枪夹击他们。陈绍光一面指挥分队英勇还击，一面奋勇向苏军一个机枪火力点冲去。这时他身受重伤，仍然坚持移动到有利位置，打掉了这个火力点后，倒在了血泊中。经过1个多小时的激战，中国边防部队击退了入侵珍宝岛的苏联边防军。

1969年3月15日凌晨，苏军边防军60余人在6辆装甲车的掩护下，从珍宝岛北端侵入。中国边防部队某部营长冷鹏飞奉命带领一个加强排登岛，与入侵苏军形成对峙。8时许，苏军发起攻击，冷营长沉着指挥，坚守有利地形，指挥部分兵力分割苏军，经一个小时激战，打退了苏军的进攻。9时46分，苏联边防军在炮火掩护下，出动6辆坦克5辆装甲车向珍宝岛接近，从南北两侧发起攻击，并以密集火力封锁江叉，拦阻中国边防部队登岛支援。坚守在2号阵地上的无坐力炮班长杨林，占领有利地形阻击苏军，待苏军坦克驶近到只有10余米远时，他接连投出 5 枚手雷，打乱苏军队形，使其一辆坦克闯入雷区被炸坏。杨林带两个炮班机动射击，他连续击中 3 辆装甲车，但他也不幸被苏军坦克炮火击中壮烈牺牲。13 时 35 分，苏军边防军纵深炮火猛烈袭击中国防御阵地，正面达 10 公里，纵深约 7 公里。炮击 2 小时后，苏军 100 余人在 10 辆坦克和 14 辆装甲车掩护下，发起第三次进攻。守岛的中国边防部队分割其步兵与装甲、坦克联系与苏军近战，减弱其火力。火箭筒手华玉杰越打越勇，在零下 30 多度冰天雪地里，甩掉棉衣和绒衣，先后击毁击伤苏军 4 辆装甲车。经过 50 多分钟激战，胜利地粉碎了苏联边防军的第三次进攻。这一天，苏军先后出动 50 余辆坦克、装甲车和 100 多名步兵，运用直升机和纵深炮火掩护，并炮击中国境内纵深地区。中国边防部队同入侵苏军共激战 9 个多小时，顶住了苏联边防军的 6 次炮火急袭，击退了苏联边防军的 3 次进攻，胜利地保卫了珍宝岛。

1969 年 3 月 17 日，苏联边防军又出动步兵 70 多人，向岛上敷设地雷，企图阻止中国边防部队登岛并拖回被中国边防部队击坏滞留在江叉的一辆 T-62 型坦克。中国边防部队以炮火将其击退，被炸坏的苏军坦克被中国边防军缴获，成为苏联侵略中国领土的铁证。

珍宝岛自卫反击战，中国边防部队在严寒条件下，面对苏军的先进坦克、装甲战车，毫不畏惧，发扬“一不怕苦、二不怕死”的革命英雄主义精神，采取灵活的战术，用鲜血和生命维护了国家的主权和尊严。作战中，人民群众积极支前，保证了反击作战的胜利。为了表彰黑龙江边防部队的英雄事迹，中央军委于 1969 年 7 月 30 日发布命令，授予孙玉国、杜永春、华玉杰、周登国、冷鹏飞、孙征民、杨林、陈绍光、王庆荣、于庆阳等 10 名官兵以“战斗英雄”称号，给边防部队侦察连、一连和公安边防站等 10 个单位各记一等功一次。

十五、西沙群岛自卫反击战

西沙群岛自卫反击战，是 1974 年 1 月 19 日在中国南海西沙群岛西部的永乐群岛海域，中国人民解放军海军与南越军队发生的小规模海上作战（图 3-13）。

图 3-13　西沙群岛自卫反击战

1973 年 9 月，被称作伪政府的越南南方阮文绍集团（简称“南越”），宣布将中国南沙群岛的一部分岛屿划入其版图。1974 年 1 月 11 日，中国外交部发表声明谴责这一蛮横行径，重申中国对南海诸岛的领土主权。南越方面不顾中国政府的强烈抗议，派出军舰侵占西沙一些岛屿，并打死、打伤中国渔民和民兵多人，同时攻击中国正常巡逻的舰只。

1974 年 1 月 20 日，中国海军舰艇奉命开赴西沙群岛，将南越军队赶出西沙群岛，取得自卫反击战的胜利。此战击伤南越驱逐舰 3 艘，击沉护卫舰 1 艘，毙伤南越官兵 100 余人，俘敌 48 人。

十六、中越边境自卫还击战

中越边境自卫还击战（中国官方称为中越边境自卫还击作战或对越自卫还击保卫边疆作战，在民间被习惯称作对越自卫反击战，越南称之为 1979 年北部边界战争或越中边界战争，国际上则又将其视为第三次印度支那战争的一部分），是 1979 年 2 月 17 日至 3 月 16 日爆发在中国和越南之间的战争。越南在苏联的支持下，对中国采取敌对行为。中国采取反制措施，在短时间内占领了越南北部 20 余个重要城市和县镇，一个月之内便宣布胜利，撤出了越南。越南在中方撤出之后，宣布越南取得了战争的胜利（图 3–14）。

图 3–14 中越边境自卫还击战

这场战争令中越两国关系进一步恶化直至最低点。进入 20 世纪 80 年代后，两国继续对抗，在罗家坪大山、法卡山、扣林山、老山、者阴山等地区又相继爆发了边界冲突，时间持续达十年。20 世纪 90 年代苏联解体后，两国关系逐步恢复正常，陆地边界也最终划定。

通过十年边境战争，中国打击了越南自越战胜利后膨胀的信心，维护了中国西南边疆的稳定，同时促进了东南亚的和平局面，并为柬埔寨问题的最终解决打开了道路。对越南方面来说战争的影响是持久的，国力遭到了长期消耗和破坏，最终不得不改弦更张。

十七、香港驻军

香港驻军是中华人民共和国中央人民政府派驻香港特别行政区负责防务的国家武装力量，由陆军、海军和空军部队组成，隶属中华人民共和国中央军事委员会。部队于1993年初开始组建，1996年1月28日组建完毕，1997年7月1日0时进驻香港，取代驻港英军接管香港防务。驻港军费由中央人民政府负担（图3-15）。

图3-15 中国人民解放军驻香港部队

香港驻军，是国家主权的体现，同时也是维护祖国统一和安全，保卫国家领土的需要，这是宪法赋予中国人民解放军的神圣职责。邓小平同志说过："除了在香港驻军外，中国还有什么能够体现对香港行使主权呢？"香港驻军的职责是防备和抵抗侵略，保卫香港安全；担负防卫勤务；管理军事设施；承办有关的涉外军事事宜等，不干预香港地方事务。香港特别行政区在必要时，可向中央政府请求驻军协助维持社会治安和救助灾害。驻军人员除遵守《基本法》、《驻军法》等全国性法律外，还要遵守香港特别行政区的法律。

十八、建国50周年的庆典

1999年10月1日，中华人民共和国成立50周年盛大庆典在北京天安门广场举行。50万各族军民举行了阅兵仪式和群众游行。

上午9时58分，党和国家领导人江泽民、李鹏、朱镕基、李瑞环、胡锦涛、尉健行、李岚清来到天安门城楼主席台。10时，中共中央政治局委员、中共北京市委书记贾庆林宣布庆典开始。在50响的礼炮声中，200名国旗护卫队官兵组成的方队，从人民英雄纪念碑前向广场北端的旗杆行进（图 3–16）。

随后，由 1 000 多人组成的中国人民解放军联合军乐团奏响中华人民共和国国歌，全场肃立高唱国歌，五星红旗冉冉升起。随后，江泽民主席在阅兵总指挥、北京军区司令员李新良的陪同下，检阅了由人民解放军陆海空三军和人民武装警察部队、民兵预备役部队组成的 42 个地面方队。这是党的第三代领导核心第一次在天安门广场检阅三军部队。

图 3–16 江泽民在建国 50 周年阅兵式上

检阅部队后，江泽民主席登上天安门城楼发表了重要讲话。江泽民向世界宣布：从 21 世纪中叶到下世纪中叶，中国人民经过一百年的艰苦创业，将基本实现社会主义现代化。中华民族将以更加强劲的英姿屹立于世界民族之林。

10 时 36 分，阅兵分列式开始。由中国人民解放军仪仗大队组成的仪仗方队护卫着中国人民解放军军旗走在最前面。随后，来自陆军、海军、空军、武装警察部队、民兵预备役的 1 万多名官兵和 400 多台战车、火炮、各种导弹等，分别组成 16 个徒步方队和 25 个车辆方队，通过天安门广场，接受检阅。11 时 5 分，以空军航空兵为主体，陆军、海军航空兵联合组成的 10 个空中梯队低空飞过天安门广场。

在《歌唱祖国》乐曲声中，群众游行队伍紧随受阅部队进入天安门广场。在“国旗”，“国庆、年号”，“国徽”3 个仪仗队方阵后，欢乐的游行队伍依次展示了“开国 · 创业”、“改革 · 辉煌”、“世纪 · 腾飞”3 个主题，生动地反映了新中国成立 50 年特别是改革开放 20 年来，在毛泽东、邓小平、江泽民为核心的党的三代中央领导集体的领导下发生的翻天覆地的变化，体现了中国政治稳定、经济发展、民族团结、社会进步和国际地位日益提高的大好形势，表现了全国各族人民奋发努力、满怀豪情迈向新世纪的精神风貌。游行队伍的最后是 14 000 名手持鲜花和气球的少先队员，高唱着《中国少年先锋队队歌》向前行进，象征着建设有中国特色社会主义的伟大事业后继有人。方阵来到天安门城楼前，万只五彩气球腾空而起，5 万羽和平鸽飞向高空，少先队员们欢呼着涌上金水桥。江泽民等满面笑容地向孩子们挥手致意。12 时 5 分，庆典活动结束。

晚上，江泽民等党和国家领导人同 10 万群众共度节日之夜。晚上 8 时，中共中央政治局委员、中共北京市委书记贾庆林宣布联欢晚会开始。五彩缤纷的礼花腾空而起。名为“世纪颂歌”、“东方之光”、“祖国颂”等新式礼花，从天安门广场等 11 个燃放点绽放。由“贺神州普天同庆”、“吟中华流光溢彩”、“颂祖国万众欢腾”3 个部分组成的大型文艺演出，在金水桥前 278 米长、60 米宽的中心表演区进行，来自全国 14 个省、自治区、直辖市的 1 万多名演员，从东到西，首尾相接，行进表演。在天安门广场上 9 个联欢区里，工人、农民、大学生、机关干部和参加民族运动会的少数民族运动员翩翩起舞，歌声、笑声与绚丽多姿的礼花一起升腾在广场上空。天安门广场成为一个欢乐的海洋。晚上 10 点，国庆联欢晚会结束。

十九、中国人民抗日战争暨世界反法西斯战争胜利 70 周年

2015 年 9 月 3 日，是中国首个法定的“中国人民抗日战争胜利纪念日”。为隆重纪念中国人民抗日战争暨世界反法西斯战争胜利 70 周年，2015 年 3 月，中共中央、国务院专门印发了《关于举行中国人民抗日战争暨世界反法西斯战争胜利 70 周年纪念活动及其他有关活动的通知》，提出纪念活动的主题是“铭记历史、缅怀先烈、珍爱和平、开创未来”，并对纪念活动做出总体安排。

2015 年 9 月 3 日，以中共中央、全国人大常委会、国务院、全国政协、中央军委名义在北京天安门广场举行纪念中国人民抗日战争暨世界反法西斯战争胜利 70 周年大会，在北京举行招待会和文艺晚会。

世界反法西斯战争是指第二次世界大战，战火牵扯五大洲的居民。战争分为西、东两大战场，即欧洲太平洋战场，是继第一次世界大战之后发生的人类史上最大规模的战争。1939 年 9 月 1 日至 1945 年 9 月 2 日，以德国、意大利、日本等轴心国及保加利亚、匈牙利、罗马尼亚等卫星国为一方，以中国、美国、英国、苏联等反法西斯同盟和全世界反法西斯力量为同盟国进行的第二次全球规模的战争。从欧洲到亚洲，从大西洋到太平洋，先后有 61 个国家和地区、20 亿以上的人口被卷入战争，作战区域面积 2 200 万平方千米。战争中军民共伤亡 7 000 余万人，损失达 5 万多亿美元。

第二次世界大战最后以中国、美国、苏联等反法西斯国家和世界人民战胜法西斯侵略者赢得世界和平而告终。第二次世界大战是德、日、意等法西斯国家实行侵略扩张、争霸世界所挑起的，经过多次局部战争逐渐演变而导致全球战争。

图 3–17　纪念中国人民抗日战争暨世界反法西斯战争胜利 70 周年阅兵式上，中共中央总书记、国家主席、中央军委主席习近平检阅受阅部队

2015 年 9 月 3 日，天安门地区举行了纪念中国人民抗日战争暨世界反法西斯战争胜利 70 周年阅兵式（图 3–17）。

抗战胜利日阅兵是新中国历史上第 15 次大阅兵，是进入 21 世纪以来第 2 次大阅兵，同时也是第一次在非国庆节举行的大阅兵。参阅部队从 7 大军区，海军、空军、第二炮兵、武警部队，解放军四总部直属单位抽组。阅兵装备方队展示的装备为国产现役主战装备，许多都是首次展示。同时，这次阅兵还邀请有关国家军队派代表和方队参加。首次设计八路军、新四军、东北抗联、华南游击队等英模部队代表编组受阅；首次安排将军领队参阅；首次邀请外国军队代表参加。安排了参加过抗日战争、仍健在的抗战老兵、支前模范和英烈子女代表、部分国民党老兵受阅。

［附］中国人民解放军光辉历程大事年表

★ 1927 年 8 月 1 日　南昌起义 开始独立领导武装斗争

★ 1927 年 9 月 9 日　毛泽东领导秋收起义，起义部队命名为工农革命军

★ 1933 年 7 月 11 日“八一”成为我军建军节

★ 1934 年 10 月　开始长征

★ 1935 年 10 月 19 日　长征结束

★ 1937 年 8 月　中国工农红军主力部队改编为国民革命军第八路军

★ 1940 年 8 月至 12 月“百团大战”

★ 1948 年 9 月至 1949 年 1 月　三大战役

★ 1949 年 10 月 1 日　中华人民共和国成立

★ 1949 年 10 月 19 日　人民革命军事委员会组成

★ 1950 年 3 月上旬　海南岛战役

★ 1950 年 3 月　进军西藏

★ 1950 年 10 月 19 日　抗美援朝

★ 1955 年 1 月 18 日　解放江山岛

★ 1955 年 9 月　军衔制度实行

★ 1966 年 7 月　二炮领导机关成立

★ 1969 年 3 月　珍宝岛自卫反击作战

★ 1974 年 1 月　西沙群岛自卫反击战

★ 1979 年 2 月至 1989 年 10 月　中越边境自卫还击作战

★ 1987 年 8 月　新的军衔制度实行

★ 1997 年 7 月 1 日　我驻港部队顺利进驻香港

★ 1999 年 10 月 1 日　建国 50 周年庆典

★ 1999 年 12 月 21 日　我驻澳部队顺利进驻澳门

练习题

1. 毛泽东说："长征是历史纪录上的第一次，长征是宣言书，长征是宣传队，长征是播种机。长征是以我们胜利、敌人失败而告终。"他在《七律·长征》（写于1935年10月）中写道："红军不怕远征难，万水千山只等闲。五岭逶迤腾细浪，乌蒙磅礴走泥丸。金沙水拍云崖暖，大渡桥横铁索寒。更喜岷山千里雪，三军过后尽开颜。"请你查阅相关资料，为同学们讲一讲那段长征历史。

2. 搜集中国人民抗日战争暨世界反法西斯战争胜利 70 周年的相关图片、视频等资料，并思考本次纪念活动的意义是什么。

第二节　齐鲁儿女多壮志

抗日战争时期，齐鲁大地上涌现了无数英雄志士，他们为国家为民族抛头颅洒热血，用生命谱写了那段前仆后继、浴血奋战、艰苦卓绝的抗战历史。今天，让我们缅怀反侵略战争中可歌可泣的齐鲁儿女英雄事迹，缅怀那些为挽救民族危亡而壮烈牺牲的抗战英烈们!

抗日英雄“一马三司令”

(王红军《大众日报》)

“一马三司令，得了抗日病。专打日本鬼，保护老百姓。”抗日战争时期，齐鲁大地上流传着这样一首歌谣。其中，“三司令”是八路军山东纵队第三支队司令员马耀南、渤海军区第六军分区副司令员马晓云和山东人民抗日救国军第五军第一支队司令员马天民三兄弟（图3-18）。

图3-18 马耀南

时至今日，“一马三司令”的爱国义举仍在传诵。

和王尽美一起宣传救国

马氏三兄弟一母同胞，分别于1902年、1906年、1910年，出生于长山县（今邹平县）北旺庄一个比较富裕的农民兼手工业者家庭里。

中学阶段，马耀南从长山来到省会济南，有了更多的接触各种社会思潮的机会。在当时济南著名进步人士开办的齐鲁书社，马耀南结识了同样经常到这里来阅读和购买书刊的王尽美、邓恩铭等，并经常探讨社会问题，成为交往颇多的朋友。在当时的政治背景下，马耀南虽然没有成为共产党员，但他参加了中共一大代表王尽美、邓恩铭组织领导的“励新学会”、“马克思学说研究会”等革命团体，接受了马克思主义启蒙教育，并和王尽美、邓恩铭一起走上街头，宣传爱国救国，声讨帝国主义的罪行。

1924年，马耀南考入天津北洋大学。在国共合作的形势下，马耀南参加了由中国共产党人组织控制且“没有其他势力”的国民党组织，并被选为国民党天津市第二区分部委员，在北洋军阀眼皮底下，冒着坐牢和杀头的危险，开始进行地下革命活动，开展学生和工农运动。

不过，为了排除异己，把国民党变成私党，蒋介石在筹备国民党“三大”期间，通过“整理地方党部”和使用“选后圈定”等方式产生代表的手段，以达到一手包办“三大”的目的。马耀南虽然得票最多，但他当时是天津反日爱国学生领袖，也一直不满蒋介石的反共、卖国、独裁行径，国民党不仅没有将他“圈定”为代表，还开除党籍并通缉他。在此期间，刚结婚的马晓云受到大哥爱国热忱及行动的教育启发，到天津参加了东北军，希望实现抗日救国的爱国志向。马晓云与马耀南的志向不大一样，马耀南主张教育救国，而马晓云觉得关键是要有“枪杆子”，要掌握自己的武装。虽然马晓云已经被提拔为营长，但他逐渐认识到旧军队的无能与腐败，不到一年，便毅然返乡。

在长山县部分名流士绅恳请下，马耀南在1933年回到故乡，担任长山中学的校长。

三兄弟拉起抗日队伍

抗日战争爆发后，马耀南在紧锣密鼓地宣传、动员群众投入救亡运动的同时，积极开展了组织抗日武装的活动。他首先动员自己的两个弟弟起来抗日，发动他们拉队伍（图3-19）。

图3-19 马耀南动员两个弟弟参加抗日

1937年8月底的一个晚上，马耀南约马晓云、马天民回到家中，向他们讲述了“七·七事变”后日本帝国主义疯狂侵略中国的消息。马耀南果断地说：“我们不能当亡国奴。我们应当组织民众拿起武器，和日本鬼子血战到底。”

马晓云和马天民都很敬重大哥，大哥的话正中下怀。马晓云斩钉截铁地说：“咱就拉队伍和小鬼子大干一场！”在听了两位兄长的话语后，马天民也拍案而起：“行！拉队伍，和他们干！”就这样，兄弟三人开始商量拉队伍、筹集枪支的步骤和方法。

马耀南发动组织抗日队伍的消息不胫而走，各方人士也深知马氏兄弟在当地的威望和号召力，其中，国民党方面为了扩大他们的政治影响，也前来笼络马耀南。就连国民党山东省政府主席韩复榘都说：“等马耀南拉起队伍时，要给他派个人来当司令。”

在马耀南表达了组织抗日武装的意愿后，中共山东省委非常重视，当即决定派遣地下党员姚仲明到长山中学开展工作，随后又派红军干部廖容标、地下党员赵明新先后到长山中学，并建立起以姚仲明为组长的党小组，这也是长山历史上第一个党的组织。

1937年11月初，为了尽快拉起抗日武装，马耀南和党小组决定在长山中学秘密组织抗日游击训练班。为了防止干扰破坏，训练班对外称“民众夜校”，马耀南亲自担任校长，他对姚仲明等人说：“你们就放手干吧，国民党县党部和县政府来找麻烦由我顶着。”

1937年12月24日，日寇飞机空袭了邹平、长山一带。有战斗经验的廖容标分析，这是日本鬼子的侦察性轰炸，很可能会在两三天内占领邹平、长山。为此，马耀南和党小组果断决定，60多名长山中学师生奔赴黑铁山举行武装起义。

从此，山东人民抗日救国军第五军的红旗在黑铁山高高竖起，马耀南担任第五军临时行动委员会主任兼参谋长，马晓云任第七支队司令员，马天民任第一支队司令员。

“一个心眼跟共产党走”

在武装起义之后，马耀南考虑到，组织武装起义的目的，就是为了抗击日本侵略者，如果光吃饭不打仗，就有可能失去百姓的支持。

从1938年1月开始，山东人民抗日救国军第五军先后取得了小清河伏击战、三官庙战斗的胜利。3月初，由于日军抽调兵力进攻徐州，马耀南联合友军收复了邹平城。凭借自己的社会威望，马耀南召集各界代表人士成立了抗日民主政府。这是山东抗战开始之后，在起义部队从日伪手中夺回县城的情况下，民主选举的第一个抗日县级政权。

当马耀南率领5 000多人光复邹平城后，山东省政府主席兼苏鲁战区副司令沈鸿烈派人送来委任状：任命马耀南为“鲁北行署抗日纵队司令”，并承诺薪金、军饷立即送来，并恢复马耀南的国民党籍。对此，马耀南嗤之以鼻，并当面将委任状撕了个粉碎。

之后，山东人民抗日救国军第五军改编为八路军山东纵队第三支队，马耀南任司令员。他向副司令杨国夫讲述沈鸿烈用高官厚禄诱骗他投向国民党怀抱的伎俩之后说：“我马耀南软硬不吃，一个心眼跟共产党走！”1938年10月，马耀南光荣地加入中国共产党。

1939年7月22日，马耀南和杨国夫率部队行至桓台四区牛旺村时，由于该村汉奸告密，马耀南壮烈殉国。消息传来，马天民悲愤至极。然而，10月14日，马天民在执行任务中被叛徒李子友出卖，率部队突围中也被日军俘虏杀害，年仅28岁。

马耀南牺牲后，全军上下无不悲痛。山东八路军总指挥张经武在《山东八路军怎样反对敌人扫荡》一文中高度赞扬说：“威震鲁北之马司令，以一个书生出身的战士，终于为中华民族流尽了最后一滴血。”朱德总司令在《解放日报》上发表的纪念抗战五周年的文章《胜利在望，团结向前》中也表彰了马耀南同志。

大哥马耀南、三弟马天民牺牲的消息，也强烈地震撼着马晓云。不过，敌人却在幸灾乐祸，并借马耀南的牺牲造谣生事，说他死得不明不白。在赵明新代表党组织来看望时，马晓云强忍着悲痛说：“这些天我一直在想，大哥和三弟为抗日献出了生命，我这个活着的，怎样才能更好地继承他们的未竟之志呢？你是党的负责同志，我要求加入中国共产党。”赵明新说：“好！晓云同志，我做你的入党介绍人。”

为了保护抗日力量，中共山东省委安排马晓云赴延安学习。从延安回来后，马晓云又先后担任过清西军分区副司令员、渤海军区第六军分区副司令员，1944年8月，在青城王家庄战斗中，在前沿指挥战斗的马晓云不幸中弹，壮烈牺牲。

张自忠：抗日战争中阵亡的最高将领

（来源：搜狐新闻）

张自忠（1891—1940），字荩忱，山东临清人，是中国军队在抗战中牺牲的职务最高的将领，也是第二次世界大战反法西斯阵营中战死的最高军队将领。1908年，入临清中学堂读书。1911年，就读于天津法政学校，第二年转入济南法政专科学校。读书期间，张自忠目睹到中国处处被外国列强欺凌、国内陷入军阀混战、人民生活在水深火热之中，痛感国家不幸、民族多难，于是弃学从戎、立志报国。1914年秋，张自忠投奔到奉天（今沈阳）新民屯陆军第20师第39旅第87团临清同乡车震部下当兵，历任司务长、排长、连长、营长、团长、旅长、师长等职（图3-20）。

张自忠（1891.8.11—1940.5.16），字荩忱，汉族，山东临清唐园村人。以“中华民国”上将衔陆军中将之职殉国，牺牲后追授为陆军二级上将军衔，著名抗日将领，民族英雄。

图3-20 张自忠

1933年，日军发动九一八事变后，继续向中国南部进犯。宋哲元任命张自忠为前线总指挥，率第29军抗击向长城各要塞进犯的日军。张自忠率部队在喜峰口到罗文峪一线与日军血战40余日，取得一次次胜利。1937年，卢沟桥事变爆发后，张自忠被任命为第59军军长，并对部下官兵痛哭誓言："今日回军，除共同杀敌报国外，是和大家一同寻找死的地方。"1939年5月，日军分两路大举进犯鄂北的随县、枣阳地区，企图围歼第33集团军。张自忠派正面部队进行死守，并火速调派2个师迂回到日军后方，对日军进行两面夹击，粉碎了日军围歼第33集团军的企图，并一举收复枣阳、桐柏等地区，史称"鄂北大捷"。同年12月，日军又集中大量兵力向驻守长寿店地区的第33集团军132师等部阵地发起进攻，双方激战7天7夜，132师阵地多次被突破。张自忠决定用奇兵打击日军神经中枢，调第132师359团于夜间绕道偷袭日军设在钟祥县（现钟祥市）的总指挥部。部队临行前，张自忠鼓励将士们说："国家养兵就是为了打仗，打仗就会有伤亡。人总是要死的，多活20年少活20年转眼就过去了。但死有重于泰山，有轻于鸿毛，为国家为民族而死就重于泰山，否则轻如鸿毛。"在张自忠的激励下，奇袭部队一举端掉日军的总指挥部。进攻的日军惊闻老巢被端，陷入极度慌乱之中，张自忠指挥部队趁势发起猛攻，打得日军狂退60里。1940年4月，日军再次集中30万兵力进犯鄂北的随县、枣阳地区。中将军衔的张自忠亲率仅剩的2个团加总司令部直属特务营渡河作战。5月1日，张自忠亲笔谕告所部各将领："看最近之情况，敌人或再来碰一下钉子，只要敌来犯，兄即到河东与弟等共同去牺牲。国家到了如此地步，除我等为其死，毫无其他办法。更相信，只要我等能本此决心，我们国家及我五千年历史之民族，决不至于亡于区区三岛倭奴之手。为国家民族死之决心，海不清，石不烂，决不半点改变。愿与诸弟共勉之。"5月6日晚，张自忠又亲笔给副总司令冯治安留下临阵遗嘱，进一步表示了以死报国的决心。书中说："因为战区全面战事之关系，及本身之责任，均须过河与敌一拼，现已决定于今晚往襄河东岸进发，到河东后，如能与38师和179师取得联络，即率两部不顾一切与北之敌死拼。设若与38师和179师取不上联络，即带三个团，奔着我们最终之目标（死）往北迈进。无论作好作坏，一定求良心得到安慰，以后公私均得请我弟负责。由现在起，以后或暂别，或永离，不得而知。""风萧萧兮易水寒，壮士一去兮不复还。"张自忠率2个团和1个特务营共二千余人东渡襄河后，一路奋勇进攻，在方家集将日军第13师团拦腰斩断，日军遂以优势兵力对张部实施围攻。张自忠面对人数比他多一倍半的日军毫不畏缩，多次指挥部队向日军冲杀，但因寡不敌众被迫退入南瓜店十里长山。5月16日下午2时，张自忠身边只剩下高级参谋张敬和副官马孝堂等8人，他掏出笔向战区司令部写下最后近百字的报告，交给马孝堂并留下遗言说："我力战而死，自问对国家对民族可告无愧，你们应当努力杀敌，不能辜负我的志向。"激战中，张自忠被日军机枪子弹击中倒在血泊中。为了不让日军俘获，他举枪自戕。一代名将，壮烈殉国。

蒋介石惊闻张自忠殉国后，立即下令第五战区不惜任何代价夺回张自忠遗骸。继张自忠任第59军军长的黄维纲率部再渡襄河，与日军展开了激战，终于在方家集寻得英烈坟墓，开棺将忠骸起出，重殓后将其运往重庆。灵柩运到重庆时，蒋介石率全体军政委员前往码头迎接，并为之举行了国葬。冯玉祥亲自为张自忠题写了"张上将自忠弟千古荩忱不死"的题词。延安也举行了隆重的追悼大会，毛泽东题写了"尽忠报国"的挽词。

忠勇报国 光照千秋——赵登禹

（来源：凤凰网山东综合 作者：青鸿 管晓萌 王嘉慧，有删节）

"大刀向鬼子们的头上砍去！全国爱国的同胞们，抗战的一天来到了，抗战的一天来到了……"再也熟悉不过的《大刀进行曲》，当年赵登禹率领29军大刀部队迎来喜峰口胜利，成为日军战史上的一大耻辱。身高1米9，不折不扣的山东大汉，从打虎英雄到大刀将军，从至孝男儿到壮烈殉国，惩恶扬善，智勇双全，肝胆赤诚，威风万里，戎马生涯书写下了道不尽的人生传奇。由此，一位正直善良、孝亲尚义、忠勇豪放、文武双全的抗日爱国将领高大而亲切的形象生动地重现在我们的面前……

图3-21 赵登禹

赵登禹（1898—1937），字舜城，山东菏泽赵楼人（图3-21）。陆军上将，民族英雄。1914年加入冯玉祥的部队。1926年参加北伐。1933年，任第29军第37师第109旅旅长，后任第132师师长。1937年卢沟桥事变爆发，赵登禹受命于危难之中，任南苑前线总指挥，率先头部队急行军进驻南苑。在激战中，年仅39

岁的一代英豪怀着精忠报国之志壮烈殉国。

勤奋少年，千里从军

赵登禹从小生得虎头虎脑，做事诚实勇敢，聪明乖巧。7岁时，父亲把赵登禹送到赵楼村的私塾读书。两年后，父亲去世，全家只能靠几亩薄田和母亲艰苦劳作维持生计，实在负担不起学费，赵登禹只好退学。

赵登禹出生的菏泽属曹州，素来尚武，在明清时期，曾以“武术之乡”著称。每到秋冬闲暇季节，曹州民众常常练武强身，对他们来说，练拳就如吃饭穿衣一样平常。在军阀厮杀时期，有“无曹不成兵”的说法，小时候的赵登禹就常常和大人们一起练拳。

赵登禹长女赵学芬回忆说：“因为家境贫寒，我父亲从小就去割草、养蚕、放羊，练得一副好身体。听别人说，13岁时，他拜当地著名武师朱凤军为师习武，善使大刀，十几人不敢近身。”

赵登禹练功十分刻苦，朱师傅让他把每一个招数练5遍，他却要练上十几遍甚至几十遍，虚心向师傅求教，进步很快。不到一年的时间，刀叉剑戟，样样精通。

有一天，朱师傅想试一下赵登禹的胆量，问他：“你知道今天村西新添了个坟头吗？”他说：“知道，那是一个吊死鬼的坟。”师傅说：“今天夜里，你敢到那里打一会儿拳吗？”赵登禹胸脯一挺说：“敢！”说完，就提了一把春秋刀，向村西的坟地走去。他走到新坟地，把衣服一脱，就练起无形刀来，一直练到半夜才回来。第二天朱师傅到坟地一看，发现坟地周围都被他踩平了。

赵登禹常听村里的老人讲一些武侠们行侠仗义、除暴安良的故事。赵登禹少年时期的中国，政治腐败，民不聊生。家庭的贫困、阶级的冲突、民族的灾难渐渐在他幼稚的脑海里打上烙印。随着年龄的增长，赵登禹慢慢懂得世上不平的事情多得很。为了铲尽人间不平，寻找穷人的出路，为了国家和民族的振兴，他决心离家从戎。当时，冯玉祥的哥哥冯北宝在曹州带县队，冯玉祥曾到曹州看望哥哥和陆建章将军，1913年秋，冯玉祥也曾到距曹州不远的河南招兵，之后多次率部路过曹州，所以，曹州人对冯玉祥多有耳闻和称颂。赵登禹听后暗下决心：投奔冯玉祥去！

1914年初秋，刚满16岁的赵登禹约同本村的好友赵学礼、赵全德踏上去潼关的路途。他们风餐露宿十几天，跋涉一千五百余里，来到古城潼关时，冯玉祥已停止招收新兵。赵登禹和伙伴们并不甘心，围着长官不厌其烦地申述自己立志当兵的迫切心情，长官深为感动，把他们编在陆军第十六混成旅一团三营佟麟阁连当副兵。按规定，副兵只管饭，不发饷。赵登禹可不在乎，他说："我来当兵，不为发财，只图报国！"

一身戎装，文武双全

因为身高体壮，参军时赵登禹经常"军容不整"。一次偶然的机会，冯玉祥在众多的士兵中发现了赵登禹。

这一天，冯玉祥检阅部队时，发现行进的队伍中，有一名大个子士兵的步伐与整个队伍的行进步伐很不协调。只见他军服勉强穿进去，衣服扣子却系不上，特别是脚上的鞋子，穿不进去只能趿拉着走路。无奈之下，冯将军只能先把自己的鞋子给他穿。"我父亲鞋底儿长一尺二寸，军队里没有这么大的鞋，提不上去就只能趿拉着。"赵学芬说，当时冯玉祥专门指令，给赵登禹重新定做。

这件事，对赵登禹以后的军旅生涯产生了重要影响。此后，冯玉祥开始注意赵登禹，了解到他是曹州人且练过武术，有相当的武功根底，而冯玉祥本身也是武术高手，刀术更是高明，便一直想找个机会试试他。

没过几天，士兵练操，比试对打，冯玉祥在一边观看。赵登禹身高劲大，手脚麻利，敢打敢拼，同队的士兵个个都成了他的手下败将。冯玉祥越看越喜欢，把衣服一脱，走到赵登禹面前说："来！咱俩摔一个。"两人你来我往，不分上下，赵登禹一较劲儿，搬起冯玉祥连摔三跤。

旁边排长看了着急得不得了，连忙劝阻，"赵登禹，你还真摔啊？"

赵登禹急了，"要不真摔，能分清谁输谁赢啊？"排长无奈地说："好吧，回去再跟你算账！"

冯玉祥强忍着疼痛，却心生欢喜，"你别跟他算账了，我跟他算吧，跟我走！"

赵登禹跟在冯玉祥身后，心中忐忑不安，来到室内赶紧扶冯玉祥坐下。谁曾想，这时冯玉祥上前摸着他脑袋，看他虎头虎脑，还真喜欢他，"不错，留下来给我当警卫员吧。"这一年，赵登禹 17 岁。

能够给冯玉祥当警卫兵，对于普通士兵来说，是一件很荣耀的事。赵登禹很珍惜这个机会，尽心尽力完成护卫任务，颇受冯玉祥的信任与称赞。在完成护卫任务的同时，赵登禹还利用经常在冯玉祥身边的机会，观察了解冯玉祥的为人处事及治军作风等，并从中学习牢记。

冯玉祥治军甚严，并高度重视部队的政治教育工作。部队训练中就有“政治”一项，他曾亲自为战士上政治课，以“不扰民，真爱民，誓死救国，反对官僚政府，反对外国侵略”等朴素的爱国爱民思想来教育战士。他还礼聘了一批知识分子，编写了《识字课本》《精神书》《军人宝鉴》等通俗易懂的小册子，供战士们使用。

“我父亲给冯将军当警卫员时，和冯将军之间还发生了很多趣事。”赵学芬说，冯玉祥本人喜欢读书写字，父亲赵登禹在他身边耳濡目染，受到了不少教诲。有一次，冯玉祥给赵登禹出了个难题：“我在自己读书写字的时间里，不想任何人来打扰，怎么办？”

赵登禹给冯玉祥出了个主意，冯玉祥一听心花怒放，“好！”随后写了一块“冯玉祥死了”的牌子。从那以后，每次在冯玉祥读书写字时，赵登禹就会把这牌子挂在大门上，只要是这期间拜访的人，都被他毫不客气地挡下。

正是在冯玉祥的言传身教下，赵登禹逐步养成了读书学习的良好习惯。以后又经冯玉祥的帮助，进入西北军教导团学习，并对书法、绘画产生了兴趣。这些都与他在这期间的学习分不开，为其今后进一步发展打下了良好的基础。

冯玉祥对士兵的道德教育也极为重视。他自编词自配曲搞了一系列歌曲，规定新兵走在街上要唱《烟酒必戒歌》和《嫖赌必罚歌》，说这既可自励，又能宣传教育群众；集合时要唱《国耻歌》《精神歌》。在平时的精神教育中，冯玉祥也经常通过浅显的事例，向士兵灌输传统的效忠国家、孝敬父母、爱护民众等思想，这些措施显然起了十分积极的作用。年轻的赵登禹，跻身于这样的队伍中，使他无形中感受到了一种浩然正气。

打虎将军，孝子柔情

赵登禹老家山东菏泽，离武松打虎的阳谷很近。从小，武松的神勇就印在赵登禹的心中。

1918年，部队驻扎湖南常德。常德附近有座德山，山清水秀，林壑幽美。但有一个大缺憾，山上蚊虫多而凶，更有猛虎经常出没，伤人害畜，闹得附近百姓很是不安。为此，山下村子里有猎户队专门救急，平时让百姓绕山而过。

有一次，部队在德山练习野战，忽然赶出一只猛虎，足有八尺多长。赵登禹和士兵还有山民联合围击，老虎窜到江里。赵登禹跳下去，挥拳猛击，打得猛虎无力反扑。在老虎懵晕之际，赵登禹用尽力气将它拖上岸来，骑在虎背上，边击边说：“看我是打死老虎，还是打活老虎？”留下了一张珍贵的照片。赵登禹骑活虎，也成为那个时代唯一一张流传至今的骑活虎照片。从此，“打虎将军赵登禹”的事迹便不胫而走，在部队和远乡近里的百姓中传为佳话。

冯玉祥在《抗日模范军人》中写道：赵登禹“为人忠诚勇敢，勤苦耐劳，生得身体魁梧，臂力过人，因为他曾经只手捕虎，所以绰号‘打虎将军’”。

赵登禹对母亲的孝心在军中尽人皆知。由于他的父亲去世早，他便把所有对父母的孝敬都给了母亲。无论军务如何繁忙，每天回到家中，他都要先到母亲跟前问安。二十四孝中有个老莱子，为了讨父母欢心，总是故意扮出各种稚拙的小孩儿把戏，赵登禹在母亲跟前常常就是个“老莱子”。

生擒郭坚，为民除暴

赵登禹从小练就的功夫，使他在关键时刻身手不凡。1921 年 5 月北方军阀曹锟、吴佩孚等人为铲除陕西督军陈树藩，命第二十师师长阎相文领陕西督军衔，会同吴新田的第七十师以及冯玉祥的十六混成旅联袂入陕，以武力接管陕西军政大权。吴佩孚虽然深恶冯玉祥拥兵自重，但恐其生变，便下令第十六混成旅扩编成为第十一师，冯玉祥任师长。

就在此时，驻扎在凤翔、岐山一带的土匪郭坚，趁陕西局面混乱之际，打着“靖国军”的旗号，到处杀人放火，抢夺民财，成为一方大害。

冯玉祥见此局势，一心决定除掉郭坚，对上峰说：“这事儿交给我吧，到时我请他吃饭。”并转身对赵登禹说：“登禹，你得去，你得在旁边待着。”于是，冯玉祥在西安讲武堂内设下“鸿门宴”，准备一举将郭坚擒获。冯玉祥布置部队，届时大家躲在屏风后面，以摔杯为号。不曾想，在宴席进行时，埋伏于屏风后的士兵因探头挤看冯玉祥与郭坚对饮，竟将屏风推倒。

不料郭坚及其卫兵二十多人见状拔枪，企图先发制人。刚要拔枪，赵登禹挺身上前，三拳两脚，把郭坚揪住了，接着伏兵一拥而上，将郭坚的卫兵全部缴械。事后，郭坚被公开处决。

大刀雄风，喜峰口大捷

就在任 109 旅旅长期间，赵登禹迎来了让他名垂青史的喜峰口战役。

1933 年 3 月，长城抗战爆发。3 月 9 日，赵登禹率部驰援喜峰口，与日军铃木师团展开了惨烈的争夺战。经过三天激战，喜峰口几度易手，双方伤亡惨重，赵登禹的左腿也被敌人的炮弹炸伤。

为了削弱日军的武器优势，3月11日晚，赵登禹带伤组织三个团的敢死队。临出发前，他作动员说："抗日救国，是我军人天职。养兵千日，报国时至，只有英勇杀敌、不怕牺牲，才能挽救祖国危亡……"当时没有子弹没有炮，二十九军专门找到铁匠用最好的镔铁打成大刀，1米多长，八九斤重。赵登禹一行身背大刀和手榴弹，分两路夜袭日军炮兵阵地和宿营地，于深夜三四点杀入敌营，砍杀日军千百余人。

赵登禹将军指挥的喜峰口大刀夜袭战，在日本历史记载中是"战役里的一场耻辱"。当时大刀砍下去，日本人的死状是非常惨重的。后来提到西北军的大刀队，日本人闻风丧胆。

"之后俘虏日本兵的时候，发现脖子多了一层铁围脖，钢片做的，还包着一层皮子，用来防29军的大刀片，砍下去时啪啪冒火星儿。"赵学芬讲述，后来发现死掉的日本兵尸首是竖着劈下来的，横着不好砍了，竖着一样砍，极大地振奋了全国人民的抗日爱国志气。

喜峰口夜袭战的胜利，使赵登禹和他的大刀队名声大振，路人皆知。当时政府为赵登禹颁发了最高勋章，并将109旅扩编为132师，重新"升"其为师长，授中将衔。远在上海的音乐家麦新被赵登禹大刀队的英勇所感动，谱写了著名的抗日歌曲《大刀进行曲》，从此，"大刀向鬼子们的头上砍去"唱遍了全国。

卢沟桥事变，血战南苑

对于飞扬跋扈的日寇，赵登禹一贯坚持针锋相对与之斗争。1936年夏天，几名日本特工绑架了第29军政治部主任宣介溪。赵登禹与另两位师长冯治安和刘汝明商量后认为，鬼子竟敢抓我军高级将领，实在太嚣张，一定不能向其示弱。于是，他们将一亲日分子叫来，赵登禹让其向日方传话："限日本人两小时以内好好把人送回。超过时限，我们就先把平津一带的日本人统统杀光！"说完，当着亲日分子的面，赵登禹操起电话向部队下令，要求两小时之内完成作战准备，待命行动。日本人被赵登禹的凛然之气所震慑，果然在两小时内就将宣介溪送了回来。

1937年7月7日，日寇借口寻找一名失踪的士兵，向卢沟桥进攻，中国军队奋起自卫，卢沟桥抗战爆发。

7月26日，赵登禹奉29军军长宋哲元之命，赶赴南苑，和副军长佟麟阁共同负责北平防务。7月28日凌晨，日军集中三个联队步兵、一个联队炮兵和30多架飞机，向南苑进攻。赵登禹率部与日军血战六小时，一次次打退敌人的进攻。无奈武器装备相差悬殊，在敌人飞机大炮的疯狂轰炸扫射下，所部伤亡惨重。战至中午，宋哲元命令赵登禹率部向大红门集结。行至半途，赵登禹从汽车里下来，一手拿手枪，一手执大刀，亲自指挥部队撤退。由于叛徒告密，途经大红门时，两边城楼上已经埋伏好的日军突然用机枪猛烈扫射。赵登禹师长左臂受伤，他一边组织士兵迎敌，一边用手枪向敌人还击。张可宗和几名战士上前想把师长拉到掩体处，但被拒绝了。很快，赵登禹腿部又中弹，他坐在路边，继续指挥战斗。张可宗的腹部也中了流弹，蹲在师长旁边用步枪向高处的日本兵射击。不久，赵登禹身上多处中弹，成了一个血人，再也支撑不住，倒在了地上。张可宗和几名特务团战士马上把他扶住。此时的赵登禹已经气若游丝，抓住传令兵和张可宗他们的衣服说："军人战死沙场，原是本分，没有什么可以愁伤。北平城中还有我的老母，你们回去告诉她老人家，忠孝不能两全，她的儿子为国捐躯，也算对得起我的祖宗了。"说罢，一代抗日名将壮烈牺牲。时年仅39岁。

英名不朽，警示未来

赵登禹的牺牲，对其家庭而言，打击可谓天塌地陷。其母年近70岁，备尝老年丧子之痛；其妻倪玉书时年仅27岁，身怀7月身孕，华年丧夫；其子4岁，其女2岁，尚不解生离死别，即与父亲阴阳睽隔。丧夫之痛让倪玉书常年以泪洗面，终至精神恍惚，无力持家。幸得赵登禹的堂弟赵登舜担起了兄长的谴责，扶携这一家孤儿寡母在兵荒马乱中颠沛流离。

赵登舜原是赵登禹手下的机枪连长，有一次请假回山东老家，逾期未归，违反了军规。赵登禹的母亲知道儿子治军甚严，一定会严惩其弟，便预先代为求情，望能轻罚。赵登禹不为所动，按军法下令责打赵登舜四十军棍，并宣布革除军职。之后，回到家里，赵登禹再向母亲跪地赔礼，并请医生医治堂弟的棍伤。

赵登禹革除了堂弟的军职，使其不至于和自己一起战死沙场，也使自己牺牲后，家人能得到一份忠诚的照料。这可谓是不幸中的大幸。

赵登禹将军牺牲后，先由护卫士兵和北平红十字会草草掩埋。29军和龙泉寺有着紧密联系，老方丈带着担架，又连夜从南苑青纱帐里将遗体抬到庙里来，用一口漆得很好的黑棺材把赵登禹入殓了，僧人们崇敬赵登禹的爱国精神，常常一遍又一遍地给棺材上漆，将棺材漆得锃亮。赵登禹的灵柩在龙泉寺停放了9年，棺材油了十五道油漆，保存得非常完整。直到1946年7月28日，才由北平市政府在中山公园举行公祭，落葬于卢沟桥以东2公里左右的西道口。也是在这一年，在北平市参政会的提议下，北平市将白塔寺东的一条街道命名为“赵登禹路”，以纪念这位为抗日捐躯的民族英雄。

赵登禹牺牲后的第三天，即1937年7月31日，当时的“国民政府”颁发荣哀状及褒恤令，追赠赵登禹为陆军上将。毛泽东曾高度评价赵登禹等国民党抗日将领，称赞他们在执行抗击日本侵略者的“神圣任务中光荣地壮烈地牺牲了”，他们“给了全中国人民以崇高伟大的模范”。

现在，在北京，除了赵登禹墓和“赵登禹路”，在通州区还有一条“赵登禹大街”，在丰台区还有一所“赵登禹学校”，都是对民族英雄赵登禹将军的永志纪念。

练习题

1. 抗日战争时期，齐鲁大地上涌现了许许多多可歌可泣的抗日英雄，他们的英雄事迹传遍了齐鲁大地，请同学们搜集并整理当地的抗日英雄事迹，相互交流一下吧！

2. 请同学们登录山东英烈网 http：//www.sdmartyrs.cn/eap/main，学习烈士们的英雄事迹，并进行网上祭奠、献花活动。

第三节　鱼水情谱新篇

军爱民，民拥军，军民团结一家亲。在战火纷飞的战争年代，英雄的定义是为民族、为国家抛头颅、洒热血；在鲜花盛开的和平年代，英雄的定义更多的是人性的关怀、无私的奉献和职责的无畏，让我们一起来分享那些血浓于水的军民鱼水深情……

沂蒙红嫂

在战争年代，沂蒙山区有一个伟大的母性群体，她们送子参军、送夫支前，缝军衣、做军鞋、抬担架、推小车，舍生忘死救伤员，不遗余力抚养革命后代，谱写了一曲曲血乳交融的军民鱼水情——她们就是“沂蒙红嫂”。

半个多世纪过去了，当年的“红嫂”有的已经故去，有的到了耄耋之年，但她们身上的那种“红嫂精神”，通过她们的子女以及她们抚养过的革命后代，延续传承，从沂蒙山区走向全中国，成为激励一代又一代人牺牲奉献、报效国家的宝贵精神财富。

沂蒙红嫂明德英

明德英（1911—1995），沂南县马牧池乡横河村人（图 3–22）。

图 3–22 沂蒙红嫂明德英

1942 年底，日本侵略者对沂蒙山区进行了拉网合围大扫荡，驻扎在横河村一带的八路军山东纵队军医处一所香炉石分所人员被冲散，年仅 13 岁的八路军战士庄新民负伤后，被沂南县马牧池乡横河村的哑女明德英发现并掩藏。庄新民昏迷不醒，明德英毫不犹豫地挤出自己的乳汁，一勺一勺喂到他嘴里，当鬼子再搜村时，明德英的丈夫李开田拉着庄新民的手，小声告诉他：“孩子，不要怕，鬼子要问，就说是我的儿子。”当时瘦弱矮小的庄新民穿一件破棉袄，鬼子看他不大像是八路，上下打量了许久只好作罢。庄新民在明德英家看到，有点好吃的都给他吃了，弟妹们只能吃糠咽菜，数次提出要去找部队，明德英夫妇给他缝补好衣服和鞋子，准备了几块熟地瓜，含着泪水依依不舍将他送到村头。

在战争年代，庄新民没有机会去看望救护他的“爹娘”，但看望双亲的念头始终埋在心里。1955 年，在沂南县邮局的帮助下，经过多次周折终于找到了两位老人。这时他才知道，他的沂蒙老爹叫李开田，大娘叫明德英。经过通信联系，1956 年春节后，他将“老爹”请到上海住了半个月，使庄新民有机会重叙救命养育之恩，他爱人每天下班总是带来好吃的，忙前忙后孝敬老人。自这次团聚后，庄新民一直与明德英家保持着密切联系，逢年过节就给寄点食品或衣服等孝敬老人，老人也常给他寄点沂蒙土特产品。1985 年春天，庄新民重新踏上了沂蒙土地，此时李开田老人已经过世，聋哑的明德英大娘也已老态龙钟。因明德英家时常来人看望，庄新民的到来并没有引起她的注意，家人给她做手势说明，她也没什么反应。情急中，家人拿出上海产的“大白兔”糖，又指指庄新民，老人家蓦然明白过来，两行热泪滚滚而下。她一把将庄新民拉到怀里，还轻轻打了他几巴掌。年过半百的庄新民像孩子一样抱着明德英痛哭流涕。突然，明德英松开双手，转身在一个低矮的厨具内摸索出两个苹果，用衣襟擦了又擦，硬往庄新民嘴里塞，庄新民噙着眼泪将苹果吃了下去。

1995 年，85 岁的明德英老人去世，庄新民的儿子代表父亲专程前来为老人送终。此后每年清明，他们都要来到奶奶坟前祭祀。

沂蒙红嫂祖秀莲

祖秀莲（1911 — 1977），沂水县院东头乡桃棵子村人（图 3–23）。

图 3–23 沂蒙红嫂祖秀莲

1941 年农历九月，日本侵略军对沂蒙山区抗日根据地实行扫荡。一天下午，八路军山东纵队司令部侦察参谋郭伍士执行侦察任务时，在桃棵子村南挡阳山下被鬼子 5 颗子弹打中，倒下后又挨了几刺刀。有一颗子弹从两腮穿过，牙被打碎好几颗；肚子被刺穿，肠子露在外面。他用军上衣扎紧肚子上的伤口，朝桃棵子村爬，爬到祖秀莲家门口时晕倒了。

那时，谁掩护八路军、救护八路军伤病员，叫鬼子发现后都得杀头，但祖秀莲不怕。她把郭伍士架进屋里，抠出他嘴里沾着的碎牙、血污，一盅一盅地喂水。晚上，鬼子又住进了桃棵子村。祖秀莲叫上张衡军等几个游击队员，把郭伍士背到村后崖下一个大草垛里藏起来。第二天又背回来，祖秀莲烧了盐水给他擦洗了伤口，包扎好后又背到西山半腰一块大卧牛石下挖好的一个洞子里藏起来。她天天躲开鬼子，到石洞里送水送饭、喂水喂饭、清理卫生。为了给郭伍士补养身子，她把自家的两只母鸡都杀了熬成汤，喂郭伍士。

待了一个多月，郭伍士的伤情好转，被转移到一个八路军医院里。临走时，祖秀莲嘱咐他，不管走到山南海北，一定捎个信儿来。郭伍士说，无论战斗到哪里也忘不了你这个“娘”。

郭伍士在医院养好伤后，很快就回到了部队。1947 年复员时，他感激沂蒙山的乡亲，没回山西老家，在沂南县隋家店子落了户成了家。

郭伍士做了一副小挑子，一头挂上烧酒、一头挂上一盆狗肉，沿着崎岖的山路一边卖货、一边打听救护自己的“娘”。1956年，他找到了桃棵子村，见到了祖秀莲。再一次来时，他正式认祖秀莲为娘，和张衡军几个相互称兄道弟。1958年春，郭伍士一家从50多里外搬进了桃棵子村，在村里安了家。

在随后的日子里，郭伍士对祖秀莲像亲娘一样伺候，每月都从残废金里拿出一部分给祖秀莲。上级供应给他的花生油，也都送给了祖秀莲家，还不断买好吃的孝敬老人。

郭伍士后来又生育三男一女，祖秀莲帮着他拉扯孩子，这些后辈一直叫祖秀莲奶奶。1977年7月，祖秀莲去世。1984年，郭伍士也去世了，家人把他葬在了村南的山坳里，和“祖秀莲纪念墓”隔村相望。此后两家人依然亲如一家。

1998年抗洪救灾

1998年夏，我国江南、华南大部分地区及北方局部地区普降大暴雨到特大暴雨。长江干流及鄱阳湖、洞庭湖水系，珠江、闽江和嫩江、松花江等江河相继发生了有史以来的特大洪水。受灾人数之众，地域之广，历时之长，世所罕见，在党中央和国务院的英明领导和决策下，数百万军民众志成城，奋起抗洪，一方有难，八方支援，中华儿女用钢铁般的意志和大无畏的英雄气概，谱写了一曲又一曲气吞山河的抗洪壮歌。

汛情牵动中南海，江泽民总书记、李鹏委员长亲赴现场视察，慰问作战军民，朱镕基总理、温家宝副总理亲临一线指挥；党心紧系军民心，党中央密切关注着灾情发展趋势和抗灾进展，时刻牵挂着受灾群众和抢险军民，各级党组织充分发挥了党的领导作用；洪水无情人有情，全国人民情系灾区，一列列火车、一架架飞机、一队队汽车满载着物资、食品，满载着各地群众的深情厚谊，从各个方向往灾区集结。

为了战胜这场特大自然灾害，解放军和武警部队共投入兵力36万多人，地方党委和政府组织调动了800多万干部群众参加抗洪抢险；加上为抗洪抢险提供直接服务的各部门、各地区、各系统的力量，总数达上亿人口；而其他以不同的方式关心、支持抗洪抢险的人们更是难以计数。这场抗洪抢险斗争，规模大，气势壮，斗争严酷激烈，而更为重要的是，上下一心、干群一心、党群一心、军民一心、前方后方一心。江泽民同志在评价九八抗洪抢险斗争时，强调指出，在这场伟大的抗洪抢险斗争中，我们形成了万众一心、众志成城，不怕困难、顽强拼搏，坚韧不拔、敢于胜利的伟大抗洪精神，这是无比珍贵的精神财富。

抗洪英雄李向群

1998 年夏那场令人难忘的抗洪抢险中，英雄战士李向群为了保护国家和人民利益，置生死于不顾，以其 20 岁的短暂生命和 22 个月的短暂军龄，谱写了壮丽的人生赞歌，被誉为“新时期的英雄战士”（图 3–24）。

图 3–24　抗洪英雄李向群

1978 年出生的李向群生前是广州军区塔山守备英雄团九连战士。他家虽有百万家产，但为追求崇高的人生理想，李向群毅然选择参军之路，由一名普通青年成长为合格战士、优秀士兵和光荣的中国共产党党员。在 1998 年长江流域抗洪抢险战斗中，李向群主动报名参加部队的抢险突击队，他带病顽强拼搏，先后 4 次晕倒在大堤上，被送进医院抢救醒来后，又拔掉输液的针管上堤战斗，终因劳累过度壮烈牺牲。

为了表达对烈士的深切怀念，灾区 3 万群众自发地赶来参加烈士的追悼会，并在烈士生前抗洪的地方树碑立传。中央军委授予李向群“新时期的英雄战士”光荣称号。

抗洪英雄高建成

高建成（1965—1998），空军某高炮团连政治指导员，抗洪英雄。湖南省湘阴县人，1965 年 10 月出生于湘阴县南湖镇一个农民家庭。自幼热爱学习，品学兼优。1984 年 9 月从湘阴县四中毕业，被选入空军飞行学院读书，毕业后分配到武汉空军某高炮团。历任排长、助理工程师、连副指导员、指导员等职，被授予上尉军衔，是人民军队新时期军事政治建设中涌现出来的一名优秀基层干部。在 14 年军旅生涯中，他学习刻苦，工作扎实，作风优良，品德高尚，先后 3 次受到部队嘉奖，6 次被评为优秀党员、优秀党支部书记（图 3–25）。

图 3–25　抗洪英雄高建成

1998年夏，长江流域遭受历史罕见的洪涝灾害。7月27日，他所在的空军某高炮团奉命奔赴湖北咸宁地区执行长江干堤抢险护堤任务。出发之前，他在写给老母亲的信中说："妈，我马上就要带兵执行抗洪抢险任务了，现在家里置了新房，等我抗洪胜利回部队后，便利用休假的机会接您老人家来住，让您老人家和我们一起生活，享受晚年幸福。"他率领战士们按时奔赴指定位置，立即投入嘉鱼县邱家湾抗洪抢险战斗。他不顾连续几天高烧不退，身先士卒战斗在第一线。8月1日晚，他率部转战簰洲湾参加抢险战斗。急行军中，长江大堤突然决口，连队突遭洪水袭击，四五米高的巨浪扑面而来。在紧急关头，他不顾个人安危，沉着镇定，迅速组织抢救遇险群众和官兵。救生器材不够，他立即脱下救生衣硬塞给新战士赵文源穿上。被迫弃车转移时，他坚持最后一个离开。在与洪水搏斗的两个多小时里，他连续不断地进行现场鼓动，高喊："有党员和干部在，我们一定能够冲出去！"他奋不顾身，先后救出8名群众和战士。8月1日夜里21时以后，洪水越来越大。他和连长决定，把两棵树留给几位体弱的战士，而把死亡的危险留给他们自己。他用尽力气将正在水中挣扎的新战士刘楠推到一棵大树边，自己却被一个巨浪卷走，壮烈牺牲。

1998年8月12日，中央军事委员会发布由江泽民主席签署的命令，授予他"抗洪英雄"的荣誉称号。命令还指出：他在国家和人民群众生命财产安全受到了严重威胁的关键时刻，舍生忘死保护群众和战友，用生命谱写了一曲抗洪抢险的壮丽凯歌。他是新时期人民军队基层政治干部中的优秀代表，是抗洪抢险部队中涌现出来的杰出典型。江泽民号召全军官兵向他学习，学习他牢记人民军队的宗旨，保持人民子弟兵本色，视祖国和人民利益高于一切的崇高思想；学习他忠于党的事业，用实际行动支持改革开放，保卫社会主义现代化建设成果的大局观念；学习他面对严峻考验，不怕艰难困苦，不怕流血牺牲的英勇献身精神；学习他在危难时刻，把生的希望让给别人，把死的威胁留给自己的高尚风格。烈士的母亲杨友秀把烈士的弟弟高建民送到抗洪抢险部队，继承烈士的未竟事业。烈士故乡湖南的全省军民，学习他的牺牲奉献精神，全力投入抗洪抢险斗争，夺得1998年抗洪的最后胜利。

1999年8月1日，烈士所在部队和当地人民群众在武汉烈士陵园隆重地举行了抗洪英雄高建成骨灰安放仪式，以志永远纪念。

5·12 汶川地震

5·12汶川地震，发生于北京时间2008年5月12日（星期一）14时28分04秒，震中位于四川省阿坝藏族羌族自治州汶川县映秀镇与漩口镇交界处。根据中国地震局的数据，此次地震的面波震级达8.0Ms、矩震级达8.3Mw，破坏地区超过10万平方公里。地震烈度可能达到11级。地震波及大半个中国及多个亚洲国家。北至北京，东至上海，南至我国香港、泰国、我国台湾、越南，西至巴基斯坦均有震感。

截至2008年9月18日12时，汶川大地震共造成69 227人死亡，374 643人受伤，17 923人失踪。5·12汶川地震是中华人民共和国成立以来破坏力最大的地震，也是唐山大地震后伤亡最严重的一次。

汶川大地震，不仅聚焦了全球目光，也成为中国军队罕见的大集结号声。几天之间，10万战士从天而降、越岭而来、驱车而至，直入灾区，与灾难展开了搏斗。中国人民解放军、武警部队的高度服从命令的精神，剽悍而不畏牺牲的精神，令人感叹。

无疑，面对毁灭性的特大地震灾害，解放军、武警部队成了救灾抢险的主力，这是必然的。从来解放军与抗御自然灾害就没有分开过，哪里有天灾，哪里就有解放军。每一次遇到自然灾祸，任何地区的民众，只要看到了解放军，就会安心、安定下来。

奥地利《新闻报》5月15日文章指出，世界上没有哪个国家的军队应对灾难的能力像中国军队这样出色，因为中国经常被灾祸所袭击，每年都有上千人死于洪水、矿难和其他灾难。对于中国人来说，中国的军人无疑是困境里的救星。

在高度评价中国军队为抗震救灾做出巨大的贡献同时，我们还看到了什么？旁观今次的中国军队大集结，我们可以总结出这么几个特点：

第一：胡锦涛指挥有力，中央军委指挥中枢流畅快捷，军令贯彻毫无阻碍。胡锦涛在三军的高度威信，一览无遗。

四川汶川发生8级地震后，胡锦涛要求军队和武警部队迅速组织出动，协助地方抗震救灾，保证灾区人民生命安全。按照胡锦涛主席指示，军队迅速启动应急预案，13日上午，中央军委紧急召开常务会议，专题研究部署部队抗震救灾工作，决定成立全军抗争救灾工作领导小组，统一组织指挥全军和武警部队的抗震救灾行动。总参谋部下达《开展抗震救灾工作的紧急指示》，在全军范围内调集兵力支援灾区。总政治部发出《抗震救灾中的政治工作指示》，要求各部队发扬优良传统，发挥突击队作用。总后勤部火速调集帐篷、食品、药品等大批救灾物资，组织60支医疗队开赴灾区。总装备部为救灾部队配备了各种救灾器材，立即运往灾区。反应之迅速，格外出色。

第二，解放军调动范围广，各大军区严格遵照中央军委命令，军令如山，召之即来，来之即战。中国军队的高度纪律性，令人刮目相看。

据知，此次四川地震灾害调动的军队范围之广前所未有，从公开报道来看，目前中国七大军区中除了沈阳军区之外，其余六大军区都有部队参与了此次抗震救灾。在12日当天，驻灾区附近的部队就出动13 600余人，在灾区担负抗灾救灾任务。

中央军委指示，成都军区方面某师出动10 000人，隶属空军的空降兵某部两个师和特种大队6 000人，13日8时开始空运至灾区。成都军区驻渝某集团军48 040名官兵抵达安县、都江堰和绵竹等灾区后迅速展开救灾行动，12支医疗防疫队立即投身医疗救护。驻滇某集团军2 824人，13号凌晨开始从驻地向灾区机动。

北京军区某工兵团救援分队抵达都江堰展开救援。空军部队星夜起航，出动伊尔－76、波音737等运输机39架次，紧急运送救灾人员和物资。海军陆战队2 500名官兵出动，海军总医院医疗救援分队携药品、器械抵达灾区。

继首批投入一万八千兵力驰援四川灾区后，14日，济南军区又奉命紧急抽调22 000人连夜赶赴灾区执行抗震救灾任务。截至目前，济南军区投入抗震救灾总兵力已超40 000人，32架直升机和大批次机械装备奋战在灾情最重的第一线。

第三，解放军反应速度之快、集结速度之快、到达速度之快，都充分表明这是一支具有很强战斗力的军队。

据知，解放军在13日当天就把11 420名官兵空运到成都附近，创下解放军军史和中国航空史上单日出动飞机最多、飞行架次最多、投送兵力最多的航空输送行动纪录。国防大学李大光博士14日在接受记者采访时表示，就出动的兵力规模而言，这次空运救援行动在亚洲和整个世界也是空前的。另外知悉，此次出动的空军某空降兵部队，作为中国唯一的快速战略部署部队，是中国人民解放军战斗序列中的七支王牌部队之一。

第四，中国军人不畏死，面对危难敢于献身。灾区震中的地形十分恶劣，空降行动面临极大危险，首批出动的4 500名直属空降兵第一梯队，是全部写好遗书才赶赴灾区。抱着必死的心态奔赴战场，这是多么令人震撼的一幕。5月14日上午11点30分，空降某军100名空降兵在太平寺机场登上伊尔−76运输机，开始向阿坝藏族自治州茂县地区实施伞降行动。

据介绍，伞降目的地茂县地区平均海拔4 000米，运输机在伞降区上空4 000米空投伞兵，飞机飞行高度为8 000米，在完全没有气象引导，地面情报空白，没有地面指挥的情况下，成功伞降15人。这15人的先遣分队在空降兵研究所所长李振波大校和空降兵某特种大队副大队长詹天雄中校的率领下分两波成功降落。军人不畏死，这样的军队就是无法打败的。

尽管灾区不是真正的战场，抢险也不是军事上的战争，但是，中国人民解放军的敢于面对战争、善于面对战争的精神面貌表露无遗，对于这样的抱着大无畏的、必取胜利理念的英武之师，中国人民可以放心。

胡锦涛一直指导解放军苦练勤练。2007年，全军和武警部队认真贯彻落实胡锦涛关于军事训练的一系列重要指示和全军军事训练会议精神，深入贯彻落实科学发展观，在军事训练方面取得了新进展新突破。今天看来，此言不虚。

特别是中国军队的军事训练强调针对性、实战化。紧贴作战任务和战场环境，坚持从难从严从实战需要出发，大力开展针对性、实战化训练。加大主要作战行动训练，应对多种安全威胁、完成多样化军事任务训练进一步强化。坚持练为战、演为战、考为战，始终按照打仗的要求谋划训练、组织训练。

这样不断地、反复地、刻苦地训练，把中国人民解放军已经打造成一支勇敢无畏的人民之师、卫国之师，祛灾之师。

今天，面对的不是卫国战争，而是保卫人民生命安全的抗灾救险战争，中国人民解放军的过硬军事作风，当令世界刮目相看！中国人民解放军、武警部队与人民的情感，将会更密切、更厚实！

玉树地震

2010年4月14日，青海省玉树藏族自治州玉树县发生6次地震最高震级7.1级，发生在7点49分，地震震中位于县城附近。为表达全国各族人民对青海玉树地震遇难同胞的深切哀悼，2010 年 4 月 20 日国务院决定，2010 年 4 月 21 日举行全国哀悼活动，全国和驻外使领馆下半旗致哀，停止公共娱乐活动。截至 2010 年 5 月 30 日 18 时，经青海省民政厅、公安厅和玉树州政府按相关程序规定核准，玉树地震已造成 2 698 人遇难，其中已确认身份 2 687 人，无名尸体 11 具，失踪 270 人。已确认身份的遇难人员：男性 1 290 人，女性 1 397 人；青海玉树籍 2 537 人，省内非玉树籍 54 人，外省籍 96 人（含香港籍贯 1 人）；学生 199 人。

近 13 000 名解放军和武警官兵投入玉树抗震救灾。今天，让我们重温那段可歌可泣的历史，感受人民子弟兵在抗震救灾中的赤子情怀。

当人民有难的时候——子弟兵玉树抗震救灾备忘录

（记者：丁海明 夏洪平 费士廷 李建文 来源：解放军报）

2010 年 4 月 14 日 7 时 49 分，中国青海玉树。一场 7.1 级大地震，震碎了三江源头宁静的黎明。一场战天斗地、争分夺秒的生命大救援，在平均海拔 4 000 多米的高寒地带拉开了气壮山河的帷幕。近 13 000 名人民解放军和武警部队官兵紧急出动，义不容辞地成为救援战场上的主力军和突击队。

这是一场惊天地、泣鬼神的战斗。那一双双伸向受灾群众温暖而有力的手，那与死神较量的分秒毫厘，那用生命换取幸存的热血温度……象 98 抗洪、像汶川抗震一样，再一次为人民军队的光荣历史增添新的篇章，生动地诠释了当代革命军人核心价值观。

生命至上，大爱无疆。玉树不倒，青海长青。军心民意，日月可鉴。谨录备忘。

人民有难，三军闻令而动

1. 灾情如令，战鼓催征

晨曦初露。玉树大地震震中结古镇。

在这个猝然进入历史的时刻，驻守在结古镇及附近的人民武装力量，做出了不约而同地反应——第一时间向上级报告灾情，以最快速度冲向废墟展开救援！

这些武装力量包括：玉树军分区，武警玉树支队，武警青海总队玉树驻训部队一部。

电话，电台；集合，分组；动员，命令；冲锋，救人……同样的思维，同样的动作，同样的节奏！震后 10 分钟内，这几支部队已分别向上级报告灾情，数十支救援小分队已经冲上废墟，救出第一批被压埋的幸存者！及时的救援，让大量幸存者挣脱险境，让震区群众看到第一缕希望。

在黎明的冲锋中，有两位先锋官必须记录在此：玉树军分区司令员吴勇，武警玉树支队支队长石华杰。他们指挥部队到达废墟的时间，是7时57分。在那天昏地暗的时空中，两位指挥员的坚毅与果敢，像暗夜里跳动的火焰。

玉树机场尚能使用，西宁至玉树公路能够通车……及时地报告，迅速通过电波报至最高统帅部。事实证明，这些准确的信息，为中央和军委一系列缜密精当的指挥决策提供了重要的依据。

如果以4月14日7时49分为时间中心，以玉树州、玉树县党委政府所在地结古镇为地理中心画一个坐标图，那么，960万平方公里的神州大地上，人民军队的各级指挥体系便迅即形成一个坐标系，牵一发而动全身。

在巴西利亚——

正在国外访问的中共中央总书记、国家主席、中央军委主席胡锦涛立即召开紧急会议，同代表团陪同人员一起，急迫地分析国内发来的一份份灾情简报……胡锦涛主席做出重要指示，要求部队急灾区群众之所急，组织力量，奔赴一线，全力以赴支援地方抗震救灾斗争。

在首都北京——

党中央、国务院和中央军委，以最快的速度发出命令、做出部署。四总部、北京军区、空军、第二炮兵和武警部队都在第一时间启动应急机制。北京军区立即命令作为国家地震灾害紧急救援力量主力的某工兵团誓师出征；空军紧急命令运输机航空兵某师立即派3架伊尔–76运输机支援灾区；第二炮兵命令驻高原某部，迅即组织侦察、工程、医疗等专业力量，千人百车火速驰援、挺进灾区；武警部队指挥青海、甘肃、四川总队和在高原驻训的某师，以及水电、交通、总医院等部队，从四面八方奔赴玉树。

在西北、西南——

兰州军区迅速部署部队，两个集团军派出5 000余名官兵、300余台车辆、3架直升机，空中、陆地齐发，昼夜兼程向灾区挺进；成都军区命令四川省军区迅速组织专业救援分队，多路开进，直插灾区。

在青海西宁——

青海省军区命令所属独立团及玉树周边人武部向震中火速集结；武警青海总队即刻启动应急机制，总队长谢才书率总队前指和1 000名紧急集结的官兵奔赴一线。

争分夺秒！这一切，都发生在7时49分后的短短几分钟。

2. 天地间风雪行军图

震后，解放军和武警部队抗震救灾联合指挥部迅即成立。巨幅震区作战地图上，标志驰援部队的红色箭头，几分钟增加一支，几小时多出一片。

三军部队，天南地北，空中飞越，地面机动……恰似百川归海，全部指向同一个目的地——玉树。

这幅作战图，让人想起红军长征陕北会师的红色行军图。千难万险的长征，红军为了什么？为了人民！从人民军队创建的那一天起，为了人民的利益，人民军队一无所惜；除了人民的利益，人民军队一无所求。这高山信仰，日月宗旨，从未改变。

今天，当人民有难的时候，子弟兵又一次砥柱中流！

4月14日中午，北京南苑机场，成都太平寺机场，气氛紧张。13时13分，空军第一架伊尔-76运输机紧急起飞；21分，第二架；27分，第三架……由北京军区某工兵团和武警总医院医护人员为主组成的国家地震灾害紧急救援队，从海地救援归来不久，登上战鹰再赴战场。这是我军第一支远程赶赴灾区的专业救援力量。他们到达灾区已是晚上，但应急灯下，人们从橘红色的特殊救援服上看到了新的希望：北京派人来了！

至4月16日，空军出动的伊尔-76运输机达到8架，相关通信、导航、雷达和气象保障部队全部进入战斗位置，架设起一条高效快捷的“空中走廊”。

1 700公里外，新疆某机场。兰州军区某陆航旅3架直升机千里转进，像“吉祥鸟”飞临灾区上空。黄金72小时里，站在灾区仰望天空，战鹰频频起降，呼啸来去，给震后玉树带来了无限希望。

高原，一日四季。风云雨雪，变幻无常。

无数支地面机动的驰援部队在通向玉树的高原天路上，组成了一幅气壮山河的壮阔画卷。雪山绵延，荒原苍茫，所有通向玉树的路，车轮滚滚，不知有多少汽车、摩托车的轮子在飞转，不知有多少铁脚板在丈量海拔、丈量赤胆忠心、丈量英雄气概。

从格尔木抄近路到玉树，要穿越可可西里320公里无人区。14日晚至16日晨，青藏兵站部第22医院一支医疗队独闯此地。十几个小时完全与外界失去联系，一队兵车行走荒原，17台车爆了30多个轮胎，为的就是去践行与养育他们的人民的生死盟约。

车上，除了七尺男儿，还有22位女性。无法想象她们独立荒原时的眼神，无法揣测她们仰望辽阔星空、埋首狂风骤雪时的内心。只知道，她们闯了过来。当她们终于出现在震中，当她们悄然加入救援医疗大军的行列，废墟上，又一面红十字旗帜猎猎飘扬。

3. 古小镇战旗如画

灾情紧，调兵急，一条条绿色铁流在西北高原群山戈壁间风驰电掣，向玉树地震灾区开进、开进、开进！

震后40分钟，兰州军区驰援灾区的所属部队纵马出征——驻河西走廊某摩步旅星夜翻越4座海拔4 500米以上的雪山达坂，行程1 500多公里赶赴灾区；青海省军区独立步兵团1 002人开始了16个小时的高原强行军。

第二炮兵驻高原某部千人百车先遣救援分队强行奔袭15小时，于15日凌晨抵达震中灾区。

有着汶川抗震经验的四川省军区1 200余名官兵和民兵预备役人员翻越川西高原和海拔3 000多米的二郎山，驰援玉树。

武警青海总队增援部队第一时间从西宁、格尔木市两个方向，昼夜兼程，翻越巴颜喀拉山等数座海拔4 500米以上的高山，于15日凌晨前陆续到达灾区。

正在青海驻训的武警某师官兵分两个梯队，历时13个小时，跨越日月山、巴颜喀拉山，长途机动800余公里，于14日23时10分到达任务集结地域。

武警交通、水电指挥部调集专业人员和各种大型救援设备赶赴灾区。正在玉树囊谦县施工的交通部队一支队，在副政委谢家新率领下一路行军、一路抢通中断公路，清理塌方12处，于当日18时35分到达震中；水电五支队从江苏常州千里跃进，到达灾区……

铁马冰河惊梦，踏破巴颜喀拉山阙！

杂多、称多、治多、曲麻莱、囊谦等5个县人武部的干部职工和应急民兵骨干，几乎同时收到同一条短信："玉树县结古镇发生强烈地震，请相互转告，迅速投入抗震救灾。"曲麻莱县距离震中230公里，县人武部代部长杜军和副部长索南当周紧急集合50名民兵，骑着摩托车向灾区赶去。短短7个小时，他们就完成集结并到达灾区。称多县地处公路沿线，县人武部副部长朋措从地方征来4辆卡车，带领民兵火速向灾区机动。

国家救援力量体系拳头部队、武警交通部队某中队突击队员们，在风驰电掣行军路上，都悄悄把姓名、家人联系方式写在衣服和帽子上……

这是平时难以企及的加速度，这是战时创造的高效率。闻令出征的动若风发，纵横千里的雷霆万钧，无不彰显出人民军队与国家共患难、与人民在一起的大爱情怀。

震后48小时内，震中结古镇集结了近13 000兵力。

这个高原小镇，第一次星罗棋布地驻扎下这么多绿色军营，第一次见证了这么多党旗、国旗、军旗的温暖和力量。吹角连营，风卷红旗如画。一场抗震救灾的大战，在高原猎猎大风中打响！

人民有难——这就是人民子弟兵出征的命令！灾区老百姓有句话说得实在而深情：解放军来了人心定！

人民有难，士兵赴汤蹈火！

4. 废墟！废墟！废墟！

天崩地裂，房倒屋塌。生命在呼唤，废墟在呻吟！人民子弟兵循声而至，奔向有群众呼救的地方！

"应到，101人。实到，101人。请指示！"地动山摇之后，玉树军分区机关和所属骑兵连人马，在漫天烟尘中站在了司令员吴勇的面前，站在了抢救生命的第一现场。

震后8分钟，武警玉树支队数十支救援小组，奔向银行、医院、学校以及人口稠密的宾馆、集贸市场、居民区等重点目标。支队参谋长范玉龙带领党员干部第一突击队，迅速赶赴玉树州民族中学，展开地毯式搜救……

余震频仍，废墟在持续倒塌，然而，驻守震中的部队，第一时间以惊人的毅力几乎把镇中心勘查、搜索了一遍。

根据联指紧急命令，陆续驰援到位的部队在城区展开搜救的同时，即刻分兵向边远山区进村入户搜索前进。

高原风雪弥漫，不尽前路迢迢。打开抗震救灾联指的作战地图，废墟连着危楼，雪山连着草甸。任务区地域之广，自然环境之恶劣，搜救难度之大，非亲历者很难尽述其详。每一次出征，官兵们都面临着复杂挑战甚至生死考验。加上震区尚在冬季，没有中心城市依托保障，少数民族地区语言沟通不便，真是困难重重。

山路在雪峰林立间蜿蜒，山村在一条条山路的尽头。峭壁陡崖，险情四伏。连日疲劳作战，体力透支，但一想起这样的深山隔绝中还有望眼欲穿等待救援的藏族同胞，力量像火焰燃烧在心间。黄金72小时里，英雄的官兵们发起了挑战生命极限的冲刺：走滑石、越断桥、涉险滩……

16日，第二炮兵两支分队徒步行军几十公里，从上拉秀乡和下拉秀乡解救出2位老人、2名妇女、1名婴儿共5位受伤藏胞。因藏胞伤势较重，营长郝鸿飞请缨带担架队再次展开强行军，赶在天黑前把他们送至医疗点。

兰州军区某集团军“邱少云连”12名官兵组成的小分队，翻越雪山垭口，到达战役任务区最远的藏族山村——甘宁村，分发自带食物、救治伤员、抢修基础设施，灾后的山村很快焕发出新的生机。

玉树州副州长才仁丁沛这样评价这些把人民利益高高举过头顶的军人：“就是这些军人，好像忘记了自己也是血肉之躯，夜以继日拼命抢救人、抢救粮食，不顾自己渴饿累，却把水和食品还有帐篷让给受灾群众。”第二炮兵某部前线指挥员张升民告诉他：“老百姓就是人民子弟兵的爹娘，除了人民群众的利益，子弟兵别无所求。”

5. 生命！生命！生命！

与死神竞速，与时间赛跑！要让每一个幸存生命重见阳光！

在玉树职业技术学校宿舍废墟，武警某部战士田晓刚钻入一个刚刚挖通的救援甬道，突然被一根钢筋刺伤左眼，鲜血瞬间模糊了视线。如果换人，容易引起二次坍塌。他咬紧牙关，连续救出3名被困学生。看到血流满面的救命恩人，3名学生都哭了：救我们的人流的血比我们还多！

在结古镇扎西大通街道废墟，青海省军区某独立团团长王波涛率部搜救7岁的藏族女孩才旦拉毛。突然，余震致使一处废墟坍塌，一大块水泥砸向废墟下的稚嫩生命。18 岁的列兵徐开发眼疾手快伸腿挡住。女孩躲过一劫，小徐的腿被严重砸伤。很快，官兵们又将孩子的妈妈索南才措救了出来。母女劫后重生，来不及道谢，救命恩人已奔向下一处废墟。

在无数生命救援现场，只要有一线希望，就要做百分努力，是官兵们秉持的信念。但在这句话背后，每一分努力，都潜伏着巨大的风险。

结古寺宾馆灾情惨烈，武警西宁消防支队派重兵组织营救。鏖战正酣，一只废墟夹缝中的液化气罐突然发生爆炸！废墟再次坍塌，救援官兵被强大气浪掀翻在地，两名快要获救的群众再次被深深掩埋。官兵们奋不顾身，抢挖生命通道，两小时后终于将奄奄一息的两人从死神手里夺了回来。

16 日上午，结古镇郊西北牛宾馆，三层楼扭压成一层半，4 名群众被困其中。他们面前，是靠着几根钢筋勉强连接的巨大楼板。

废墟摇摇欲坠，余震接连不断，被困群众命悬一线。谨小慎微地切割，小心翼翼地拆除，国家地震灾害紧急救援队队员眼看就要接近废墟下面的幸存者。突然，两次强烈余震接连袭来！观察哨发出危险警告。副队长、北京军区某工兵团工程师刘向阳临危不乱，迅速组织就近避险。余震刚过，他凭借丰富经验，迅速突破最后一道障碍，成功救出被困者。

这是用生命换来的生命名单：震后 54 小时，国家地震灾害紧急救援队救出藏族女孩次仁拉姆；震后 72 小时，武警某部九连连长姬晓军成功救出尼玛佳希；震后 74 小时，武警某部二连官兵成功救出一名中年妇女，姓名不详……

这是用生命换来的生命传奇：武警玉树支队救出被压埋群众 900 人，玉树军分区官兵救出 123 人……整个战役中，解放军和武警官兵从废墟中救出幸存者 1 584 名。

在这些生死相依的生命救援中，施救者与幸存者常常连名字也没有留下，但人民子弟兵相信：我们可以不知道救了谁，但我们知道为了谁！

6. 起飞！起飞！起飞！

震区地处高原腹地，物资运输和伤员转运面临巨大困难。人民空军和陆军航空兵临危受命。

起飞！伊尔 -76 大型运输机直插云霄！

起飞！陆航直升机飞越群山！

高原飞行，危机四伏。16日，陆航直升机在连续穿越山谷时，突遇沙尘暴。蔽日风沙中，机长李勇俊从容操作，镇定指挥，迂回折转，最大限度避让沙尘暴前锋。10分钟后，直升机成功穿越沙尘区。18时45分，直升机抢运的18名伤员安全运抵西宁机场。

玉树巴塘机场，世界海拔最高机场之一。汶川地震之后，人民空军再次面临非战争军事行动复杂战场的考验。

为此，空军组成联合指挥组，在南苑、玉树、西宁、成都、中川、咸阳等6个机场保障救灾飞行。

然而，地处震中的玉树机场没有夜航灯光设备，附近空域救灾飞机起降密集，存在雷达盲区，易发生飞机相撞事故。

14日22时08分，空军某场站应急保障分队携助航灯光车紧急赴命，138盏应急助航灯精准无误地放置在机场跑道预定路线上。当晚22时32分，第一架搭载伤员的运输机在助航灯指引下顺利升空，首开空军运输机部队在高原复杂条件下夜航先河！

与此同时，空军雷达某团18名官兵星夜驰援，急行军数百公里抵达指定地点。21时，雷达阵地展开完毕，开始担负空情保障任务。

战鹰降落，希望起飞。

16日下午，因地震受伤的藏族孕妇仁钦卓玛接连出现癫痫症状，病情危急，须迅速后送抢救！空军运输机紧急起飞，立即把卓玛后送至解放军第四医院。17日凌晨零时10分，卓玛顺利产下一名男婴。

24日下午，2架装载救灾物资的飞机因高原上空结冰无法在玉树降落而被迫返航。然而就在此时，玉树7名重伤员需紧急转送西宁抢救。

人命关天！空军玉树前指周密研究，大胆决策，派遣飞机实施行动。19时37分，气象条件稍好，一架临危受命的伊尔－76大型运输机从西宁昂首起飞。

21时10分，飞机降落玉树。

21时22分，载着伤员的飞机再次起飞。

23时20分，飞机安全抵达西宁，伤员转送医院后脱离危险……

玉树上空盘旋的战鹰，一头连着灾区，一头连着亿万人的心。高原上的“空中通道”，画出了人们心中美丽的“生命彩虹”。截至4月28日晚20时，空军运输机飞行162个架次，紧急空运食品、帐篷、药品和专业救援设备1 779吨，转运伤员和陪护人员1 936人。

人民军队，再一次用她的忠诚与智慧，为人民立下不朽功勋。

人民有难，战士慷慨担当！

7. 十字如大地闪烁繁星

如果说，一支支救援分队是在废墟深处寻找生命的灯盏，那么，从空中俯瞰玉树震区，一座座医疗帐篷上的“红十字”，宛如一簇簇生命烛光，摇曳成壮美的星空。

担架成群结队，伤员络绎不绝，他们在寻找，那象征生命希望的“红十字”。

震后10分钟，处在震中的玉树军分区卫生队和武警玉树支队卫生队，便撑起了野战医疗帐篷，第一时间救治了第一批伤员。

震后30分钟，武警青海总队医院医疗队、兰州军区第四医院高原医疗队组建完成，从西宁火速出发。

15日深夜，刚刚抵达灾区的第二炮兵医疗救助先遣分队迅速在结古镇中心格萨尔广场搭建起“帐篷医院”。

震后72小时，济南军区153医院、北京军区255医院接踵进驻震中，开设野战方舱医院。

高原用兵，持续作战。18日上午，西藏军区副司令员兼西藏军区总医院院长、全军高山病研究中心主任李素芝，带领高山病专家医疗队，从拉萨紧急赶赴玉树灾区。

19日凌晨，军事医学科学院医疗专家组携带5个野战单兵加压舱、4 000人份高原反应急救药物抵达震区，开设高原病救护所。

生命的呼唤，是进军的命令。从北京，从成都，从兰州，从济南……全军和武警部队一支支医疗队伍闻令而动。

截至4月26日，军队和武警部队共投入3个卫生专家组、17支医疗队、3支防疫队、2支心理服务队，共1 200余人到达灾区。这个名单，值得记录——

卫生专家组：解放军总医院、302医院专家组，军事医学科学院防疫专家组。

医疗队：总参总医院，第三军医大学，第四军医大学西京医院，青藏兵站部第22医院，第二炮兵第536医院，北京军区第255医院，济南军区第153医院，西藏军区总医院，兰州军区总医院，第1医院，第4医院，第10医院，第25医院，第323医院，武警总医院，武警青海总队医院，武警甘肃总队医院等组成的17支医疗队。

防疫队：兰州军区第一防疫队、第二防疫队，武警疾控中心防疫队。

心理服务队：兰州军区第一、第二心理卫生服务队。

红十字，在灾区闪耀如炬。在人民最需要的时候，人民军医翻越千山万水，从四面八方云集灾区，把病床推到受灾群众身边，把手术台摆到废墟边缘。

8. 手术台连接起生命通道

16日，1岁5个月大的藏族男孩桑周多杰，被空军和武警官兵接力护送到解放军第22医院。检查发现，小多杰双下肢被严重挤压兼冻伤，极有可能双腿残疾。

这么小的孩子，能不能尽量保住他的双腿？大地震的幸存者，能不能成为幸运儿？

"立即启用远程医疗信息系统，实施远程会诊，请最好的专家做最后的裁决。"正在救灾一线指挥医疗救援的总后卫生部部长张雁灵当机立断。

解放军总医院、海军总医院等7家军队大医院的12名专家，在远程视频上就小多杰的病情深入探讨诊断，确定了最佳手术方案。

密密麻麻的方案文本，细致入微的手术设计，带着千里之外的深深关切传到前线。手术室里，无影灯下，一台手术演绎着人民军医对受灾群众的无疆大爱。多少关切的心，在手术室外跳动。两个小时后，人们获知了令人欣慰的喜讯：小多杰的双腿保住了！

地震灾区的医疗条件，毕竟比不得后方医院，但迷彩帐篷里，军队医护人员依然创造了一个又一个生命奇迹。

第二炮兵医疗队手术车前，运送重伤员的担架来回穿梭。记者记录下接受手术的部分伤员名单：丁氶、鲍马二乃、尹布才、付归林……他们当中，有汉、藏、回等各族群众。据院长李涛介绍，帐篷医院开设以来，他们一共做了200多台手术，全部成功。

14日晚，武警青海总队医院医疗队救助藏族同胞扎西才让时，发现他腿部受伤，失血过多，必须立即手术。电力尚未恢复，5名官兵在黑暗中举起10只手电筒，一台手电光下的手术紧张展开。半小时后，手术成功，扎西才让的妻子青措卓玛热泪满面。

17日，33岁的白玛被埋压在废墟中长达54小时后救出，已进入失血性休克。武警总医院医疗队专家对她实施抗休克治疗，3个多小时后，白玛奇迹般苏醒，帐篷里一片欢呼。

19日，四医大西京医院医疗队收治一名23岁藏族孕妇，当时，她突患急性阑尾炎穿孔。外科、内科、妇产科等专家通力协作，成功实施了手术，母子平安。

达在雪山作证，扎西河水作证：人民有难，人民军医不言放弃。

为了保住藏族妇女南希的右腿，成都军区总医院医生潘显明在手术台前整整站了12个小时；为了尽快建立起野战医院，武警总医院医务部主任侯世科连续16个小时粒米未进，晕倒在医疗点。

为了保证后送伤员的精确诊疗，解放军第四医院身患淋巴癌的老专家于万海，每天一边化疗，一边参与伤员救治。疼痛带来的汗珠，顺着老专家的皱纹滴下来，滴在诊断书上，滴在震后的土地上……

9. 白衣战阵托举生命方舟

4月的玉树，春风不度。巴塘草原还没返青，在这个震后寒冷的春天，与受灾群众心心相印的人民军医，最懂得新生命的可贵，最珍惜新生活的破土萌芽。

“是个小男孩，母子平安！”4月15日16时28分，青海某预备役步兵旅医疗队帐篷内，传出一声声新生婴儿的啼哭。这个还没有起名字的婴儿，是玉树震后平安降生的第一个生命。

在地震废墟中被埋11个小时的巴桑旺毛，被掩埋近44小时的才仁求吉，还有从玉树转送至成都的青美拉姆……这几位不幸中万幸的孕妇，都在部队医护人员接力救治下保住了腹内的小生命。

23岁的尼姑洛松巴赞抱着出生3天就失去父母的侄女，赶到第二炮兵某部医疗队时，女婴已经严重脱水，浑身冰凉。护士长任玲解开衣衫，把女婴抱在怀里，用自己的体温温暖这个弱小的生命。刚到灾区两天，任玲成为7个藏族孤儿的“临时妈妈”，帐篷医院成了灾区远近闻名的“孤儿之家”。

大地震中的孤儿，大地震中的新生命，大地震中受伤的心灵，哪一个不是人民军医的牵挂？

伤口包扎好了，床铺安排好了，饭菜端上来了，35岁的索南拉姆和她7岁的女儿次仁卓玛，却缩在帐篷一角，目光呆滞，女儿泪水涟涟，母亲似乎泪水已哭干。一场大地震，一个十几口人的大家庭，仅剩下这可怜的母女俩。

第二炮兵某部医生黄绍兵，走近了这对母女。第一天，第二天……黄绍兵每天清晨和黄昏都会准时出现在这顶帐篷里。清晨，黄绍兵会端来热腾腾的早餐，轻轻放在母女面前；黄昏，他会带来两个水果或者一袋饼干塞在小卓玛怀里。有时，他把小卓玛轻轻揽在怀里，和小卓玛学唱一首藏族民歌："白色的花，圣洁的花，美丽的花……"第5天，母女俩和许多帐篷村民一起打起了酥油茶……

心灵在重生，玉树在复苏。无论是在医院，还是在受灾群众临时安置点，到处可以见到军队心理专家和咨询服务员的身影。他们针对灾区群众震后出现的不同心理疾患，采取集体疏导和"一对一"诊疗的方法，鼓励受灾群众战胜困难、勇敢面对未来生活。

这的确是个寒冷的春天，而在受灾群众眼里，一支支身披迷彩的军队医疗队，正是严冬尽头第一缕春光。春天即将到来，生活仍将继续，人民军医送来的不仅是健康，更是生机。

这就是从烽火硝烟中走来的白衣战士。在多样化军事任务战场上，他们的阵地在汶川、在海地、在抗击非典前线。他们用燃烧自己的点点烛光，汇聚起为人民服务的不熄火炬。

人民有难，戎衣同舟社稷！

10. 帐篷村，生活的继续就是明天的希望

抗震救灾，抗击的是自然灾害，救助的是世道人心。

震中结古镇中心有一座当地群众心中神圣的格萨尔广场，藏族人民心中的勇敢之神格萨尔王纵马驰骋的巨型雕塑高高矗立。

天塌地陷中，惊魂未定的受灾群众奔向广场，到处是惊恐的眼神和无助的呼喊……第二炮兵抗震救灾前指当机立断，在这座玉树人民的广场上，建设第一个震后帐篷村。

震后第3天，近百顶绿色帐篷在格萨尔王雕塑的注视下拔地而起，住宿、饮食、医疗、心理援助、文化服务等功能区整齐有序，等待转运的重伤员、就地医疗的轻伤员和失去家园的1 000余名受灾群众，在这里过上了温暖安宁的震后生活。

住进来的受灾群众感受着共产党领导的人民军队的真情与温暖，路过这个村

子的灾区百姓，从这里看到了玉树的明天和生活的希望，读懂了有国才有家、民族一家亲的幸福真谛。这个“村”，成为玉树帐篷村的一个缩影。

记者记录下抗震前线一位将军的战地感怀：“救灾，一救希望，那就是生命；二救未来，那就是孩子。”

诚哉斯言！大哉斯志！

在海拔4 200多米的隆宝镇措美村，33名小学毕业班学生亟待复课。恰巧路过这里的兰州军区某集团军政委范长秘当即决定，派驻扎在附近的某部“邱少云连”克服困难，立即从营地上拆迁1座餐厅帐篷、1座排帐篷和1座班帐篷，移至措美村，分别用作教室、学生宿舍和老师宿舍，孩子们第二天全部复课。这雪山上的小学，被命名为“少云帐篷小学”。

4月21日下午，灾区第一所高考帐篷学校恢复上课；4月23日上午，玉树州民族中学“板房教室”传出琅琅读书声；4月26日，青藏兵站部建成的震区最大“帐篷学校”正式开学……

结古镇外10余公里，便是巴塘草原，1 100多个藏族牧民孩子的母校——巴塘草原九年制寄宿学校毁于地震。第二炮兵救援部队用1天1夜时间，搭起100顶军用帐篷，在常年积雪的铁力雪山脚下，为各族牧民点燃了未来的希望。学生们陆续闻讯复课，欢声笑语从绿色帐篷一直传到皑皑雪山山顶、遥遥草原深处。校长尕松达吉说，从现在起，我们的学校名字前面，加上了光荣的“八一”二字。

年轻的教师米金芳用汉藏双语在黑板上写下：“新校园，会有的；新家园，会有的。”她和孩子们说，这是胡锦涛爷爷专门对我们说的话，我们一定要好好学习，建设美好家园。

11. 禅古寺，守护藏传文化守护中华文明

大美青海，神秘玉树。一场大地悸动，仿佛让这里的时间在凝固、空间在断裂、历史在掩埋。

玉树，是藏传佛教文明的香火圣地。一场大地震，致使寺院建筑倒塌，僧侣遇难，大量珍贵的宗教文物被掩埋在废墟中。藏传佛教文化，是中华文明大家庭中的一脉馨香。保护文明薪火的延续，于抗震救灾而言，功在千秋。

没有文化的军队是愚蠢的军队。从战争年代到和平时期，人民军队不仅是国家主权、民族独立的捍卫者，也是中华文明的传承者、守护者。

各路救援部队，不约而同地打响了抢救和保护寺院文物的特殊战斗。

结古镇外20余公里，历经700多年风雨的禅古寺灾情严重。武警某部和第二炮兵抗震救灾部队相继参与了对损毁寺庙和被埋文物的抢救清理。官兵们使用木铲、绳索等原始工具，以肩扛、手刨等传统方式，像医生做手术那样小心翼翼地清理每一处废墟。指挥员则与活佛一起对挖出的文物一一登记造册，逐件移交，大到一尊金佛，小到一页经书残卷。

历史，应该睁大眼睛见证这座古刹里发生的一切。中国军人与藏传佛教名寺活佛，共同完成着一页特殊历史的书写。这是人民军队代表领导它的党、代表它报效的国家、代表它服务的人民，与一种悠久文明的一次亲密接触、一场深刻对话。

这场持续多日的特殊战斗，官兵共从禅古寺废墟中挖出并移交经书近万册、佛像3 000余尊、法器上千件、唐卡数百幅、贵重文物100余件，并帮助寺院于4月28日恢复震后首次法事活动。

一个深夜，帐外风雪呼啸。活佛凝视着部队指挥员李保弟深情地说："你们让我看到了一支拥有文化、尊重文化，与各族人民、各种宗教信仰和谐相处的军队。这次救灾，让我真正了解了解放军，你们是我们藏族群众和僧侣信得过的人。"

三江源头，日日夜夜涓细成流。在这样的地方倾听时光与人心，可以感受人民军队的胸襟与气度……

12. 结古镇，军民戮力同心建设新家园

大地震，已经过去20天。

这20个日夜，分分秒秒，点点滴滴，玉树经历着前所未有的一切，见证着一支人民军队留下的足迹和不灭的记忆。

震后第4天夜里，住在格萨尔广场帐篷村里的扎西拉姆发现电灯亮了。挑开帐门向外张望，哦，一群年轻的士兵正在雨雪中架线通电。

那是武警水电部队的救援官兵。夜以继日，他们对结古镇实施电力线路抢修抢建，架设、修复电线杆60多根，用电范围覆盖灾区主要受灾人员安置点、抗震救灾指挥中心和边远乡村。没有人注意他们，他们的身影淹没在风沙雨雪中……

进村入户战役打响第一天，远离震中结古镇近百公里、海拔4 000多米的错桑村，兰州军区某部官兵在随时都可能坍塌的断壁残垣间，以血肉身躯作支撑，用双手抢挖出全村的粮食、盐巴和衣被。

夜里，村民们住进了官兵们搭建的棉帐。帐外风雪交加，帐里暖意融融。第二天清晨，村民彭错挑帘出帐，顿时被眼前的一切惊呆了：昨夜为村民们抢搭帐篷的战士们，自己却睡在卡车里，或者和衣挤在背风的帐篷外，眉毛上，凝着白霜……

电影里，彭错见过这样的兵。是的，这就是那些兵的当代传人。当年用鲜血和生命为人民解放而战，自己却在胜利的黎明睡在百姓屋檐下的人，今天，他们的精神传人就睡在藏胞帐外。

这就是人民有难时的人民子弟兵。

更松才仁，一位藏族士兵。自己的家就在结古镇红卫街，他随部队乘兵车路过家门，发现家已成废墟，父母生死未卜。他强忍泪水，不声不响地战斗在结古镇外6公里的果青村。他坚信：我的战斗岗位在这里，一定会有战友的战斗岗位在我家！我完成好我的任务，我的战友也一定能完成好他的任务！3天后，部队领导知情后，陪同他辗转多座帐篷村，才找到他幸免于难的父母双亲……

旦增，藏族军官，玉树军分区副政委。从地震发生的那一刻，他便一直奔波在勘察灾情、抢救生命的第一线，为抗震战役部署提供了大量第一手资料，率部队救出数十名幸存者。在格萨尔广场，在一座座帐篷村，在一个个救助站，他把党的关怀、军队的赤诚，以及全国人民的关切、社会各界的爱心统统翻译成温暖的藏语，送进受灾藏胞心窝。然而，被他救助的人并不知道，旦增自家房倒屋塌，损失惨重，妻子在倾圮的家门前支了个临时帐篷躲避余震，10余位亲属在这场灾难中伤亡，儿子文庆、女儿卓玛也都是战斗在抗震第一线的军人。震后100多个小时过去了，一家四口从未谋面。人们说，旦增是震后废墟上闪亮的酥油灯，驱走阴霾，照亮人心。

这就是人民有难时的人民子弟兵。

你看，一支支救援部队、一座座战地医院与当地政府、医院纷纷结对帮扶；第二炮兵某部与红卫帐篷村建起震后第一个军地共建党支部，兰州军区某部与结古镇郊连成一片的帐篷村，展开红红火火的共建和谐社区活动……

是的，没有什么比“人民”更崇高，没有什么比“为人民服务”更有意义。民心所向，是一支军队的立身之本。服务人民，是人民军队战斗精神的不竭源泉，也是不懈奋斗的终极目标。在人民军队的精神谱系中，为人民服务的不变宗旨就像三江源头的河流，奔腾不息，流向无尽天际。

练习题

1. 汶川地震后，有位人民日报的记者这样说："一个民族在灾难中失去的，必将在其战胜灾难的奋斗和未来的腾飞中得到补偿。灾难总会过去，但由此激发出的伟大民族精神却将长存，激励我们继续奋进。"请谈谈你是如何理解这段话的。

2. 回顾近年来的每一次重大救灾行动，人民子弟兵始终承担着其中最紧急、最艰难、最危险的救援任务，军人们在大灾大难面前不怕困难、不怕牺牲、勇往直前、义无反顾、敢于担当的精神，令人感动。请同学们搜集灾难中军民鱼水深情的动人事迹，相互交流下吧！

第四章　军事思想

第一节　军事思想的形成与发展

军事思想是关于战争、军队和国防等基本问题的理性认识，是人们长期从事军事实践的经验总结和理论概括。人类对军事问题的认识，随着社会生产力的发展，战争的日益频繁和战争规模的不断扩大，人们科学文化水平的提高，有一个从简单到复杂的发展过程。

一、中国军事思想概论

（一）中国古代军事思想发展史

中国古代军事思想是指我国在奴隶社会、封建社会时期，各阶级、集团及其军事家和军事论著者对战争和军队问题的理性认识。它的形成和发展经历了以下三个阶段：

第一阶段，初步形成时期（夏、商、西周时期）

公元前 21 世纪（一说公元前 22 世纪）到公元前 8 世纪，中国建立了奴隶制的夏王朝，从此战争成为阶级斗争的最高形式。此时，尽管人们对于战争的认识处于低级阶段，还是产生了以靠天命观指导战争为中心内容的军事思想。奴隶主把军事视为对内统治的特殊手段。由于当时所受外部侵略少，军队主要承担了治理诸侯和镇压奴隶反抗的任务。对外族发动掠夺战争，或用武力镇压本族奴隶的反抗，都是以征讨“违天命者”“吊民伐罪”“敬天保民”来号召，并用占卜手段，假借神的旨意和严刑厚赏驱使士卒作战。作战方式是集团列阵正面冲杀。到商代以后，作战逐渐以车兵为主。

对军队指挥，要求行动统一，严厉管理。这种思想，指导着夏、商、西周几个王朝的军事斗争。通过这一时期的战争实践，人们已初步认识到审势而动，量力而行，众可以胜寡，强可以胜弱，反映了朴素的唯物主义观念。相传，在西周时期，已出现《军志》《军政》等军事著作，虽早已失传，但在后来问世的《左传》《孙子兵法》等书中，还保留着一些片断的引文。战例有春秋战国宋楚两国的泓水交战（图 4-1）。

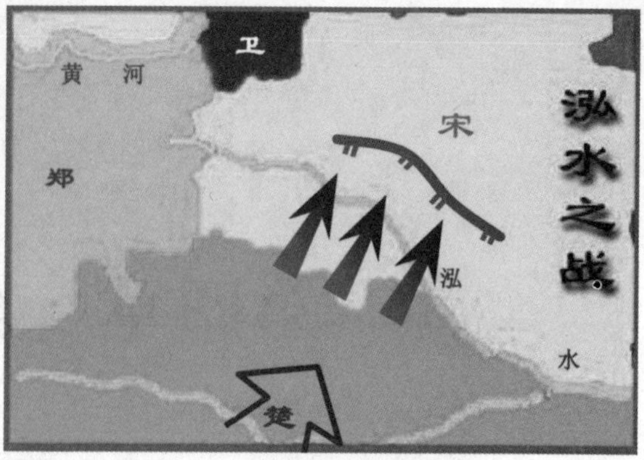

图 4-1 泓水之战战势图

这一时期的战争特点是：兵器以木器、石器为主；作战方式基本上是密集队形进行集团肉搏正面冲杀；到了商代以后逐渐以车兵为主，形成了以车兵为核心的方阵队形（图 4-2）。

图 4-2 车兵集团作战

第二阶段，趋向成熟时期（春秋、战国时期）

约从公元前 8 世纪初至前 3 世纪末，即春秋战国时期，中国逐渐由奴隶社会进入封建社会。生产力的发展，社会制度的变革，引起了士兵成分的变化和兵器的改进，军事制度和作战方式也随之变化。一是从战争形态来看，争霸战争、兼并战争非常激烈、频繁，大约有 600 多次，用兵数量也逐渐增多了，由几千人发展到几十万人；战争的时间也长了，以前的战争，一战就解决问题，到后来有打几个月的甚至经年不息。二是从军事技术来看，铁兵器的制造已经达到了相当高的水平；军事筑城技术也有了很大的提高，有的国家筑了方城、长城；攻守的器械也开始增多，如云梯的使用。

为适应这些新情况的需要，产生了统率军队的专职将帅，涌现了许多代表新兴地主阶级的军事家和兵书著作。这一时期的军事思想有如下特点：一是形成了比较完整的战争观，如“兵者，国之大事，死生之地，存亡之道，不可不察也。”这样的军事理念已被各国所接受；二是总结出了一些战争的指导原则，如“不战则已，战则必胜”，“知己知彼，百战不殆”等；三是军事斗争与政治斗争，外交斗争同时或交互进行。如晋、楚城濮之战，在一定程度上就反映了这一思想（图 4–3）。

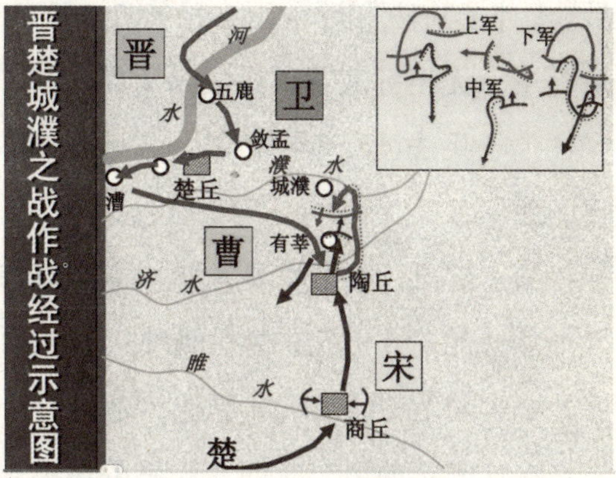

图 4–3　城濮之战

这一时期产生了一些有名的军事专著，被封建社会一直视为兵学经典的《武经七书》中，就有 5 部产生在这个时期。著名的《孙子兵法》，标志着这一时期军事思想的成熟。它是世界上最早的系统而全面的军事理论著作，揭示了一系列指导战争的规律，并奠定了中国军事思想的基础，指导着后代的战争实践和军事理论的研究，在国际上也享有极高的声誉。《孙子兵法》提出，军事斗争必须巧妙地运用权谋，即“上兵伐谋”，“必以全争于天下”，认为“不战而屈人之兵”是高明的军事家所期求的最理想的战争结局。它打破了奴隶社会的天命观，以朴素的辩证法和唯物主义思想，指出战争获胜不取决于鬼神，只要能够做到“知彼知己”，就可以“百战不殆”。它提出了“以正合，以奇胜”和“攻其无备，出其不意”的作战思想。《孙子兵法》还指出，战争胜负是由政治、经济、天时、地利、人事等因素所决定的，所以，封建统治阶级要修明政治，顺应民心。这些思想，也为《孙子兵法》同时代的其他兵书和论及军事的著作所重视（插图 4–4）。

图 4–4《孙子兵法》

战国时期，人们对战争的认识又进了一步。例如，传为军事家吴起所著的《吴子》，就探索了战争的实质，论及战争发生的根源，并把战争分成几种类型，赋予定义，提出对付各类战争的方略。军事家孙膑所著《孙膑兵法》，更主张抛弃“责仁义，式礼乐”的思想，要求用战争手段解决社会混乱局面；其作战思想则特别强调“贵势”和以奇制胜。这些主张，都是对《孙子兵法》军事思想的继承和发展。《孙子兵法》诞生至今已有2 500年的历史，历代都有研究。李世民说，“观诸兵书，无出孙武”。兵法是谋略，谋略不是小花招，而是大战略、大智慧。如今，孙子兵法已经走向世界。它也被翻译成多种语言，在世界军事史上也具有重要的地位。

第三阶段，丰富发展时期（秦至五代时期）

从公元前3世纪末至公元13世纪，中国经历了秦、汉、晋、隋、唐、宋、元等几个大的王朝的统治和更迭，是封建社会发展的上升阶段。

在这漫长的历史时期，先秦的军事思想对军事斗争仍然起着重要的指导作用。同时，由于社会经济、政治、文化及战争的发展，军事思想也进一步得到丰富和提高。就战争种类而言，有建立封建王朝的统一疆域的战争，有多次大规模农民起义、民族起义的战争，又有国内诸民族贵族为了争夺中央统治权而进行的战争。就军队发展而言，兵种和兵器装备有了较大的变化。不但有了独立的骑兵，而且舟师水军参战的数量也更多了。这就要求作战指挥必须加强步、骑、水军等的配合作战，使得战略战术运用和指挥艺术都得到高度发展。在这一时期，通过战争实践，造就了许多著名的军事家和将领，出现了许多总结军事斗争经验的兵书。秦始皇的大规模筑长城、修驰（直）道、重兵戍边等军事措施，对后世建设边防的战略思想，有重大影响。在著名的楚汉战争中，张良为刘邦决策，收揽民心，分化对方，争取同盟，孤立项羽，取得了战争胜利。西汉王朝在对北方匈奴贵族的反击作战中，由名将卫青、霍去病率独立的骑兵集团主动出击，快速机动，远程奔袭，以及正面冲击，翼侧迂回等作战行动，创造性地发展了大规模使用骑兵的战略战术。

这一时期的军事思想有如下两个特点：一是战略思想趋向完善、成熟，诸葛亮的《隆中对》成为当时的决策楷模。二是出现了许多总结军事斗争经验的兵书，特点是通过战例来说明问题。如《李卫公问对》、兵书《六韬》，针对频繁的战争，提出了爱惜民力、休养生息的思想，并对作战指挥机构以及步兵、骑兵的协同作战等作了论述。兵书《三略》，进一步阐述了“柔能制刚，弱能制强”的朴素的军事辩证法思想，并指出最高统治者必须广揽人才，重视民众与士卒的作用。从汉到隋曾多次发生过从黄河流域向江南进军的大规模战争，大都是步、骑兵和水军多路并进的多兵种大集团的配合作战。其中，东汉末年的赤壁之战，晋灭吴之战，东晋苻秦的淝水之战，以及隋灭陈之战最为著名。在这些战争中，政治斗争与军事斗争的结合，谋略与决策，以及作战指挥艺术，都达到了相当高的水平。《李卫公问对》一书，联系唐代初期的战争经验，对以往兵书进行了探讨，对《孙子兵法》提出的虚实、奇正、攻守等原则及其内在联系，作了比较辩证的论述。李筌的《太白阴经》认为，战争的取胜决定于国家政治的优劣、力量的强弱以及谋略的运用。到了辽、宋、西夏和后来的宋与金、蒙古等几个民族政权并立的统治时期，互相长期处于对立状态，战争频繁。

第四阶段，体系完善时期（宋至清前期）

公元960年至公元1840年，历经宋、元、明、清（前期）四个朝代，这期间，中国封建社会已进入后期。火器逐渐普遍使用，使战争进入了冷、热兵器并用的时代。宋朝从建国之初，就面临着民族矛盾扩大、阶级矛盾激化和统治阶级内部矛盾加剧的局面。因此，当权者为维护统治，确立了兵书在社会的正统地位，武学开始纳入国家教育体系。北宋中叶开始重视武事，开办武学，设立武举，发展军事教育，培养了大批军事人才，繁荣了军事学术。

这个时期是中国古代军事思想历经漫长的丰富和发展之后，走上体系化的时期。其主要表现是兵书数量繁多，门类齐全；兵书概括性强，自成体系。成为我国古代兵书数量最多的一个时期。其中《武经七书》是北宋朝廷作为官书颁行的兵法丛书，是中国古代第一部军事教科书。它由《孙子兵法》《吴子兵法》《六韬》《司马法》《三略》《尉缭子》《李卫公问对》七部著名兵书汇编而成。宋朝以来一直作为武学必读的《武经七书》，集中了古代中国军事著作的精华。它是中国古代兵书的精华，是中国军事理论殿堂里的瑰宝。它不仅是中华民族的精神财富，也是世界人民共同的精神财富。它奠定了中国古代军事学的基础，对中国和世界发展近代、现代军事科学起了积极的作用。校定、颁行《武经七书》，是北宋朝廷在军事理论建设上的一个贡献（图4–5）。

图4–5《武经七书》

据统计，这个时期兵书共有 1815 种，占我国古代兵书总数的 75% 以上，而且内容丰富，分门别类地概括了军事思想的各个方面，形成逻辑性较强的比较完整的体系。其基本内容主要包括：

1. 以仁为本的战争

它告诫人们要以仁爱为根本，去看待战争。仁，就是对人善，仁爱。通常是在非战争条件下的、从人之常情出发的、伦理性的爱或同情心，如宽、信、忠、孝、义、礼等多种美德。在战争中，强调战争的支柱是以仁为本。《司马法·仁本第一》开宗明义："古者，以仁为本，以义治为正。正不获意则权。"作者认为，仁者使人亲，义者使人悦。此二者才是战斗力的凝聚核心，才是赢得战争胜利的基础。同时，战争的准则为师出有名。认为师出无名，必将遭到众人的反对，定成败局。这在当时的历史条件下，还是具有一定的进步性的。

2. 不战则已，战则必胜的指导原则

认为战争是关系到国家生死存亡的头等大事，不能不认真研究和对待。国家灭亡了就不能再存在，人死了就不能再活，所以明智的国君，对待战争问题要慎重，贤良的将帅要警惕。不是对国家有利，就不要采取军事行动，没有取胜的把握，不能随便用兵，不处在危急紧迫的情况下，不能轻易开战。用兵的原则，不要寄希望于敌人不会来，而要依靠自己有充分的准备，有使敌人无法攻破的条件。总之，这一原则囊括了重战思想、慎战思想、备战思想以及善战思想。

3. 知彼知己，百战不殆的战争规律

《孙子兵法》中这样写道：知己知彼，百战不殆；不知彼而知己，一胜一负；不知彼不知己，每战必殆。毛泽东曾高度评价："战争不是神物，及是世间一种必然运动，因此，孙子规律'知己知彼，百战不殆'乃是科学真理。"

4. "不战而屈人之兵"的全胜战争思想

这是一种进步的人道主义军事思想。从古代战争历史的发展来看，它把战争从野蛮残暴的屠杀中解脱出来，引向力求保全敌方（当然也包括己方）的人力、物力，为己所用的比较文明的斗争行为，是人类文明发展在战争问题上的反映。它是经过实战检验切实可行的。公元前 618 年，楚穆王率军讨伐郑国和陈国。郑、陈都在楚军兵临国境后，慑于楚国的威势，不战而屈了。它是一种高水平的战争指导艺术，有着重要的实用价值和战略指导意义。其真谛在于以武力为后盾，以谋略和威胁为手段，用小的代价换取大的胜利。它是把政治斗争、外交斗争、经济斗争与军事斗争相结合，是伐谋、伐交、作兵相结合的威胁战略。它不受时间、空间限制，不仅为古代兵家所用，而且为现代及当今各国奉行“威胁战略”的人们青睐。

5. 因情用兵的作战思想

致人而不致于人，夺取战争的主动权。要根据战场的具体情况，灵活且有针对性地采取制胜方法。“兵无常势，水无常形”。只有实事求是，活用战法和原则，才能永远立于不败之地。

6. 奇正相生的辩证思维方式

孙子在用兵上强调奇正，他说：“凡战者，以正合，以奇胜。”奇正的含义广泛，一般说来，常法为正，变法为奇。具体地说，就是在兵力使用上，守备、牵制的为正兵，机动、突击的为奇兵；在作战方法上，按一般原则作战的为正兵，采取特殊战法的为奇兵。出奇制胜的高妙之处在于，攻击敌人无备与虚弱之处，易于取胜是显而易见的。

7. 选贤任能的用将之道

概而言之，即“千军易得，一将难求”的重将思想；选将当选能的选将思想，《孙子兵法·计篇》中明确提出“将者，智、信、勇、严也”；以及“用人不疑，疑人不用”的用将思想。

中国古代军事思想是中国古代各阶级、各民族、各政治集团及军事家、兵学家关于战争和军队等一系列军事问题的系统的理性认识。是中国古代各历史时期人们军事实践经验的理论升华。它随着社会的前进，军队建设和战争实践的发展以及人类认识能力的提高而逐渐深化，反过来又指导各时期的军事实践，对社会物质文明和精神文明的进步产生深刻的影响。它是中国乃至世界军事思想宝库中的珍贵遗产。

中国古代战争之多，兵书和论兵要著之多，军事群星之多，军事典章之多，堪为世界之最。兵学之盛甲于天下，人们誉为“兵法之国”绝非虚语。中国古代的军事思想哺育了众多出色的名将，运用谋略指挥了许多规模巨大、纷繁复杂的战争，从而又不断丰富、促进军事思想的发展。

（二）中国近代军事思想发展史

中国近代军事思想，是指 1840 年鸦片战争到 1919 年期间形成和发展的军事理论。中国近代军事思想经历了以下阶段：

第一个阶段：从 1861 年到 1894 年，是中国近代军事思想成长的阶段。第一次鸦片战争后，封建社会制度已是强弩之末，又面临西方国家的威胁，许多有识之士开始以新的视角，探讨拯救国家与民族的道路。林则徐、魏源等有识之士救亡图存，提出“师夷长技而制夷”的主张。他们自觉地收集外国军事资料，研究敌情，提出了组织民众，军民配合，沿海各省协力筹防和以守为战，以逸待劳，在沿海、陆地歼灭敌人的方针。

第二个阶段：从 1894 年到 1924 年，是中国近代军事思想形成的阶段。两次鸦片战争后，面临深重的民族灾难，洋务派代表奕䜣、曾国藩、左宗棠、李鸿章等主张“自强以练兵为要，练兵又以制器为先”，整顿军队，创练新军，筹办海防，兴办学堂，选派出国留学人员。同时，随着西式武器陆续装备军队，出现了步骑、步炮协同作战，海军独立作战、陆海协同作战等战术的变革。战斗中的阵形由密集向疏散发展。19 世纪 50 年代爆发的太平天国起义，在武器装备建军和作战指导思想以及战略战术等方面，超过了以往历代农民起义军的水平。另外，在镇压太平天国运动的过程中，湘军、淮军等领导人曾国藩、胡林翼、李鸿章等人也积累了一套建军理论和作战原则，对以往的军事思想有所发展。中国近代军事思想形成了。

第三个阶段：从 1924 年到 1949 年，是中国近代军事思想大发展的时期。这个时期，以蒋介石为代表的大地主资产阶级军事思想发展的同时，以毛泽东为代表的中国无产阶级军事思想产生和发展起来。

辛亥革命前后，孙中山等人逐渐认识到国防与民生互为表里的，并大胆借鉴苏联红军经验，设立党代表制度，建立政治工作制度，使军队的面貌焕然一新。

中国近代军事思想是在动荡而剧变的历程中产生和发展的，它具有自己的特点：

1. 伦理观念占有极重要地位

“忠君报国”“成仁取义”等封建社会所倡导的军人的一套道德观念，成为影响近代军人生活的准则，而且影响的程度上较前为甚。

2. 具有多元化的结构层次

作为一个特殊的时期，近代军事思想既体现了中国古代已经具有的传统军事思想的光彩，又全面经受西方近代各种军事思想的影响。在每一位军事家或者将领那里，中、外军事思想的成分都大小不一。

3. 体现了由低级向高级，由进步替代落后，逐步转变、更新、完善、发展的趋势。

甲午海战后，人们从重视武器装备到重视军制改革，有了长足进步。辛亥革命后，开始把政治统帅军事当作军事活动的一条主线，主张通过武装斗争，推翻旧的军事乃至政治体制，以建立焕然一新的国家机器。

二、西方军事思想发展过程

西方军事思想一般是指西方近代和现代资产阶级军事思想。“近代”指 18 世纪末至 20 世纪中叶，也就是从拿破仑时期到第二次世界大战；现代则是指第二次世界大战之后。

（一）近代西方军事思想

近代西方军事思想作为一种理论体系，主要是通过 18 世纪末 19 世纪初法国大革命和拿破仑的战争实践逐渐形成的。学习西方近代军事思想，首先要了解一下拿破仑（图 4-6）。

图 4-6　拿破仑（1769—1821）

拿破仑（1769—1821）从 1784 年 15 岁入军校到 1799 年发动政变，建立以拿破仑为皇帝的法兰西第一帝国，再到他 1815 年退位，被放逐到圣赫勒拿岛，其整个一生几乎都是在战争中度过的。因打仗有出色的才能而崛起，因打仗失败而跌落。他曾率法军先后 7 次反击以英国、奥地利、普鲁士等国组成的反法联盟，组织指挥过一系列战斗，仅大的战役就达 60 次左右，建立了近代战争史上最辉煌的战绩。

拿破仑的主要军事成就和贡献：

拿破仑改造法国资产阶级大革命建立起来的军队，废除雇佣兵制，代之以征兵制和志愿兵制，建立了由步兵、骑兵和炮兵组成的合成军队。恩格斯指出：“拿破仑的不朽的功绩就在于：他发现了在战争和战略上唯一正确使用广大的武装群众的方法。”

拿破仑“唯才是举”，不拘一格选拔将帅，平时注重教育训练，积极改善装备，特别注重发展炮兵、骑兵。在世界军事史上，从拿破仑开始才将炮兵正式定为一个兵种，并得到非常成功的运用，形成了步、骑、炮协同作战的成熟战法，对世界炮兵发展起了重大推动作用。

拿破仑在战争指导上，善于集中兵力，远距离机动迂回，乘敌不意，出奇制胜；采取以纵队和各兵种密切协同的散开队形相结合的纵深战斗队形，加强军队的突击力；以积极进攻作为主要的作战类型，审时度势，灵活用兵；对作战指挥有过许多创新，包括在世界上最早组建参谋部等。

拿破仑战争艺术极大地推动了西方整个19世纪资产阶级军事思想的发展，拿破仑战争艺术真正上升为理论层次是其死后西方军事理论家的贡献。

19世纪，西方军事理论家的主要任务就是研究法国大革命和拿破仑战争艺术。其中，瑞士人约米尼和德国人克劳塞维茨这两位著名的资产阶级军事学家都是拿破仑战争艺术的杰出研究者和解释者。正是他们的研究，才使拿破仑战争思想形成一个完整的理论体系并得以广泛传播，影响不断扩大。约米尼的《战争艺术概论》和克劳塞维茨的《战争论》是最具影响的两部西方军事著作。

约米尼（1779—1869），瑞士军事理论家，长期担任高级军事顾问，步兵上将军衔，主要著作：《战争艺术概论》。约米尼认为，军事问题不仅应研究军事行动，还应研究战争的目的、合理性和必要性等政治问题，并具体阐明了作战方式方法的各种变化和运用原则。

克劳塞维茨（1780—1831），普鲁士（德国）军事理论家，曾任柏林军官学校校长，将军，致力于军事理论和战争史研究，其军事思想主要反映在《战争论》一书中。《战争论》探索战争奥秘的深度是克劳塞维茨死后一百多年来，任何一个军事理论家从未达到过的，并受到了各国的重视。曾经担任德军总参谋长的施蒂芬伯爵在《战争论》第五版导言中写道“无论从形式上还是从内容上，都是有史以来有关战争的论述中最高超的见解”，“通过它造就了整整一代杰出的军人”。克劳塞维茨的一句至理名言：“战争无非是政治通过另一种手段的继续”（图4-7）。

图4-7 克劳塞维茨（1780—1831）

《战争论》《战争艺术概论》两部军事理论名著，对资产阶级军事思想的发展产生了重大影响，至今仍为资本主义国家的军事家所推崇，集中代表了资本主义上升时期的资产阶级军事思想，是资产阶级军事思想已成为理论体系的标志。《战争论》和《战争艺术概论》是高等军事院校和高级军官必读书籍。

19世纪中叶至20世纪中叶第二次世界大战结束的100年间，随着军事技术的发展，军队组织的变革，出现了新的战争样式和作战方法。例如，坦克、飞机以及现代化战舰等相继应用到了军事行动中，西方的军事理论亦得到了长足的发展，这一时期最具影响力的观点有：

1. 闪击战理论

德国人毛奇、施利芬以及后来的泽克特、鲁登道夫等提出了“闪击战理论”。认为：

战争是闪击的、短期而激烈的，战略的最高成就就是在一次合围总决战中消灭敌人的武装力量；

进攻是防御的最好方法，必须千方百计地进攻；

进攻不能是单纯的正面进攻，要集中兵力攻击敌人的侧翼和后方。

德军在两次世界大战中都是采用“闪击战”进攻方法，特别是第二次世界大战初期，法西斯德国以强大的坦克集群突击方式对“盟国”军队实施“闪击战”，在战争的初始阶段收到了预期的战果。

2. 制海权理论（图4-8）

图4-8 马汉（1840—1914）

美国人马汉（1840—1914），是海权论的鼻祖，他认为，“制海权”，特别是在与国家利益和贸易有关的主要交通线上的“制海权”，是民族强盛和繁荣的纯物质因素中的主要因素，通过建立和运用强大的海军力量，夺取“制海权”，控制海洋，进而可实现国家战略目标。他的主要著作有：《海权对历史的影响》《海权对法国大革命和帝国的影响》《海权的影响与1812年战争的关系》《海军战略》，系统建立了适应时代的海军理论。马汉的突出贡献尤其在于对海权这一概念的创建和澄清，经受了时间的考验，体现了巨大的理论价值，对当时的世界和后世历史均发挥了重要的作用。

3. 制空权理论（图 4-9）

图 4-9 杜黑（1869—1930）

杜黑（1869—1930），意大利军事理论家。曾参与组建意大利陆军第一个航空营，任营长，参加过第一次世界大战。在其所著的《制空权》一书中，系统地论述了空中战争理论。杜黑在世时，世界各国空军发展还处于初级阶段，他的理论许多是带有预测性的。这本奠定制空权理论基础的著作，引起各国对空军建设的关注。到第二次世界大战时，空军已发展成为一支独立的力量，在战争中起了决定性的作用。20 世纪末发生的高技术局部战争再次验证了杜黑的制空权理论。

以上介绍了西方近代军事思想的发展与主要代表人物及其观点。与此同时，马克思、恩格斯在研究西方军事思想的基础上，创立了无产阶级军事学说。以辩证唯物主义和历史唯物主义为指针，吸取古代军事思想和资产阶级军事思想中的精华，正确揭示了战争和军事活动的客观规律，是世界上最先进的军事思想。

（二）西方现代军事思想

西方现代军事思想，主要是指美国的现代军事思想。二战结束后，美苏成为世界两大霸主，分别结成北约和华约两大政治军事同盟，世界形成“冷战”格局。但自 20 世纪 90 年代，苏联解体，东欧剧变，美国成为世界唯一的超级霸主，其军事思想从“冷战”对峙到现在处处充当“世界警察”的演变，值得我们关注。下面分别从战争观、战略思想和作战思想等三个方面简要介绍当代美国的军事思想，其中部分内容也代表了当今世界军事的发展潮流。

1. 战争观的新变化

目前，在世界范围内有较大影响的论点有以下三种：

一是“文明冲突论”。这是目前西方广泛认同的一个观点，代表人物是美国哈佛大学的学者亨廷顿教授。主要观点是：冷战后，发生冲突的根本原因将不再是意识形态因素或经济因素，人类的最大分歧和冲突的主导因素将是文化方面的差异。不同文明之间的冲突将主导全球政治，文明之间的差异线将成为未来的战线。亨廷顿认为，目前世界上的主要文明有基督教文明、儒家文明、伊斯兰文明等七八种。其中，基督教文明代表西方文明，儒家文明和伊斯兰文明有可能联合起来，对西方的利益、价值和势力构成挑战。要使西方文化成为世界文化的主流，用西方价值观体系支配国际政治经济秩序。

二是“民主核心论”。主要观点是：冷战后，世界上奉行西方民主制度、自由贸易和西方价值观的国家组成了一个以美国为核心的民主阵营；民主国家遵守并捍卫“一整套表达理想并维持自身利益的准则”；民主国家之间共同利益大于分歧，不会发生战争，也不会构成对美国利益的威胁；民主国家要把它们的准则向全球推广，建立美国式的民主，扩大民主国家阵营，在此方面，美国要与伙伴“分担责任并做出牺牲”。

三是“新国家利益观”。美国国防部在1995年度国防报告中，把美国国家利益划分为“生死攸关的利益、重要利益和人道主义性质的利益”三个层次，以适应推行霸权主义和强权政治的需要。美国国家利益至高无上，谁触犯了美国的国家利益，美国就可以先发制人，对其进行打击。

2. 战略思想

“冷战”时期，美国历届政府奉行的战略思想依据时局变化不断调整。如杜鲁门时代的“遏制”战略，艾森豪威尔政府的“大规模报复”战略，肯尼迪政府奉行“灵活反应”战略，尼克松政府执行“现实威慑”战略，里根时代实行“新灵活反应”战略。

“冷战”结束之后，美国的战略思想发生重大转变。老布什政府奉行“地区防务”战略，克林顿政府在两届任职期间实行“灵活与有选择的参与”、“营造、反应和准备”策略。美国小布什政府自2000年上台之后，重新调整了美国军事战略思想，其主要内容有以下几个方面：

——重新评估世界安全环境，明确其主要对手。特别是9·11事件之后，美国公开宣布实行“先发制人”战略；

——战略重心转向亚太地区，强化亚太地区军事联盟机制，构建以美国为主导的安全体系；

——以“新军事革命”为牵引，进行军队改革。时任美国国防部长拉姆斯菲尔德是这项改革的极力倡导者；

——发展导弹防御系统（TMD和NMD），加强威慑作用，谋求全面军事优势。

3. 作战思想

美军致力于信息战理论研究，特别推崇信息战优势。美军现阶段的所有作战理论都是建立在美军掌握信息优势和技术优势的基础上的，因此，信息作战理论对美军具有非常重要的意义。

美军作战理论的更新，不仅立足于现实军事斗争的需要，更着眼于赢得未来战争的胜利。考虑到信息优势和技术创新对未来军事行动的影响，美军提出了一系列“旨在获取全面优势”的全新的作战概念。如：控制机动、精确作战、全方位防护、集中后勤等等。从一定程度上讲，代表了未来军事变革的发展方向。

练习题

1. 上网查阅《孙子兵法》的相关内容，谈谈对“知彼知己，百战不殆；不知彼而知己，一胜一负；不知彼不知己，每战必殆。”以及“投之亡地然后存，陷之死地然后生”两句话的理解认识。

2. 比较《孙膑兵法》与《孙子兵法》的相关内容，谈谈其中哪些军事思想相同或相近，哪些不同，并与同学们一起交流。

3. 西方现代军事思想与其近代军事思想相比，有了哪些发展和变化？

第二节 齐国军事思想家与战例

两周时期的齐国，是先秦兵学文化中心，将星璀璨，著述丰富，影响深远，故有“世界兵家在中国，中国兵家在临淄”之说，“齐国兵学甲天下”也早已成为史学界的共识。

春秋战国时期，是“礼崩乐坏”的时代，诸侯征伐不断，战事不休，社会动荡不安；同时，这也是一个推崇知识、求贤若渴的时代，出现了诸子百家、众多流派。当时，齐国实行了开放、包容的国策，创立了“稷下学宫”，邀请邹衍、淳于髡、田骈、慎到等社会名流入宫讲学，授予他们“上大夫”职位，拥有较高的政治地位，享受优厚的俸禄。他们纷纷著书立说，宣扬自己的学说和思想，同时又充当智囊，为国君建言献策，甚至参与处理国家政务。尤其是在齐宣王时期，学宫规模之大，人数之众，学派之多，争鸣之盛，都达到了学宫史上的巅峰。

正是齐国开明的国策、广揽贤才的态度，使得齐都临淄成了当时的文化中心，出现了百花齐放、百家争鸣、名将辈出的生动局面，为齐国军事文化的发展营造了一个良好的社会氛围，众多的军事巨著诞生于齐国也不足为奇了。

从西周初年姜子牙被分封于齐，到秦始皇二十六年（公元前 221 年）被秦所灭，齐国前后存在了 800 余年。其间，齐国先后涌现出了以姜子牙、管仲、司马穰苴（ráng jū）、孙武、齐威王（田因齐）、孙膑、田单等为代表的一大批杰出军事人才，将星璀璨，传颂千古。

在本节，我们将介绍司马穰苴、孙武、田单、田忌 4 位著名的齐国军事家，了解一下他们的传奇故事。

一、文能服众，武能威敌——司马穰苴

司马穰苴（生卒不详），本姓田，名穰苴，春秋末期齐国人，是继姜子牙之后一位承上启下的著名军事家，曾率齐军击退晋、燕入侵之军，因功被封为“大司马”。后因齐景公听信谗言，司马穰苴被罢官，最后抑郁而终。相传著有《司马法》一书（图 4-10）。

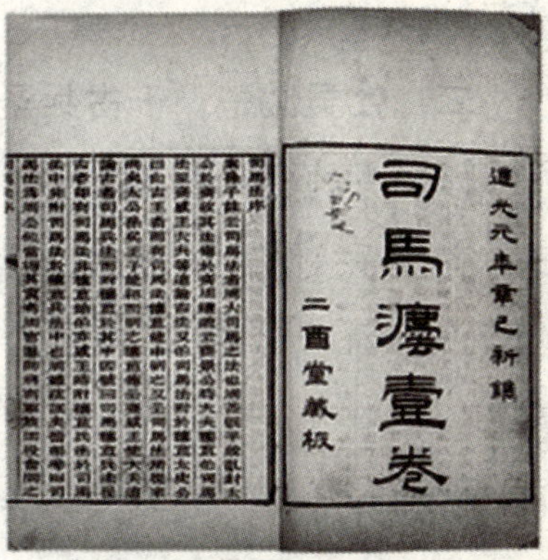

图 4-10 司马法

公元前 531 年，晋国派军入侵齐国，燕国也趁火打劫，齐军节节败退。为了扭转军事上的不利形势，齐景公拜司马穰苴为大将，命他率军抵御晋国和燕国的军队。

司马穰苴说：“我的身份一贯卑贱，你把我从乡里中提拔起来，位在大夫们之上，士卒还不拥护，百姓还不信任，人微权轻。我想请你选派一个亲近的大臣，又在全国享有威信的人做我的监军，这样才好！”景公允许了，就派自己的亲信庄贾去担任监军。

不料，庄贾心里看不起司马穰苴，第二天过了约定出发的时间还迟迟不到。日过三竿后，才醉醺醺地来到军营。司马穰苴铁面无私，严格执法，当场杀了庄贾。齐军为之一振，他立即率军出发，奔赴前线。

在行军时，司马穰苴对士卒们的休息、宿营、掘井、修灶、饮食、疾病、医药，都亲自过问和安抚，把供给将军的全部费用和粮食，都用以犒赏士卒，自己则与士卒吃一样的伙食；对体弱士卒，他更是照顾有加，很快就赢得了将士们的信任。三天后部署调整军队时，病号都要求同行，士卒都争着奋勇参战。晋军得

知这个消息，就撤兵走了。

燕军得知这个消息，也回渡黄河而取消了攻齐计划。司马穰苴率齐军乘势追击，歼灭部分敌军，收复了已失去的齐国城邑和土地。

上元元年，唐肃宗将吴起等历史上十位武功卓著的名将供奉于武成王庙内，被称为武庙十哲，“齐大司马昌田穰苴”便是其中之一（图 4–11）。

及至宋代宣和五年，宋室依照唐代惯例，为古代名将设庙，七十二位名将中亦包括田穰苴。

图 4–11 司马穰苴之墓

二、仕吴破楚，千古兵圣——孙武（图 4–12）

孙武（约公元前 545 年—公元前 470 年），字长卿，齐国乐安人，春秋时期著名的军事家、政治家，被后世尊为“兵圣”，誉为“百世兵家之师”“东方兵学的鼻祖”。著有《孙子兵法》十三篇，历来为后世军事家所推崇，被誉为“兵学圣典”，置于《武经七书》之首，被译为英、法、德、日等国文字，成为世界最著名的兵学典范之作。

图 4–12 孙武画像

三、守城名将，复国功臣——田单

田单（生卒不详），战国时期齐国临淄人，曾经担任过临淄管理市场的小官。齐国危亡之际，他坚守即墨，以火牛阵击破燕军，收复七十余城，因功担任相国，封“安平君”。后到赵国做官，死后葬于安平城内。

1. 运用智谋使自己脱颖而出

田单的祖上是齐国的王室贵族，但随着时间的流逝，到他这一代这一支时与齐国王室在血缘上已很疏远，所以田单也就只能当个都城的市掾（市场管理员，负责维持市场上正常的交易秩序），这种职位虽然很实惠，却不被人看重，也几乎没有什么前途。但是，一场突如其来的变故使他成为时代风云人物。

公元前 284 年，燕昭王拜乐毅为上将军，统率燕、韩、赵、魏、秦五国之兵合力进攻齐国。由于在战前燕国的外交策略非常出色，齐国根本就没有想到燕国会发动进攻，在与燕国接壤的北部边境地区防守空虚，使得乐毅率领联军很轻易地就长驱直入。一方是有备而来，另一方是仓促应战，战场的形势也就基本决定了。齐军被打得大败，齐湣王放弃齐国都城临淄逃至莒城（今山东县东）拒守。

当燕军长驱直入、攻城拔郡时，官员、贵族们纷纷避开前线向后方逃亡，田单也从临淄逃到了安平（在临淄东）。安平是田氏家族的祖地，田单率领家人到这里与本族人会合后，就通知族人收拾细软，做好撤离安平的准备。等到都城陷落的消息传来时，他积极组织族人撤离。在出城之前，他做了一件使他的聪明才智初次显露而又为后来被推举为领袖打下基础的事——锯短车轴。

不久，燕国大军围攻安平，城里人争先恐后地夺路而逃，由于道路狭小，逃亡的人又太多，东去的道路交通非常拥挤。那些乘着华丽车子的贵族、官员们，不顾前面的行人车辆，个个争先恐后地抢路走，但由于车轴过长，彼此撞击而轴断车毁的非常多，这些人都被随后赶来的燕军掳获。只有田单和族人因车轴短且包有铁箍得以逃脱，东行至即墨（今山东即墨北）。田单本来不是家族中地位和威望最高的人，但是凭借着在逃亡过程中一系列出色的表现而得到了族人的信任，大家推田单为族中主事人。

燕军攻克安平后，又长驱直入，攻下齐国城池七十多座，只有莒邑和即墨没有被攻陷。面对燕军的猛烈攻势，田单组织族人与即墨大夫一起抵御燕军的进攻。由于田单的社会经验十分丰富，善于发现别人的长处和短处，族人在田单的指挥下，在即墨保卫战中的表现极其出色，赢得了即墨军民的信任，田单开始担任更多的组织任务。后来，在燕军的猛烈进攻下，即墨大夫战死，即墨军民推选田单为新的即墨大夫，带领大家抗燕。田单欣然受命，承担起了领导即墨军民抗燕的大任。

2. 行使计策为战争胜利奠定基础

公元前 279 年，五年过去了，燕齐两国还在对峙。即墨和莒邑还在齐国人手里，一个在国王的领导下坚守，一个在田单的主持下支撑。经过五年的围困，城里的粮草储备也基本上消耗殆尽。就在这个时候，形势发生了变化。

这一年，燕昭王死，惠王继位。惠王在做太子时就对乐毅不满。田单了解到这一情况后，便决定采取反间计，除去对齐国威胁最大的乐毅。于是派人到燕国人中散布说："齐国没有被攻下的城池只剩两座，乐毅之所以长期围而不攻，是早就怀有异心了，他以攻打齐国为幌子，实际是想与齐兵联合在齐地称王。现在齐国人还没有能全部归附，所以乐毅以缓攻的方式来等待时机。齐国人现在最怕的就是燕国派其他将领来，那样即墨就真的要遭殃了。”燕惠王本来就对乐毅迟迟未攻下莒城和即墨有怀疑，听到这些风言风语后便信以为真，于是派大将骑劫前往齐地代替乐毅统兵，召乐毅回国。乐毅怕回国后遭到不测，投奔了赵国。这样一来，更坚定了燕惠王的看法。由于乐毅平时有勇有谋，而又爱惜士卒，被迫离开军队后，燕国的将士们都为乐毅受到委屈而愤愤不平。燕军人心涣散，战斗力大为减弱。

骑劫是个骄傲狂妄、有勇无谋的人。他取代乐毅后，便一反围困的战法，加紧了对即墨的攻势。为了坚定即墨军民的抗敌信心，进一步削弱燕军斗志，田单利用即墨人崇拜鬼神的特点，激发他们的战斗意志。

一天，田单向大家宣称，他听到了神的声音，神说将要下凡来解救困厄之中的即墨。即墨人不仅信奉鬼神，也崇拜祖先，田单又命人拿粮食祭祖。尽管城中的粮食已经不多，但是即墨人都愿意拿出粮食来祭祖。于是城中设立了很多的祭祖案台，结果招来了大批的飞鸟来啄食，场面十分壮观。即墨人以为祖先显灵了，让飞鸟来传达神的旨意。田单又趁机说，神已经下凡了，就在他们中间，让大家赶紧寻找。即墨城里的人们马上行动起来，开展了一场全城的找神运动。这个时候，一个小兵饿得实在受不了了，谎称神已附在他的身上。众人为找到神而欢呼雀跃，赶紧把这个小兵送到了田单那里。田单一听找到了神，十分高兴，马上命人收拾上等的清净房间，迎接神的到来。那个小兵被送到田单那里后，田单说神有重要的事情要和他谈，让众人离去了。这个小兵非常害怕，向田单坦白自己并不是神，只是因为太饿了，才谎称自己是神。田单让小兵不要声张，警告他，如果想活命，就要按照田单的安排行事，对任何人都要肯定地说神就附在他的身上，他代表神与大家谈话。此后，田单凡是有重要的命令，就通过这个小兵以神的旨意向人们宣布，得到了非常好的贯彻执行。

骑劫在猛攻即墨的同时，也在想着如何彻底打垮齐国人的斗志。恰在这时，田单派人出城在燕军中宣扬：“齐军只怕燕军把齐国俘虏的鼻子割掉，放在阵前与齐国作战，那么即墨就守不住了。”骑劫听到燕军的报告后，觉得这是一个打击齐国士气的好办法，就派人把齐军俘虏押到即墨城下削去鼻子。城中的齐国军民看到降燕齐兵全被割掉鼻子，都愤怒异常，表示要死守城池。田单又派人到城外放风说："齐人最怕燕人掘他们的祖坟，焚烧死人的尸骨，祖先不能保佑他们，就绝望了。"骑劫再次中计，派人掘开齐国人祖坟，烧骨扬灰。齐国军民从即墨城上望见燕军的暴行，纷纷痛哭起来，个个对燕军咬牙切齿，决心在田单的统率下，出城和燕军决战。

这样，田单针对齐国军民的习俗和燕将骑劫的特点，诱使燕军施暴，从而更坚定了城中军民同仇敌忾的决心，奠定了胜利的基础。

3. 火牛战阵成就不朽英名

田单明白，军民的仇恨之火已被点燃，可以用于作战了。田单趁机通过那名小兵以神的名义向即墨人宣称，即墨人的祖先要他们报仇，而且会保佑他们获得战争的胜利。即墨城中人人无畏生死，愿求一战。田单又发表决战演说，即墨人群情激昂，只等田单一声令下。

在进行这些动员的同时，田单又施放出了和平的烟幕弹。他派遣使者接洽向燕军投降的事。田单还从民间收集了两万多两黄金和其他一些珠宝，派人出城，谎称是城中富豪，贿赂燕军将士，向燕军买路，希望燕军在他们带着家人从城中跑出来时，不要拦截。燕军都想在胜利之前再得到一笔钱财，带回国内与家人分享，便收下了这些所谓即墨富豪的买路钱，燕军从此越发放松了戒备（图 4–13）。

图 4–13 田单火牛阵

决战的时机终于到了。田单在城内收集了一千多头牛，在牛身上披上绘着五彩龙纹的外衣，在牛角绑上锋利的尖刀，又在牛尾绑上浸过油脂的苇草，并在城脚秘密挖了几十个洞，通到城外，又挑选五千名勇士，扮成鬼神模样。一切准备就绪后，在一天夜里，田单下令点燃牛尾上的苇草，于是着火受惊的牛穿越城洞，向燕营狂奔猛冲。五千名勇士跟随冲杀，全城人也都敲打铜器呐喊助威。老弱妇孺把铜铁器具敲得震天响，交汇成惊天动地的声浪。燕军将士从睡梦中惊醒，根本就没有想到被困五年、旦夕可破的即墨会发动突袭，疑是天兵天将降临，都哭天喊地，仓皇奔逃。骑劫也在混乱中被杀，燕军更加心慌意乱，个个夺路逃命，田单随后组织齐军猛追。被占领的齐国地区的人民纷纷起来围追堵截败退的燕军，田单的军队得到了齐国上下的支持，越战越强，一直乘胜把燕军赶出了齐国。被燕军占领的七十多座城又重新为齐军所控制。齐国复国后，田单把齐襄王迎回临淄，齐襄王把安平封给了田单，称安平君。

田单以弱胜强，出奇制胜，用火牛阵破燕的故事，充分体现了他卓越的军事才能，不愧为战国时一位杰出的爱国名将。

四、勇猛善战，知人善任的齐国名将——田忌

田忌是战国初期齐国的大将军，一生勇猛善战，知人善任，宽宏大量，是齐国的中流砥柱，为齐国成为战国七雄做出过巨大的贡献。尤其是田忌赛马的故事更是千古流传。后代的史学家都对田忌的评价很高，认为如果没有他，齐国的称霸事业不会这么顺利。

田忌不仅在军事上才华出众，打过很多胜仗，同时也是一个知人善任，善于发现人才，推举人才的伯乐。他在赛马的过程中发现了孙膑这个军师。原来孙膑在魏国受到庞涓的陷害，已经是个残废的人了，他带着半条命来到齐国，也是想碰碰运气，就是想活命。他原先只是一个不知名的门客，因为身体残疾不受重视，直到有一次因为向田忌献计，帮助田忌赢了赛马比赛，受到田忌的赏识，孙膑才在齐国受到重用。

此后，田忌与孙膑配合默契，先后在桂陵之战和马陵之战中打败了魏国，魏国国力大损，齐国趁机取得了东方霸主的地位。因为田忌打了很多胜仗，功高盖主，引起了齐国一些大臣的嫉妒。其中就有当时齐国的国相邹忌，邹忌是个美男子，早年也是一个善于进谏的忠臣，因而才得到齐威王的重用，可是随着官位的升高以及官场的磨炼，他逐渐失去了年轻时的棱角，变得圆滑世故，老奸巨猾，为达目的不择手段。他看到田忌的功劳很大，于是就设计陷害他，诬陷他有谋反之心，此时齐威王也对田忌有所猜忌，不再像以前那样信任他，竟然下令逮捕田忌。田忌心灰意冷，被迫逃到楚国。最后齐宣王即位，认识到田忌是被陷害的，将他接回了齐国，并且给他官复原职。

练习题

1. 通过浏览互联网、查阅历史书籍等方式，搜集你最喜欢的一位齐国军事将领的故事，说说他的主要功绩与不足，谈谈他给了我们怎样的人生启示。

2. 你知道“田忌赛马”的故事吗？上网搜一搜，谈谈你对它所包含的战略战术思想的认识，并从生活中找出类似事例与同学进行交流。

第三节 毛泽东军事思想

毛泽东军事思想这一科学体系，是以毛泽东为代表的中国共产党人，从中国实际情况出发，创造性地运用马克思主义的基本原理，在长期领导中国人民进行的革命战争、国防建设和国防斗争的实践中，逐步形成和发展的。

一、毛泽东军事思想的科学含义

1. 毛泽东思想是马克思列宁主义在中国的运用和发展

毛泽东思想是以毛泽东为代表的中国共产党人把马克思列宁主义一般原理创造性地运用于中国具体实际的优秀典型，它完全符合马克思列宁主义的一般原理，又具有鲜明的中国特色。它是具有中国独特内容和民族表现形式的中国化的马克思主义。

2. 毛泽东思想是被实践证明了的关于中国革命和建设的正确的理论原则和经验总结

中国革命和建设的具体实践，是毛泽东思想赖以形成和发展的物质基础。而在这一基础上产生的毛泽东思想，又在指导中国革命和建设的实践中被证明是关于中国革命和建设的正确的理论原则和经验总结，是一个完整的科学体系。

3. 毛泽东思想是中国共产党集体智慧的结晶

中国革命和建设的实践，是中国共产党领导的广大人民群众的历史活动。毛泽东思想作为中国革命和建设的理论，就是对全党和全国人民革命和建设的实践经验的科学总结，因而凝聚了党和人民的集体智慧。与此同时，在毛泽东思想形成和发展过程中，党的许多卓越领导人做出了巨大贡献。

毛泽东思想是马克思列宁主义在中国的运用和发展，是被实践证明了的关于中国革命和建设的正确的理论原则和经验总结，是中国共产党集体智慧的结晶。这就是毛泽东思想的科学含义。

二、毛泽东军事思想的历史地位

毛泽东军事思想在军事科学发展史上独树一帜，占有重要的历史地位。可归结为以下几点：

1. 毛泽东军事思想创造性地丰富和发展了马克思主义军事理论宝库

马克思、恩格斯、列宁、斯大林用辩证唯物主义和历史唯物主义的观点，批判地继承了前人研究战争的成果，创立了无产阶级的军事理论。毛泽东在此基础上，结合中国革命战争的实际，提出了以农村为革命根据地，走农村包围城市的道路的理论，进一步丰富和发展了马克思主义军事理论的宝库。

2. 毛泽东军事思想把中国军事思想发展到了一个全新的阶段，是中国革命胜利和国防现代化建设的理论指南

中国古代军事思想的高度发展为后人留下了宝贵的思想财富，毛泽东以他精深的中国传统文化素养，广泛吸收中国古代军事思想的精华，将辩证唯物主义运用于研究和指导战争，形成了中国历史上最先进、最科学、最完整的军事理论。毛泽东军事思想的产生，是中国军事思想发展史上一次重大变革，标志着中国无产阶级军事思想的确立，并成为中国革命胜利和国防现代化建设的理论指南。毛泽东军事思想，过去是、现在是、将来永远是我军克敌制胜的法宝。

3. 毛泽东军事思想在世界上产生了广泛而深远的影响

毛泽东是举世公认的战争艺术大师，可以这样说，在二十世纪的世界无产阶级革命家中，就指挥革命战争时间之长、规模之大，经验之丰富，毛泽东当是首屈一指的。

在中国革命取得胜利后，毛泽东军事思想受到世界各国的普遍重视，许多人开始对它进行探索和研究，许多国家都成立了毛泽东军事思想的研究会和学习会。许多有识之士，都称誉毛泽东是当代最伟大的军事家、战略家和著名的军事理论家。

三、毛泽东军事思想的主要内容

（一）无产阶级的战争观和方法论

1. 无产阶级的战争观

无产阶级战争观主要包括战争的起源和根源、战争的本质和目的、战争的性

质、无产阶级对战争的态度和战争的最终目的等。

毛泽东同志在革命导师对战争起源和根源问题研究的基础上，做出了精辟的概括：“战争——从有私有财产和有阶级以来就开始了的，用以解决阶级和阶级、民族和民族、国家和国家、政治集团和政治集团之间，在一定发展阶段上的矛盾的一种最高的斗争形式”。

对于战争的本质，毛泽东通过对战争与政治、战争与经济关系的论述，得出战争的本质和目的，无非是为了取得或维护政治地位和经济利益。在论述战争与政治关系时，毛泽东发展了列宁的观点，提出：“战争是政治的继续，在这点上说，战争就是政治，战争本身就是政治性质的行动，从古以来没有不带政治性的战争”。“但是战争有其特殊性，在这点上说，战争不即等于一般的政治。战争是政治的特殊手段的继续。政治发展到一定的阶段，再也不能照旧前进，于是爆发了战争，用以扫除政治道路上的障碍”；“政治是不流血的战争，战争是流血的政治。”

而对战争与经济的关系，毛泽东看得非常清楚，他把“有足够给养的经济力量”作为选择和建立根据地的基本条件之一。他认为：“只有开展经济战线方面的工作，发展红色区域的经济，才能使革命战争得到相当的物质基础，才能顺利地开展我们军事上的进攻，给敌人的‘围剿’以有力的打击；才能使我们有力量去扩大红军，……也才能使我们的广大群众都得到生活上的相当的满足，而更加高兴地去当红军，去做各项革命工作。”

对于战争的性质，毛泽东进行了科学的划分，“历史上的战争分为两类，一类是正义的，一类是非正义的。一切进步的战争都是正义的，一切阻碍进步的战争都是非正义的。”作为无产阶级革命者，对待战争的正确态度应该是拥护正义战争，反对非正义战争。

2. 战争方法论

毛泽东和老一辈无产阶级革命家，在研究和指导中国革命战争的实践中，把辩证唯物主义和历史唯物主义的普遍原理与中国革命战争的实际相结合，逐步形成了具有中国特色的一整套研究和指导战争的基本方法，这些基本方法，对研究和指导战争具有普遍的指导意义。

具体来说，毛泽东的战争方法论主要包括以下几个方面：

（1）遵循战争规律研究指导战争。毛泽东认为，战争是一种社会历史现象，是客观物质运动的形式之一，像自然界和其他社会活动的领域一样，是有规律可循的。他说，“战争不是神物，仍是世间的一种必然运动……战争的特性也使人们在许多的场合无法全知彼己，因此产生了战争情况和战争行动的不确定性，产生了错误和失败。然而不管怎样的战争情况和战争行动，知其大略，知其要点，是可能的”。既然这样，人们就可以认识战争，把握战争的规律，并通过此去指导战争。

（2）运用阶级分析的方法研究指导战争。所谓阶级分析方法，就是运用马克思主义关于阶级和阶级斗争的观点，去观察和认识阶级社会的历史现象的一种方法。毛泽东结合中国革命战争的实际，把马克思主义阶级斗争的学说，成功地运用于中国革命战争的全过程，并在实践中丰富和发展了这一思想。例如，毛泽东和老一辈革命家提出了无产阶级在中国革命战争中的领导权问题。在此基础上，毛泽东论证了无产阶级如何实现革命领导权的问题，以及和资产阶级争夺领导权的问题。

（3）坚持辩证的观点研究指导战争。运用辩证唯物主义观点研究指导战争，是毛泽东战争方法论的重要内容，贯穿于中国革命战争的全过程。这种方法包括：着眼特点，具体地研究战争；着眼发展，动态地研究战争；着眼全局，整体地研究战争；着眼实际，客观地研究战争；着眼矛盾，运用对立统一的规律研究战争。

综上所述，毛泽东战争方法论的最根本的一点，就是一切从战争的客观实际出发，具体情况具体分析，实事求是地研究和指导战争，这是毛泽东军事思想的精髓所在。

（二）人民战争思想

毛泽东人民战争思想是中国共产党的群众路线在革命战争中的具体运用和发展，是人民军队建设、我军战略战术的形成和国防建设的理论基础；是中国人民以劣势装备战胜优势装备之敌的法宝。

1. 人民战争思想的理论基础

人民战争，就是广大人民群众为了反抗阶级压迫或民族压迫而组织和武装起来进行的战争。人民战争必须具备两个条件：一是战争的正义性，二是广泛的群众性。

毛泽东人民战争思想之所以成为无产阶级最先进的军事理论科学，成为我党进行革命战争的基本指导路线，就在于它有着坚实的理论基础。

（1）人民群众是推动社会发展的根本动力。毛泽东指出：“人民，只有人民，才是创造世界历史的动力”。这是其人民战争思想的基本出发点。

（2）战争伟力存在于民众之中。毛泽东从唯物史观的高度考察战争，科学地阐明了人民群众在革命战争中所起的伟大作用，他指出：“战争的伟力之最深厚的根源，存在于民众之中”。革命战争如果离开了人民群众，那就是无源之水，无本之木，也就失去了进行战争的雄厚的物质基础。例如：辽沈战役中，东北翻身农民踊跃参军、参战，先后组成了个二线兵团，约 30 万人，不断补充我军。陈毅同志曾形容淮海战役的胜利是人民群众用小推车推出来的。

（3）战争胜负的决定因素是人而不是物。毛泽东人民战争思想之所以成为我军以弱胜强、克敌制胜的法宝，就在于他最合理地把进行战争的人力、物力这两个最基本的因素巧妙地结合起来，构成一个有机的整体，在革命战争中发挥出最佳的作战效能。在人和物这一战争不可分割的统一体中，人的因素是战争胜负的决定因素，这是马克思主义一条重要的军事原理，也是我党进行人民战争的重要理论依据。毛泽东明确地指出：“武器是战争的重要的因素，但不是决定的因素，决定的因素是人不是物。”

2. 人民战争思想的主要内容

（1）党的正确领导是人民战争取得胜利的根本保证。实行人民战争必须要有正确的领导，必须要有革命的政策和措施。我国的革命战争，从星星之火开始，逐步形成燎原之势，最后战胜国内外强大的敌人，取得中国革命战争的彻底胜利，从根本上说，就在于我们所进行的革命战争，有以毛泽东为代表的中国共产党的正确领导，这是实行人民战争的首要条件。

（2）以人民军队为骨干。无产阶级要用暴力夺取和巩固政权，就必须建立一支强大的人民军队。毛泽东指出：“从马克思主义关于国家学说的观点看来，军队是国家政权的主要成分。谁想夺取国家政权，并想保持它，谁就应有强大的军队”。进行人民战争，如果没有一支强大的人民军队做骨干，就不能对付反革命军队的猖狂进攻，人民群众的斗争就不能得到有力的支持，人民战争就难以蓬勃开展起来和长期坚持下去。

（3）建立巩固的根据地和战略后方。创建革命根据地，走农村包围城市最后夺取中国政权的道路，是毛泽东指导中国革命战争的伟大战略思想，是中国革命战争的显著特点之一。其具体内容是：在中国共产党的领导下，在敌人统治力量薄弱的农村地区，依靠和发动农民群众，实行土地革命，建立和组织民主政权，进行武装斗争，实行工农武装割据，把落后的农村建成先进的巩固的革命根据地，造成军事上、政治上、经济上、文化上的革命阵地，并以此为依托，开展广泛的人民战争。

（4）广泛深入地动员人民群众。人民战争的威力，在于人民群众直接或间接参加战争的广度和深度，人民群众参加战争的广度和深度又取决于革命政党对人民群众发动的广度和深度，而人民群众的发动，只有进行广泛深入的政治动员才能实现，这是人民战争赢得胜利的最基本条件。

（三）人民军队思想

1. 提出“枪杆子里面出政权”的著名论断

第一次大革命的失败和土地革命战争初期的严酷现实，使毛泽东悟出了无产阶级政党必须掌握武装斗争的领导权，他第一个提出：“枪杆子里面出政权”。毛泽东毕生重视枪杆子，视军队为命根，他一生把掌握军权作为实现革命理想的最主要手段。

2. 创立人民军队的建军原则

毛泽东吸取了中外军事家的文韬武略，提出了一套适合中国国情的马克思主义的治军方略和建军原则。

一是确立了党指挥枪的原则。毛泽东认为，我军是无产阶级的军队，首先要从政治上建军。要从政治上建军，靠的是党的力量，要坚持党对军队的绝对领导。“我们的原则是党指挥枪，而决不允许枪指挥党。”直至今天，这仍然是我军遵循和坚持的根本原则。

二是规定了人民军队的性质。毛泽东指出：“紧紧地和中国人民站在一起，全心全意地为中国人民服务，就是这个军队的唯一宗旨。”为人民服务，是我军的本质特征，是毛泽东建军原则的核心。我军在革命战争和保卫祖国的长期斗争中，始终遵循这一宗旨，从而赢得了人民群众的拥护和爱戴。

三是创立了政治工作三大原则。进行强有力的政治工作，是毛泽东建军思想的一个突出特点。我军的政治工作，随着革命战争的发展而逐步完善，形成了“官兵一致、军民一致和瓦解敌军”的三大原则。例如：在平津战役中，北京能够得以完整地保存下来，就是瓦解敌军原则正确使用的典型。当时，以傅作义为首的55万国民党军队盘踞京津地区。如果硬打，只能是城毁人亡，其后果不堪设想。毛泽东高瞻远瞩，一方面在军事上兵临城下，以造成大军压境之势；一方面开辟第二条战线，进行政治瓦解。最后迫使傅作义起义，北平和平解放，使古老的名城丝毫无损地回到人民手中。

（四）人民战争的战略战术

人民战争的战略战术，简单地说，是指毛泽东指导战争和指挥作战的原则和方法。它是毛泽东高超战争指导艺术的总结，它揭示了中国革命战争的指导规律，是毛泽东军事思想中十分精彩的部分。

1. 立足全局，审时度势

立足全局，审时度势，是毛泽东指导战争和指挥作战的第一个原则。不考虑长远利益的人，就不能策划好眼前的问题；不考虑全局利益的人，就不能策划好局部的问题。“谋万世”“谋全局”，就是全局观念，就是战略意识。

例如：1947年上半年，蒋介石虽然在军事上处境日益不利，但同我军相比，其兵力、兵器仍占优势。蒋介石决心不变，继续贯彻将战争引向解放区的战略方针，加强对山东、陕北的重点进攻，力求迅速解决这两个战场的问题，再行转移到其他战场，以达到最后摧毁解放区、消灭我军主力的目的。蒋介石的这一“哑铃”战术，棋着不为不高，用心不为不绝。

从受敌人重点进攻的山东和陕北两个解放区来看，形势也相当严峻。山东解放区已大部被敌占领，只剩下胶东半岛的片隅之地；陕北方面，胡宗南的25万大军已占领延安，毛泽东率领着中央机关和警卫人员组成的小分队，经常被敌人追击，爬山越岭、风餐露宿。可就在这种险恶的情况下，毛泽东坚持不过黄河。他目光敏锐，审时度势，对全局作了透彻的分析。他认为，中国的时局将要发生一个新的变化，军事形势在朝着有利于人民的方向发展。毛泽东抓住影响整个战争全局的重要关节，做出了“大举出击，经略中原”的战略决策。

毛泽东胸有全局，高瞻远瞩，而各路大军指挥员又能创造性地贯彻统帅部的意图。刘邓大军为了全局的胜利，面对着40个师的国民党军队，以“狭路相逢勇者胜”的英雄气概，长驱直入，一举插进敌人的战略纵深。刘邓大军占据大别山，东震南京，西挟武汉，南控长江，北瞰中原，像一把利剑插入国民党的心脏。象这种战略全局上的出敌不意的进攻行动，在战争史上是绝无仅有的。三路大军突破黄河以后，与国民党主力逐鹿中原，我军由战略防御转入了战略进攻，拉开了大决战的序幕。

2. 灵活用兵，因敌制胜

我国历代有作为的军事家无不重视灵活地使用兵力。兵圣孙子曰："兵无常势，水无常形；能因敌变化而取胜者，谓之神"。宋代军事家岳飞说："阵而后战，兵法之常；运用之妙，存乎一心"。这些名言，都强调了要根据敌情的变化和战场的情况，灵活地使用兵力。

毛泽东说："古人所谓'运用之妙，存乎一心'，这个'妙'，我们叫作灵活。"根据毛泽东的论述和他指导战争的实践，灵活用兵可概括为五个方面：

（1）因时用兵。所谓因时，即天时，指时机。机不可失，时不再来。战场情势变换无穷，战机稍纵即逝。因时用兵，要抓住战机，分秒必争；定下决心要当机立断，切不可优柔寡断，贻误战机。

（2）因地用兵。战争指导者不仅要巧借天时，还要会妙用地利，根据战场环境摆兵布阵。解放战争时期，首先发起辽沈战役就是一个极好的证明。辽沈战役打响以后，我军先克锦州、再歼廖耀湘、后取沈阳和营口。辽沈战役，我军历时52天，歼灭了国民党军队38个师47万人，取得了我军第一次战略大决战的伟大胜利！

（3）因敌用兵。解放战争，对国民党军队作战，我军多以大兵团决战，一次歼敌几万乃至几十万人。但到了朝鲜战争时期，美军有强大的空中优势，且战术上采取集团滚进、齐头并进。尤其是作战初期，遭到几次惨败以后，变得谨慎小心，稳扎稳打，步步为营。对此，毛泽东变换战法，采取了"零敲牛皮糖"的战术，最终将美国和南朝鲜的军队控制在三八线以南，并签订了板门店协定。

（4）因己用兵。毛泽东因己用兵，有两大要则：一是择其优，避其弱；二是知人善任，择优选将。毛泽东对其统领的将帅知人善任，非常了解，非常信任，除委以重任外，还赋予其指挥决策权。而各路将帅都能根据毛泽东总的战略意图，临机处置，灵活指挥，在各自统领的战场上，打得有声有色。

（5）因势用兵。势指态势、气势。简明地说，"势"是"形"的运用，也就是军队实力的发挥。因势用兵，要因势而乘，因势而动。毛泽东向来重视谋势，三大战役结束后，我军控制了大半个中国，长江以北地区已基本解放。毛泽东吸取了项羽未能乘势击败刘邦，纵虎归山，最后落得霸王别姬、自刎乌江的教训，乘势发出了“打过长江去，解放全中国，将革命进行到底”的号令。毛泽东一声令下，于1949年4月20日，我人民解放军百万大军，突破汤恩伯、白崇禧两个集团70万大军防守的长江天险。以大迂回、大包围的战术对敌实施战略追击，夺南京、战上海、攻武汉、取重庆，以摧枯拉朽之势，横扫江南各省，终于赢得了解放战争的最后胜利。

3. 集中兵力，运动歼敌

集中兵力打歼灭战，是毛泽东一贯的作战指导思想，并创造性地运用和发展了这一思想。他提出“我们的战略是‘以一当十’，我们的战术是‘以十当一’，这是我们制胜敌人的根本法则之一”。“对于人，伤其十指不如断其一指；对于敌，击溃其十个师不如歼灭其一个师”。例如：

（1）重点用兵——牛刀战术。即要想集中兵力，必须重点用兵。

（2）后发制人——猫盘老鼠战术。意思是说，同强大的敌人作战，要像猫盘老鼠一样，盘软了再吃。盘的过程，就是调动敌人，将肥的拖瘦，瘦的拖疲，疲的拖垮，使其由强变弱。尔后集中兵力，加以各个歼灭。

（3）击其要害——虎口拔牙战术。先弱后强，先打分散孤立之敌，后打集中强大之敌，并不排除在必要和可能的情况下打“强”敌。打敌要害，往往能够取得全盘皆活的效果。

（4）在运动中歼灭敌人——叫花子打狗战术。

古今中外，聪明的军事家都力争打运动战。在毛泽东的著作里，军队的机动被他简单地称之为“走”。毛泽东善打运动战。为此，西方军事界称毛泽东为“东方运动战的大师”。还有人称毛泽东是以走起家的统帅。

战争不仅是力量的竞赛，而且是双方智慧的较量。“你打你的，我打我的；打得赢就打，打不赢就走”，是毛泽东军事思想中战略战术的精髓。

在战争指导上，毛泽东从不按常规办事，他的办法是“放开两手，诱敌深入，在运动中歼灭敌人”。大家可以回顾一下，在战争年代，我军除济南战役等少数战例外，大多是运动战。如被毛泽东称为一生中的得意之作的四渡赤水战役、三次反围剿战役，都是运动战。解放战争时期，我军的运动战规模越打越大，从几万人的仗发展到几十万乃至上百万军队参加的大战役。毛泽东说："大踏步进退，不拘一城一地之得失，完全主动作战，……调动敌人各个击破"。

毛泽东军事思想指导中国革命战争取得了彻底的胜利，在新中国成立后又继续指导了中国的国防建设、抗美援朝战争和边境自卫反击作战，是国防现代化建设和未来反侵略战争的指针。它不仅在中国军事思想发展史上占有极为重要的地位，而且在世界军事思想史上也占有重要地位。

练习题

1. 毛泽东军事思想的核心内容主要有哪些？

2. 结合近期国际国内形势，谈谈在新时期毛泽东军事思想对我国强军事业的指导意义。

第四节 新时期军事思想

一、邓小平时期军事理论

邓小平在新的历史条件下，继承和发展毛泽东军事思想，以巨大的政治勇气和理论勇气，开创有中国特色的精兵之路，创造性地总结和提出新时期军队建设思想。这一思想是新时期军队和国防现代化建设的根本依据和指导方针。邓小平新时期军队建设思想的内容极其丰富，从宏观上可以概括为四个方面。

（一）阐明了新时期加强军队建设的根本依据

邓小平阐明的新时期必须加强军队建设的根本依据，主要包括以下三点：

1. 必须始终不渝地坚持人民军队的性质

军队是国家政权的主要成分，谁想夺取国家政权并想保持它，谁就应该拥有强大的军队。我国在新的历史条件下要巩固无产阶级政权和保卫社会主义制度，一个重要的条件就是保持我军的无产阶级性质，使我军永远是一支在中国共产党绝对领导下的人民军队。邓小平明确指出："这个军队永远是党领导下的军队，永远是国家的捍卫者，永远是社会主义的捍卫者，永远是人民利益的捍卫者"（《邓小平文选》第三卷，第 304 页）。面对改革开放和复杂环境，特别是在国内外各种敌对势力妄图改变我军性质的情况下，加强政治建设，坚持党对军队的绝对领导，对于始终不渝地保持人民军队的性质、粉碎国内外敌对势力“西化”“分化”的阴谋、巩固国家政权和发展社会主义事业，都具有十分重要的意义。

2. 必须更好地履行我军的根本职能

我军是一支执行革命的政治任务的武装集团，对外反侵略、对内反颠覆是我军的根本职能。面对国际、国内形势发生的深刻变化和现代科学技术的发展，要使我军更好地履行自己的职能，必须加强自身建设，有效地提高我军的战斗力。早在 1978 年的全军政治工作会议上，邓小平就指出：“这次会议着重研究和解决在新的历史条件下，发扬政治工作的优良传统，提高我军战斗力的问题。”（《邓小平文选》第二卷，第 113 页）正是根据邓小平的有关论述，中央军委连续在 1988 年、1989 年和 1990 年的三次扩大会议上，都强调要把提高战斗力作为军队建设和改革的出发点和落脚点，从而为我军建设指明了正确方向。

3. 必须适应军队建设指导思想的战略性转变

进入 20 世纪 80 年代以来，世界形势发生了明显的变化。邓小平正确把握国际战略形势发展的总趋势，及时地做出了和平和发展是当代世界的两大主题的正确论断，为我军建设指导思想实行战略性转变奠定了理论基础。他指出：“冷静地判断国际形势，多争取一点时间不打仗还是可能的。在这段时间里，我们应当尽可能地减少军费开支来加强国家建设。”（《邓小平文选》第二卷，第 285 页）在邓小平主持下召开的 1985 年的军委扩大会议上，做出了军队建设指导思想实行战略性转变的重大决策。军队建设指导思想实行战略性转变的实质，就是要充分利用今后较长时间内大仗打不起来的和平环境，在服从国家经济建设大局的前提下，抓紧时间，有计划、有步骤地加强以现代化为中心的根本建设，提高军政素质，增强我军在现代战争条件下的自卫能力。

（二）确立了我军“三化”建设的总目标

邓小平根据新时期我军肩负的历史使命，为我军确立了“三化”建设的总目标，即“把我军建设成为一支强大的现代化、正规化的革命军队”（《邓小平文选》第二卷，第 395 页）。

1. 加强革命化建设，确保我军政治上永远合格

邓小平深刻地分析了新时期我军面临的复杂环境，对加强我军革命化建设，给予了极大的重视。他在接见首都戒严部队军以上干部时的讲话中指出：“处理

这件事对我们军队是一次很严峻的政治考验，实践证明，我们的解放军考试合格。我讲考试合格，就是指军队仍然是人民子弟兵，这个性质合格。”（《邓小平文选》第三卷，第303页、304页）邓小平对于如何加强我军革命化建设、确保我军政治上永远合格的问题，一方面要求我军加强思想政治工作，发扬优良传统，使政治工作在新的条件下发展提高；另一方面要求我军深入开展坚持四项基本原则、反对资产阶级自由化的教育，切实保证党对军队的绝对领导。

2. 以现代化建设为中心，努力适应现代战争的要求

邓小平指出：“现在我们一定要承认我们的科学技术水平与世界先进水平相比，还差很长的一截。要承认我们军队打现代化战争的能力不够。”（《邓小平文选》第二卷，第61页）这就指明了现代化水平不高是我军的薄弱环节。邓小平进一步提出：“我们一定要在国民经济不断发展的基础上，改善武器装备，加速国防现代化。”（《邓小平文选》第二卷，第395页）“靠空讲不能实现现代化，必须有知识，有人才。要办各级学校，经过训练，使军队领导干部掌握现代科学文化知识和现代战争知识”。（《邓小平文选》第二卷，第40页、41页）对体制编制的现代化问题和军事科学理论研究工作，邓小平也非常重视。

3. 加强正规化建设是搞好革命化、现代化建设的重要保证

在强调加强革命化和现代化建设的同时，邓小平深刻阐明了我军加强正规化建设的必要性和重要意义，对如何加强我军正规化建设的问题，邓小平特别强调要通过努力完善各种法规制度，来进一步提高我军的正规化水平。进入新时期以来我军在完善法规制度方面做了大量工作，取得了显著的成效，明显地减少了工作指导上的主观随意性，提高了我军的正规化水平。

（三）指出了走有中国特色的精兵之路必须解决的主要问题

邓小平关于新时期军队建设的思想，不仅为我军确立了“三化”建设的总目标，而且明确指出了注重质量建设走中国特色的精兵之路，必须着重解决好以下三个问题：

1. 军队建设必须服从国家建设大局，与经济建设相适应

军队建设指导思想实行战略性转变的首要任务，就是逐步理顺军队建设的内部、外部关系，特别是处理好军队建设与国家建设的关系。邓小平指出：“现在需要的是全国党政军民一心一意地服从国家建设这个大局，照顾这个大局。这个问

题，我们军队有自己的责任，不能妨碍这个大局，要紧密地配合这个大局，而且要在这个大局下面行动。”（《邓小平文选》第三卷，第99页）对于在服从国家建设大局的前提下，如何搞好军队建设的问题，邓小平一方面提出军队要“忍耐”，“军队装备真正现代化，只有国民经济建立了比较好的基础才有可能。”（《邓小平文选》第三卷，第128页）另一方面又明确指出这种“忍耐”是积极的，绝不是消极的，要求我们立足现有条件，努力做好各项工作，绝不能降低我军的装备水平和忽视人员素质的提高。这些论述深刻地反映了邓小平关于军队建设必须在忍耐中积极求发展的基本思想。

2. 军队建设必须在改革中前进

邓小平指出：“改革是全面的改革，不仅经济、政治，还包括科技、教育等各行各业。”（《邓小平文选》第三卷，第117页）根据邓小平的有关论述和指示，中央军委于1988年制定的《关于加快和深化军队改革的工作纲要》提出：军队改革的总任务，就是要建立适应国际战略环境，适应国民经济发展水平和国防建设需要、适应现代战争要求的军事体制和运行机制，把我军建设成为具有中国特色的现代化、正规化革命军队。邓小平对我军改革的重点和必须遵循的基本原则，做出一系列重要的理论阐述。他一方面强调现阶段我军必须把搞好体制改革作为一个重点问题来抓，另一方面，他要求军队改革必须积极而稳妥地进行，强调“胆子要大，步子要稳。”（《邓小平文选》第三卷，第118页）

3. 军队必须减少数量，提高质量，增强战斗力

早在1975年邓小平就指出：“现在，好多优良传统丢掉了，军队臃肿不堪。军队的人数增加很多，军费开支占国家预算的比重增大，把很多钱花费在人员的穿衣吃饭上面。更主要的是，军队膨胀起来，不精干，打起仗来就不行。”（《邓小平文选》第二卷，第1页）邓小平还进一步指出精简军队与提高战斗力的关系，他说：“军队要提高战斗力，提高工作效率，不‘消肿’不行。”（《邓小平文选》第二卷，第285页）对于我军如何减少数量、提高质量的问题，邓小平着重强调了三点：一要进行体制编制整顿，从体制、编制上解决“肿”的问题。二要把精简军队与体制改革结合起来，通过体制改革来克服我军存在的一些弊端，有效地提高战斗力。三要通过健全各种制度来精简军队。实践证明，只要认真贯彻落实邓小平的这些基本要求，就能够通过减少数量、提高质量来保证我军战斗力的不

断增强。

（四）提出了新时期军队建设必须采取的全局性措施

为了确保我军“三化”建设总目标的实现，邓小平在全面总结我军建设经验的基础上，根据未来战争的要求和我军现阶段建设中存在的薄弱环节，从理论的高度提出了一系列关乎国防和军队建设全局的重大战略举措：

1. 把教育训练摆在战略位置

1975 年，他强调“要把训练放在战略问题的一个重要位置上”（《邓小平文选》第二卷，第 21 页）。1977 年邓小平再次复出后，在当年 8 月召开的军委座谈会上，又专门以《军队要把教育训练提高到战略地位》为主题作重要讲话。以后他又反复强调这个问题。在邓小平这一思想指引下，全军达成了共识，形成了制度，教育训练出现了新局面。

2. 培养和造就一大批治军人才

国防和军队建设发展的关键在人才，人才培养的关键在教育。他提出要通过办学校解决干部问题。在他主持军委工作期间，先后四次召开全军院校工作会议，研究解决加强院校建设的一系列重大问题，理顺了初、中、高三级培训体制，形成了具有我军特色的院校体系，把我军院校建设推进到一个崭新的阶段。

3. 依法建设和管理部队

根据邓小平的意见，1977 年军委会议制定并通过了 9 个决定、条例，内容包括教育训练、武器装备、编制体制等许多方面。十一届三中全会后的一段时间，在邓小平领导下，先后制定颁发了 60 个军事法规。法规建设是一项基础建设、长远建设。邓小平主持制定的一整套法规制度，是长期指导和规范国防和军队建设的重要法典，是新时期治军的依据，同时也为我军依法建设和管理部队开辟了道路。

4. 恢复发扬我军的优良传统和作风

军队的优良传统和作风是一种无形的战斗力和无价的精神财富。对此，邓小平格外珍视，并从中提炼概括出“五种革命精神”，号召全军予以发扬。直到党的十四大前夕，他还一再谆谆嘱咐全军要发扬优良传统，保持老红军的本色。按照邓小平的要求，我军始终保持着优良传统和作风的优势。

二、江泽民军事思想内容

1989 年 6 月，中共十三届四中全会选举江泽民为新任中央总书记，同年 11 月五中全会上确认江泽民接替邓小平成为中央军委主席。我们军队的建设与领导便在十四大后正式进入了新的时代。

江泽民身为中共第三代领导的核心，在面对后冷战时期新的国内外情势时，对于军事问题势必需要有新的论述及系统分析。江泽民虽然不若毛泽东军事著作丰富，而且有一套独特的战争思维；同时也不若邓小平军事、政治经验充足，但江主席主持军委工作多年，也曾主动或被动地提出一系列军事主张，并且领导制定了我军新时期的战略方针。而就在这些累积过程中，江主席的军事思维架构也逐渐成形。

在文献研究上，江泽民的具体军事思想反映在其公开言论上，也见于我党及军委所发表的许多文件当中。其军事思维基本上在确立新军事斗争的立足点在于能打赢现代技术特别是高技术条件下的局部战争，主要意涵就是江泽民在 1990 年 12 月我军全军军事工作会议上所谈及的“五句话”，亦即“政治合格、军事过硬、作风优良、纪律严明、保障有力”。次年 7 月，在纪念中国共产党成立七十周年大会上，江泽民又重复了这些观点。而这些看法也逐渐成为中国人民解放军新时期建军之主要原则。1995 年 4 月，中共中央军委依此颁布了《军队基层建设纲要》，这是江泽民“五句话”思想的具体表现。

江泽民提出的“五句话”总要求，思想深刻，内涵丰富，意义深远。从指导思想上讲，“五句话”体现了邓小平新时期军队建设思想和军委新时期军事战略方针；从军队建设的内涵上讲，“五句话”揭示了部队建设特别是新时期军队建设的内在规律，高度概括了部队战斗力的基本要素；从我军的发展趋势来讲，“五句话”反映了加强质量建设、走有中国特色精兵之路的必然要求。“五句话”既规定了军队建设的方向，又明确了具体标准，是新时期军队发展的指针。

这五方面内容，共同构成了新时期人民军队建设的目标体系，统揽、规范了基层建设的主要内容，集中反映了新时期军队建设的客观规律。

总的来说，这五项原则各有其特色，分别从五个层面探讨新时期军队的改革与建设。而就整体发展而言，五者也息息相关，有其一贯性。

三、胡锦涛军事思想内容概要

胡锦涛国防和军队建设重要论述，是对毛泽东军事思想、邓小平新时期军队建设思想、江泽民国防和军队建设思想的继承和发展。

胡锦涛国防和军队建设重要论述的主要内容如下：

军队现代化建设的指导思想：把科学发展观作为重要指导方针。用科学发展观统领国防和军队建设全局，是适应国家安全形势发展变化的迫切要求，是实现富国和强军的必然要求；用科学的发展思路、科学的发展模式、科学的发展方法，解决发展中的问题，切实把军队建设转入科学的发展轨道，在新的起点上推进国防和军队现代化建设，是军队建设的内在要求；科学发展观指导下的国防和军队现代化建设的发展，必须是融入国家现代化战略全局、与国家安全和发展利益相适应的发展；是注重全面建设，革命化、现代化、正规化相统一的发展；是坚持以人为本、推进军队建设与促进官兵全面发展相一致的发展；是走中国特色精兵之路、速度质量效益相协调又好又快的发展。

1. 军队现代化建设目标

建设一支听党指挥、服务人民、英勇善战的革命军队。听党指挥、服务人民、英勇善战，是人民军队的性质、宗旨、本色，也是新形势下军队现代化建设的根本目标和根本要求。

军队现代化建设的原则：按照革命化、现代化、正规化相统一的原则，加强军队全面建设。胡锦涛强调：“着眼有效履行新世纪新阶段我军历史使命，始终坚持我军听党指挥、服务人民、英勇善战优良传统，按照革命化、现代化、正规化相统一的原则，推动部队建设又好又快发展。”按照“三化”相统一的原则加强军队全面建设，反映了建军治军的基本规律。

2. 军队现代化建设的方法

统筹兼顾是实现国防和军队现代化的根本方法。胡锦涛在 2006 年 3 月 11 日十届全国人大四次会议解放军代表团全体会议上强调：“要坚持以现代化建设为中心，科学统筹军队建设和改革的全局，努力发展应对多种安全威胁、完成多样化军事任务的能力。”【《人民日报》，2006 年 3 月 12 日。】

3. 军队现代化建设的动力

以改革创新推动军队建设的整体转型。必须积极推进中国特色军事变革，把改革创新作为军队现代化建设的动力，实现军事理论、军事技术、军事组织、军事管理的全面创新。

中国特色军事变革的重点和目标是调整改革军队体制编制和政策制度运作方

式，逐步形成一整套既有中国特色又符合现代军队建设规律的组织模式、制度安排。改革的基本思路是，以解决制约军队现代化建设的突出矛盾和问题为突破口，集中抓好武器装备、体制编制和政策制度等的重点建设和改革，通过局部跃升、关键性改革带动整体协调发展。

四、习近平军事思想内容

1. 观大势，全面论述军事创新思想

习近平说，世界新军事革命对我们既是机遇，也是挑战。世界新军事革命，不仅反映在军事科技突飞猛进上，也反映在军事理论不断创新上，还反映在军事制度深刻变革上。他还提到，我军的发展史就是一部创新史，我们党靠不断创新，逐步形成了一整套建军治军的原则和制度，创造了人民战争的战略战术，形成了我军的特有优势，我们比以往任何时候都更加需要继承和发扬军事创新这个优良传统。

习近平指出，当前形势下进行军事创新，应该重点把握四项原则。一是要坚持强军目标、积极引领。“建设一支听党指挥、能打胜仗、作风优良的人民军队，是党在新形势下的强军目标。”二是要坚持解放思想、转变观念。“勇于改变机械化战争的思维定式，树立信息化战争的思想观念；改变维护传统安全的思维定式，树立维护国家综合安全和战略利益拓展的思想观念；改变单一军种作战的思维定式，树立诸军兵种一体化联合作战的思想观念；改变固守部门利益的思维定式，树立全军一盘棋、全国一盘棋的思想观念。”三是要坚持抓住重点、整体推进。四是要坚持突出特色、自主创新。

2. 肃军纪，清除军队中的害群之马

“过去的一年，全军着力加强和改进政治工作，着力开展实战化军事训练，大力推进党风廉政建设和反腐败斗争，深入谋划推进军队改革工作，出色完成了一系列重大任务，贯彻强军目标取得了新的重大进展。”2015 年 3 月 12 日，习近平在出席十二届全国人大三次会议时如是说。

3. 强实战，在艰苦环境下摔打锻炼部队

习近平同志指出，能打仗、打胜仗是强军之要，必须按照打仗的标准搞建设抓准备，确保我军始终能够召之即来、来之能战、战之必胜。“召之即来、来之能战、战之能胜”由毛泽东提出，习近平将“战之能胜”改为“战之必胜”，对军队的战斗力提出了更高的要求。

4. 抓建设，为打胜仗提供坚实保障

2014 年 10 月 30 日，全军政治工作会议在福建省上杭县古田镇召开。1929 年在这里召开的古田会议，重申了党对军队实行绝对领导的原则。习近平正是在“新古田会议”上，提出了军队好干部的 5 条标准：对党忠诚、善谋打仗、敢于担当、实绩突出、清正廉洁。

习近平同志关于国防和军队建设的重要论述，深刻阐明了新形势下为什么要强军、强军目标是什么、怎么走中国特色强军之路等重大问题，是习近平同志系列重要讲话精神的“军事篇”，是凝聚强军意志、推进强军实践的强大思想武器，为加快推进国防和军队现代化提供了根本遵循。引发了中国军事思想观念的 4 个改变：

（1）改变机械化战争的思维定式，树立信息化战争的思想观念。

（2）改变维护传统安全的思维定式，树立维护国家综合安全和战略利益拓展的思想观念。

（3）改变单一军种作战的思维定式，树立诸军兵种一体化联合作战的思想观念。

（4）改变固守部门利益的思维定式，树立全军一盘棋、全国一盘棋的思想观念。

习近平强调，军事创新任务繁重，需要做的工作很多，在加强总体筹划的同时，应该重点把握以下原则要求。

一是要坚持强军目标、积极引领。党在新形势下的强军目标是党中央从全局上对国防和军队建设做出的战略筹划和顶层设计，指明了军事创新的方向、任务、重点，明确了军事创新的实现路径和检验标准。

二是要坚持解放思想、转变观念。军事创新同其他领域创新相比，要求更高、难度也更大。面对国家安全稳定遇到的严峻挑战，面对改革中的深层次矛盾和问题，更需要我们的思想观念有一个大的解放，勇于改变机械化战争的思维定式，树立信息化战争的思想观念；改变维护传统安全的思维定式，树立维护国家综合安全和战略利益拓展的思想观念；改变单一军种作战的思维定式，树立诸军兵种一体化联合作战的思想观念；改变固守部门利益的思维定式，树立全军一盘棋、全国一盘棋的思想观念。

三是要坚持抓住重点、整体推进。军事创新是个系统工程，需要统筹谋划、协调推进，牵住牛鼻子，抓住主要矛盾和矛盾的主要方面，通过抓重点把整体带动起来。

四是要坚持突出特色、自主创新。军事创新也要走中国特色自主创新之路，致力于巩固和扩大我们的优势。

习近平指出，我们的国防是全民的国防，推进国防和军队建设改革是全党全国人民的共同事业。要调动全党全国力量，齐心协力做好工作。要坚定不移走军民融合式创新之路，在更广范围、更高层次、更深程度上把军事创新体系纳入国家创新体系之中，实现两个体系相互兼容同步发展，使军事创新得到强力支持和持续推动。地方各级党委和政府在国防和军队建设改革中负有义不容辞的重要责任，都要以积极主动的精神支持军事创新，为推进国防和军队建设改革做出贡献。

练习题

1. 邓小平时代军事思想的总特点是什么？

2. 江泽民时代以及胡锦涛时代的军事思想有何异同？

3. 新时期习近平军事观念发生了哪些根本的变化？

第五章 现代国防与高科技

第一节 概述

“国防现代化”是一个与其他国家相比较、相联系的相对概念。它与一定的社会历史条件相联系而存在，是对于特定的时间而言的历史发展过程，因而它也是一个发展的概念，具有鲜明的时代特征。由于各个国家的社会制度、战略思想、经济水平、科技发展、工业基础以及地理条件等方面存在差异，实现国防现代化的方针、原则、途径和目标、规模与重点也各不相同。同一个国家在不同的历史时期和不同的国际环境下，国防现代化的具体含义也都有所不同。但提出实现国防现代化的国家，在总体上都是以当代世界发达国家的先进水平作为自己发展的参考，结合本国国情使国家的国防建设在总体上达到当代世界的先进水平，以适应在现代及未来战争条件下保卫国家安全、巩固与发展国防的需要。

国防建设以现代化为中心，是中国国防和军队建设的主要矛盾所决定的。中国国防和军队建设的主要矛盾，是现代战争的客观需要同国防现代化、军队现代化水平还比较低的矛盾。只有坚持以现代化建设为中心，不断提高国防现代化、军队现代化的水平，才能适应现代战争特别是高技术局部战争的客观需要，有效地维护国家的安全。中国国防现代化建设，必须从中国的实际情况出发，走有中国特色的国防现代化发展道路。国防现代化有着丰富的内容，其中国防科学技术的现代化是关键，军队的现代化是重点。实现国防现代化，要求国防科学技术要走在发展的前列，不断提高武器装备的现代化水平，为武装力量的现代化提供先进的物资技术基础。同时，要抓好国防人才、国防体制、国防动员、国防理论、国防法制等现代化建设，全面提高国家的综合国防力量。

科学技术现代化是国防现代化的关键。科学技术是第一生产力，已经成为当今时代的特征。在军事上，科学技术成果的广泛应用，不仅大大提高了武器装备的性能和威力，同时也促进了军人科学文化素质的大大提高。科学技术已经成为军队战斗力的重要因素之一。国防现代化是现代科学技术成果的综合体现，科学技术水平是衡量国防现代化程度的主要标志。国防现代化的需要促进了科学技术的发展。当代重大科技的研究开发，特别是高科技的研究开发，不仅投资多、周期长、风险大，而且需要知识、智力的高度密集。只有在这些方面具有独特优势的国防实力，才最有条件承担。国防现代化的需要，支持了最前沿科学的研究与发展，使最新的科学技术首先在军事上取得突破与发展。如现代核能技术、信息技术、航天技术、电子计算机技术等高技术成果，都是随着国防现代化的需要而迅猛发展起来的。

中国实现国防现代化，完全是为了确保国家的安全、维护世界和平。周恩来总理 1954 年在第一届全国人民代表大会的政府工作报告中，第一次提出了建设现代化国防的号召。1964 年第三届全国人大第一次会议，进一步明确提出了实现包括国防现代化在内的四个现代化奋斗目标。经过不断的努力，中国的国防现代化建设取得了巨大的成就，建立了比较完整的国防科研与国防工业体系；中国人民解放军已由过去单一的陆军发展成为包括陆军、海军、空军和战略导弹部队的诸军种、兵种合成军队；武器装备也得到了较大的改善和发展，掌握了导弹核技术和空间技术，进一步增强了遏制战争的能力，提高了中国的国际地位。中国共产党十一届三中全会以后，中国国防现代化建设进入新的历史发展时期，建设有中国特色的国防现代化取得了伟大成绩。

中国是一个社会主义国家，有丰富的自然资源和充足的人力资源，有较完整的科研和现代工业体系，有优越的社会主义制度和共产党的坚强领导，有光荣的优良传统和可以依赖的人民军队，已经具备了国防现代化的良好基础。中国有 2 万多公里的陆地边界线和 1.8 万多公里的海岸线，有众多的经济中心、军事要地和政治文化中心，需要具备全方位、大空间、多功能的国土防卫能力，要有为维护世界和平，与中国国际地位相称的国防力量。实现国防现代化，必须从中国的国情出发，面向世界，坚持积极防御的战略方针，以建设一支有实战能力的现代化军队为核心，大力发展国防科技和武器装备的现代化，把培养现代化人才放在优先地位；坚持改革开放，走独立自主、自力更生、军民兼容、平战结合的国防现代化道路；贯彻精干的常备军与强大的后备军相结合、常规力量与战略核力量相结合、国防实力与国防潜力相结合的方针。充分利用有利的国际环境，发挥社会主义制度和现代人民战争的优势，在着眼于增强综合国力和积累国防力量的基础上，全面筹划，协调一致，加速国防现代化的进程。随着国民经济与科学技术的进一步发展，具有中国特色的国防现代化水平将不断提高。

国家的经济实力是国防现代化的基础。国防现代化建设是国家综合力量的体现。国家的防卫能力依赖于经济的发展。国防现代化建设必须以国家经济建设为基础，并与国家经济建设的发展相适应。加强现代化经济建设，提高整个国家的经济实力，才能为国防现代化创造更有利的条件和提供更雄厚的物质基础。国防现代化对国家经济建设除了具有依赖作用外，还具有促进与保证作用。即能在较大范围的各个层次上，对国家经济、政治、科技的发展产生巨大的直接或间接效益，成为国民经济发展的动力。国防现代化建设是人力、财力、物力和技术高度集中的领域，体现了国家的最先进水平。因而国防科技和国防工业向民用方面的扩散和转移，以及人才、智力、先进管理模式和军事设施等多种途径的军民兼容的综合作用和综合效益，将大大促进国民经济的高度发展。

国防现代化是中国实现工业、农业、国防和科学技术四个现代化的目标之一。中国国防现代化的主要内容有：

（1）继承和发展毛泽东军事思想，运用正确的战略方针和作战指导原则。

（2）实现武器装备的高度机械化、电子化、自动化、标准化、通用化、系列化与智能化。

（3）把国防教育提到战略地位，培养在政治、军事和科学文化素质上适应现代战争要求的国防建设人才。

（4）建立现代化的军事指挥系统和国防工程设施。

（5）后勤保障现代化。

（6）实行科学的编制体制和兵员动员制度。

（7）建立先进的和相应规模的国防科研和国防工业体系。总的要求是要在现代条件下，赋予人民战争以现代化内容。

现代化的国防是最新科学技术成果的综合体现。实现国防现代化的关键是科学技术现代化。国民经济建设是国防现代化建设的基础。要实现国防现代化必须首先把国民经济搞上去。中国实现国防现代化是为了抵御外来侵略，保卫社会主义现代化建设。中华人民共和国建立后，中国共产党和中央人民政府十分重视国防现代化建设，已逐步建立起比较完整的国防科研和国防工业体系，武器装备已有较大的改善，中国人民解放军已由过去单一的陆军发展成为包括陆、海、空军和火箭军的诸军种、兵种合成军队。随着国民经济和国防科技的不断发展，国防现代化水平将不断提高。

我国国防和军队现代化建设“三步走”战略：

第一步，到2010年，重点是压缩规模、优化结构和发展性能先进的武器装备，为今后发展打下较好基础。

第二步，到2020年，力争基本实现机械化，信息化建设取得重大进展。

第三步，到2050年，实现国防和军队现代化。

练习题

1. 什么是国防现代化建设?

2. 中国国防现代化的主要内容有哪些?

3. 我国国防和军队现代化建设的战略是什么?

4. 结合自己了解的实际情况，简述我国为什么要进行国防现代化建设?

第二节　现代国防特征

国防，是一个国家防御外来力量入侵的能力，是指为捍卫国家主权、领土完整，防备外来侵略和颠覆，所进行的军事及与军事有关的政治、外交、经济、文化等方面的建设和斗争。国防伴随国家的产生而产生，服务于国家利益。丘吉尔有一句名言：“我们没有永恒的朋友，也没有永恒的敌人，只有永恒的利益。”此言语中的国防直接关系国家的安全、民族的尊严、社会的发展。

现代国防又叫社会国防、大国防、全民国防，包括武装建设、国防体制、军事科技和工业、国防工程、军事交通通信、人力动员、国防教育、国防法规诸多方面，是一个庞大而复杂的系统。从最高元首到每个公民，从军事到政治、经济、文化、教育、科技和意识形态都与之密切相关。

现代国防以军事力量为核心，还包括有关的非军事力量；它重视国家的战争潜力，特别是战时的动员效率；它还是以经济和科技为主的综合国力的竞争。现代军队是知识和科技密集的武装集团，强调质量建军胜过“人海战术”。和平时期国防的作用是威慑，要求不战而胜；战时国防的责任是抵御外来侵略，目标是胜利。

国防的意义在于国防的主体是国家，国防的目的是捍卫国家主权、统一、维护国家的安全、保卫国家的领土完整，根据《中华人民共和国国防法》的规定，我国的国防手段包括军事活动以及与军事有关的政治、经济、外交、科技、教育等方面的活动。

国无防不立，民无防不安。作为一个国家、一个民族，最重要的无非两件大事。一个是发展问题，一个是安全问题。国防是人类社会发展与安全需要的产物。它是关系到国家和民族生死存亡的根本大计。

一、国防的四种类型

1. 扩张型

大国为了维护本国在世界各地的利益，奉行霸权主义，侵略、颠覆和渗透他国。

2. 自卫型

主要依靠本国力量，广泛争取国际支持，防止外敌入侵，维护本国安全。坚持和平自主的防卫原则，永不扩张，也不容别国侵犯我国一寸土地。

3. 联盟型

以结盟形式，联合他国弥补自身力量的不足。又分为扩张和自卫型，还可分为一元和多元联盟，前者有一个大国做盟主。

4. 中立型

中小发达国家严守和平中立的国防政策，制定总体防御战略和寓兵于民的防御体系。如瑞士。

中国追求和平崛起属于积极防御自卫型的国防。

国际形势日渐缓和，霸权主义和强权政治依然横行。居安思危，我国既要加速发展，也要确保安全。“国富”“兵强”是我国屹立于世界民族之林的两大支柱。

二、现代国防的基本特征

1. 国家利益的整体性

国家的根本利益集中体现在安全和发展两个方面。安全问题主要是解决生存和不被侵略的问题；发展问题主要解决和平时期建设与外部环境问题。而安全与发展权益的获得和保障，最根本的是依靠国防的强大。只有安全稳定的国内、国际环境，国家才能发展；只有发展，国家安全防务才有建设与巩固的基础。而这是相辅相成的有机整体。

2. 国防力量的综合性

3. 斗争形式的多样性

战争是国防斗争最基本，也是最高的表现形式，但是国防斗争不仅是军事实力的较量，同时还包括政治、经济、外交等其他形式。

4. 国防目标的多层性

由于各国的国家利益不同，其所制定的战略也不同，再加上各国军事实力和综合国力的差异，就使得现代国防呈现出多层次的目标体系。

国防建设系统的协调性

现代国防建设是一个以科技为龙头、以经济为骨干，通过总体性的战略运筹，谋求综合国防效益的有机系统。

国防现代化是一项复杂的系统工程，是多种制约因素有机联系的整体，表现为物质的和精神的各个方面，它涉及国家的军事、政治、经济、科学、文化、外交等各个领域。其主要内容包括：

（1）军事思想的现代化 先进的军事思想、反映现代战争规律的战略战术，是国防力量的重要组成部分，对国防现代化建设具有强大的指导作用。

（2）军队的现代化 军队是国防的主体，是保卫国家安全的柱石。

军队的现代化是国防现代化的核心。它主要包括三个方面，即：武器装备技术的现代化，人才的现代化以及体制编制的现代化。武器装备技术的现代化是军队现代化的物质基础和重点，是衡量国防现代化的重要标准。要及时汲取和运用最新的科学技术成果，改进、创新武器系统和军事技术装备，以适应现代战争的需要。人才的现代化是实现军队现代化的关键。要培养适应现代战争要求的人才，造就具有现代军事理论、科学文化和科学管理知识，能掌握和驾驭现代武器技术装备和作战方法的指挥人员与技术人员。体制编制的现代化是使现代化的武器技术装备和高素质的人才紧密结合起来，发挥整体效能的重要环节。要建立能适应不同作战任务要求的机构精干、指挥灵便、反应迅速、效率高、战斗力强的诸军种、兵种合成的军队。

（3）国防科研和国防工业体系的现代化 这是国防现代化不可缺少的物质技术基础。主要包括：国防科研的基础研究课题和应用研究课题要达到世界先进水平；具有现代化的科研体制、研究手段和科学管理。国防工业要达到生产工具、生产结构、生产组织、劳动力构成的现代化，并形成高效率的集约型生产体系。

（4）国防法规体系和战争动员制度的现代化 即建立高效能、完善的国防法规体系和战争动员制度，以把握方向，指导、保证国防实力的建设和积累与发展国防潜力，并确保在需要时使国防潜力得以迅速顺利地转化为国防实力。

（5）国防基础设施和战场建设的现代化 它也是国防建设的重要组成部分，是使具有现代化武器技术装备的现代化军队充分发挥作用的必要条件。要建设符合现代战争要求的，能有效地保存有生力量的国防基础工程和战场设施，充分重视预警系统，战场监视系统，指挥、控制、通信和情报系统，电子战和反电子战等战场设施的建设。

国防现代化与经济、科学技术、国家的经济实力是国防现代化的基础。国防现代化建设是国家综合力量的体现。国家的防卫能力依赖于经济实力的发展。国防现代化建设必须以国家经济建设为基础，并与国家经济建设的发展相适应。加强现代化经济建设，提高整个国家的经济实力，才能为国防现代化创造更有利的条件和提供更雄厚的物质基础。国防现代化对国家经济建设除了具有依赖作用外，还具有促进与保证作用。即能在较大范围的各个层次上，对国家经济、政治、科技的发展产生巨大的直接或间接效益，成为国民经济发展的动力。国防现代化建设是人力 、财力、物力和技术高度集中的领域，体现了国家的最先进水平。因而国防科技和国防工业向民用方面的溢流、扩散和转移，以及人才、智力、先进管理和军事设施等多种途径的军民兼容的综合作用和综合效益，将大大促进国民经济的高度发展。

练习题

1. 现代国防的意义是什么？

2. 国防现代化是一项复杂的系统工程，主要内容包括那些？

3. 现代国防的基本特征有哪些？

4. 结合自己了解的情况，简要说明军队现代化是国防现代化的核心。

第三节　强大的我国国防

强大的国家需要强大的国防。在鸦片战争后的100年间，由于清政府的腐败无能，闭关自守，没有建立一个有效的国防体系，我们的国家受到世界列强的欺侮，割地赔款，丧权辱国，使香港、澳门的国土脱离中国版图近一个世纪。新中国成立后，随着中国的日益强大，香港、澳门终于回归祖国的怀抱。我们清醒地认识到，只有建立强大的国防才能成为一个强大的国家。

天安门前，党和国家领导人检阅正在通过的三军仪仗队。整齐的步伐，威武的队列，以压倒一切的气势勇往直前。先进的武器装备，尖端的导弹，呼啸而过的战机，向世界展示了国家的强大国防。观礼台上的外国武官和来宾无不惊叹强大的中国，连连称赞。几个世纪前，郑和七次下西洋，不仅将文明传到西方，也向西方展示了国家的强盛。今天，我们的军舰巡航四大洋，受到所到国家的热烈欢迎，国民争相参观，夸赞我们的现代化军舰好，显示了国威，海外华人更是激动得热泪盈眶。我们的军队是一个热爱和平和不可战胜的军队，是一个威武之师，是一个文明之师。

然而在和平的今天，有许多人的国防观念非常淡漠，有的人甚至没有。例如每年“九·一八”空袭警报演习，许多人听到都没有反应，有的国防设施被人为损坏。国防观念要加强，需要全社会的广泛参与，国防教育要从我们中学生做起。

我们要建立强大的国防，必须具备以下条件：

第一，科技生产力的提升。科学技术的飞速发展，为国防现代化奠定了坚实的科学技术基础。中国国防武器的每一次进步，都展示了我们科技的进步，都是先进科学技术转化为生产力的实例。

第二，科技人才的培育储备。中国在20世纪末就启动了为国防事业培养科技人才的计划，国防生的培养、大学生的入伍，硕士生、博士生的加入，都为中国国防事业的发展，打下了良好的人才基础。

第三，科研经费的大量投入。科学技术对经济发展、社会进步、人类生活质量的提高、国家综合国力的增强起着巨大的作用。现代社会离不开科技，并对科技的发展提出了更高的要求，寄予更多的希望，对科学研究活动的投入日益增加。面对如此重要而且投入与影响逐年增加的科学研究活动，如何科学合理地对科研经费的分配、使用、产出进行管理，引起各国政府预算部门、拨款部门、经费使用、成果应用部门以及其他社会各界的广泛关注，要求对国防科研经费进行科学有效管理的呼声越来越高。在当前国家财力相对不足的条件下，虽然近年来我国加大了对国防科研活动的资源投入力度，但与其他国家相比，其绝对值与比例仍然处于较低水平。

第四，各方面的强力支持。随着国际局势的变化和国际冲突的发生，全国人民对“落后就要挨打，强国必须强军”有了更深一步的认识。只有全国人民对国防建设事业的大力支持，我们才会越来越强大。

第五，创新精神的解放。习主席指出，创新能力是一支军队的核心竞争力，也是生成和提高战斗力的加速器。我们要进一步增强紧迫感和责任感，自觉创新、勇于创新、善于创新，不断开拓强军兴军伟大事业新局面。

随着我军科研技术的飞速发展，军队装备得到了长足的发展，新装备、新武器不断装备部队，主要有：

1. 094 型核潜艇

该型潜艇是中国有史以来建造的排水量最大的潜艇，相比于上一代“夏”级核潜艇，该艇无论在隐蔽性、传感器还是推进系统可靠程度方面都有较大提高（图 5-1）。

图 5-1 094 型核潜艇

2. 99A2 式主战坦克

99A2 式主战坦克是我国在 99 式主战坦克基础上研制出的一种火力、防护能力、机动性、信息化程度更高的新型坦克（图 5–2）。

图 5–2 99A2 式主战坦克

3. 中华神盾

由江南造船厂建造，已发展两代 052C 型防空导弹驱逐舰以及 052D 型驱逐舰（图 5–3）。

图 5–3 中华神盾

4. 歼 –31

中国代号“鹘鹰”，是中国航空工业集团公司沈阳飞机工业集团公司（简称：沈飞）研制的第四代双发中型隐形战斗机，采用双发、单座、固定双斜垂尾、蚌式进气道（图 5–4）。

图 5–4 歼 –31 战斗机

5. 运 -20 运输机

中国代号“鲲鹏”，是中国自主研发的新一代重型军用运输机，由中航工业第一飞机设计研究院设计、西安飞机工业集团为主制造，并于 2013 年 1 月 26 日首飞成功（图 5-5）。

图 5-5　运 -20 运输机

6. 反卫星武器

反卫星武器技术并不是什么新东西。美国早在 1959 年就对一种实际系统进行过演示，苏联也在 1968 年试验了其第一种反卫星武器。在冷战时期，两个超级大国更是使出浑身解数，研究各种类型的反卫星武器。一般来讲，反卫星武器有共轨式、直接上升式、定向能式和电磁干扰式 4 种类型。

7. “梦想之舰”辽宁舰（图 5-6）

图 5-6　辽宁舰

2011 年 7 月 27 日，中国国防部发布，中国正利用一艘废旧的航空母舰平台进行改造，用于科研试验和训练。世界上很多国家在航母的发展中都走过由改装起步的道路。通过改装，在尚没有能力建造大型水面舰艇的情况下，可以进行试验、积累经验、培训人才，还可以带动工业能力的提高和技术的发展。在中国，这也是根据中国的国情做出的决定。之前，世界上只有美、英、法、俄等9个国家拥有航母。在联合国安理会5个常任理事国中，中国是唯一没有航母的国家。中国从改造、恢复一艘废旧的航母起步，从无到有，实现了中国航母“零”的突破。

辽宁舰的服役，使中国近海防御战略加强。中国拥有1.8万多公里的海岸线和300万平方公里海洋国土。从1840年鸦片战争到1949年中华人民共和国成立，中华民族遭受来自海上的外国侵略达470余次。

中国有着漫长的海岸线和广阔的管辖海域，保卫国家海上方向安全，维护领海主权和海洋权益，是中国武装力量的神圣职责。武器装备的建设服从服务于国防政策和国家安全战略。航空母舰是目前人类所掌握与使用的最先进海上军事平台，被视作一个国家综合国力和海军实力的象征。中国正在研究航空母舰的发展问题，是为了增强维护国家安全与世界和平的能力，中国坚定奉行防御性的国防政策，绝不会因为发展先进武器而改变。中国近海防御的海军战略也没有发生转变。

中国航母的服役将使中国海军的战斗力、常规威慑能力和核威慑能力大增，真正成为一个战略性军种。这主要是基于以下几个方面：

首先，航母可以有效地统合中国海军水面舰艇力量。中国拥有亚洲规模最大的水面舰艇部队，如此众多的海上作战平台均只依靠岸上指挥所进行指挥，不能发挥集团作战的优势。一旦航母入役，可以以其为核心建立航母战斗群，形成一体化联合作战态势，大大提高战斗力。

其次，航母可提高中国海军的海上远程作战能力。航母实际上就是一个搭载飞机的平台，是一座海上机场。作为现代化远洋海军的核心力量，承担着为远洋海军舰艇编队或海军陆战队提供空中掩护和支援、远洋对空中地/海攻击、空中早期侦察/预警－指挥、电子战支援、空中加油以及中远程空中反潜巡逻等重任。

此外，航母将提高中国海基核力量的生存能力。过去中国海军以“空潜快”为主的兵力结构无法为核潜艇进入大洋提供有效保护，航母的装备和航母编队战斗力的形成则使弹道导弹核潜艇进入大洋有了可靠保护，提高了核威慑的可靠性。

8. 导弹家族

HQ－9A地空导弹，可以反飞机和反导弹，最大射程200千米，最大射高40千米，超过美制爱国者－3型的180千米的最大射程，成为独立于美俄防空导弹的另一种先进防空导弹，名列世界前三（图 5–7）。

图 5–7 导弹家族

HJ–9 是我军第三代重型反坦克导弹，有效射程为 100 ~ 5 000 米。它的威力和命中精度都达到了世界最先进水平，可以打烂目前任何一种主战坦克（图 5–8）。

图 5–8 HJ–9 反坦克导弹

9. WZ–10

携带空对地导弹，还在世界上首先携带空对空导弹，可以摧毁地面的车辆和坦克以及海上的快艇，还能攻击空中飞行的直升机。中国专家公开表示，WZ–10 进入世界前三。

图 5–9 WZ–10 空对地导弹

10. 北斗卫星导航系统

是中国正在实施的自主发展、独立运行的全球卫星导航系统。系统建设目标是：建成独立自主、开放兼容、技术先进、稳定可靠的覆盖全球的北斗卫星导航系统，促进卫星导航产业链形成，形成完善的国家卫星导航应用产业支撑、推广和保障体系，推动卫星导航在国民经济社会各行业的广泛应用。

卫星导航系统是重要的空间信息基础设施。中国高度重视卫星导航系统的建设，一直在努力探索和发展拥有自主知识产权的卫星导航系统。2000 年，首先建成北斗导航试验系统，使我国成为继美、俄之后的世界上第三个拥有自主卫星导航系统的国家。该系统已成功应用于测绘、电信、水利、渔业、交通运输、森林防火、减灾救灾和公共安全等诸多领域，产生了显著的经济效益和社会效益。特别是在 2008 年北京奥运会、汶川抗震救灾中发挥了重要作用。为更好地服务于国家建设与发展，满足全球应用需求，我国启动实施了北斗卫星导航系统建设。

北斗卫星导航系统的建设与发展，以应用推广和产业发展为根本目标，不仅要建成系统，更要用好系统，强调安全、质量、应用、效益，应遵循的基本建设原则有：

（1）自主性。中国将自主研发、建设和运行北斗卫星导航系统，北斗卫星导航系统可独立为全球用户提供高质量的服务。

（2）开放性。北斗卫星导航系统的建设、发展和应用将对全世界开放，为全球用户提供高质量的免费服务，积极与世界发达国家开展广泛而深入的技术交流与技术合作，促进卫星导航系统间的兼容性与互操作性，推动我们卫星导航技术的发展与导航系统产业的健康发展。

（3）兼容性。在全球卫星导航系统国际委员会（ICG）和国际电联（ITU）框架下，使北斗卫星导航系统与世界各卫星导航系统实现相互兼容与相互操作，使所有用户都能享受到卫星导航发展的成果。

（4）渐进性。中国将积极稳妥地推进北斗卫星导航系统的建设发展与导航系统的产业化发展，不断完善服务质量，实现各阶段的相互衔接。

北斗卫星导航系统致力于向全球用户提供高质量的定位、导航和授时服务，包括开放服务和授权服务两种方式。开放服务是向全球免费提供定位、测速和授时服务，定位精度 10 米，测速精度 0.2 米 / 秒，授时精度 10 纳秒。授权服务是为有高精度、高可靠卫星导航需求的用户，提供定位、测速、授时和通信服务以及系统完好性信息。

为使北斗卫星导航系统更好地为全球服务，加强北斗卫星导航系统与其他卫星导航系统之间的兼容与互操作，促进卫星定位、导航、授时服务的全面应用，中国愿意与其他国家合作，共同发展卫星导航事业。

练习题

1. 我们要建立强大的国防，必须具备哪些条件？

2. 你对我国的高科技军事武器还了解哪些？请举例说明。

第四节　高科技在现代国防中的运用

高科技武器是国防高技术综合集成的物化形式。国防高科技又是整个高科技的重要组成部分。在漫长的科技发展史上，基于国防的特殊需要，科学技术成果往往是产生于并首先应用于军事领域，然后再逐渐推广到民用领域。

国防高技术通常都是前沿的高技术，对整个高技术的发展起着先导和带动作用。实际上，大部分高技术都具有军民两用性。随着新技术革命的深入发展，“军用”与“民用”的界线已变得越来越模糊。一方面，现有绝大部分国防高技术都有用于民品生产的潜力，为发展经济服务。另一方面，市场上也有越来越多的先进民用技术适合军事需要。国防高技术的内容十分广泛。从目前情况看，发展的推动力主要来自信息技术、新材料技术、航天技术和新能源技术等高技术群，而生物技术和海洋技术的未来发展也将在国防高技术中占有重要地位。

概括地说，国防高技术应包括两个层次的技术：

一是支撑高技术武器装备研制的共性基础技术，如微电子技术、光电子技术、电子计算机技术、新材料技术、新能源和动力技术、仿真技术、先进制造技术等；

二是针对武器装备功能需要的应用技术，如探测技术、精确制导技术、C（U3）I系统技术、电子对抗技术、隐身技术、反隐身技术、航天技术、核武器技术和先进防御技术等。

高科技在军事上的应用有四种形式：精确制导技术、伪装隐身技术、侦察监视技术、电子对抗技术。

（一）精确制导技术（图 5-10）

图 5-10 精确制导技术

精确制导武器不仅是战略威慑力量，更是现代陆、海、空战中的常规武器，在战争中使用得越来越频繁，发挥着越来越重要的作用，受到世界各国军队的青睐。精确制导技术的出现，是第二次世界大战后军事技术最引人瞩目的进展之一。精确制导技术的迅速发展和广泛应用，对现代作战产生了巨大的影响。

在第四次中东战争期间，埃及和以色列之间展开了一场第二次世界大战以来最大的坦克战。开战头 3 天，以军在西奈半岛损失坦克约 300 辆，其中 77% 是被精确制导反坦克导弹击毁的。

在高技术武器面前，只有没被发现的目标，没有发现了打不到的目标，更没有打到了摧毁不了的目标——《美国在海湾战争后的报告》

（二）伪装与隐身技术

1. 天然伪装技术

充分利用地形、地物、夜暗和能见度不良的气候条件雾、雨、风、雪等隐蔽目标或降低目标的显著性。天然伪装因地制宜，简便、省时，无须更多的材料。

2. 迷彩伪装技术

迷彩伪装利用涂料、染料和其他材料来改变目标、遮障和背景的颜色及斑点图案，以消除目标的光泽，降低目标的显著性和改变目标外形。伪装迷彩可分为保护色迷彩、变形迷彩、仿造色迷彩、光变色迷彩、多功能迷彩等。

3. 植物伪装技术

植物伪装技术是利用种植植物、采集植物和改变植物颜色等方法对目标实施伪装的技术。

4. 雷达隐形技术

雷达隐形技术是一种不让雷达观测到的技术和方法，用于对付雷达侦察。这是一种最早出现、最常用的隐形技术，广泛应用于各种隐形武器上。

雷达是迄今为止最为有效的远程电子探测。它是通过发射雷达波，遇到目标进行反射，根据对雷达回波的散射能量来判定目标的存在并确定目标的位置。雷达隐形技术就是要实现对雷达波隐形，要使己方目标的雷达回波无法被敌方的侦察雷达探测到。

（三）侦察监视技术

侦察是军队为获取军事斗争所需敌方或有关战区情况而采取的措施。

我们讲的侦察是指在战争中或为战争做准备过程中所从事的获取敌方情况的工作。

侦察的直接目的是探测目标，具体可分为发现目标、识别目标、监视目标、跟踪目标和对目标进行定位。要达到探测目标的目的，一定要借助于技术手段和装备。现代侦察监视技术是指发现、识别、监视、跟踪目标并对目标进行定位所采用的技术。

现代侦察技术可以分为四个系统：

1. 地（水）面侦察监视技术

它是指在陆地（水）上进行的侦察与监视。其主要手段除传统的光学侦察外，还有无线电通信侦察、雷达侦察、地面传达侦察等。

2. 水下侦察监视技术

它是指利用水下侦察设备探测水下各种目标。水下侦察设备分为水声探测设备和非声探测设备。目前，水下激光探测处于探索阶段。

3. 空中侦察监视技术

它是指利用航空器在环绕地球的大气空间时对敌方军队及其活动、阵地、地形等情况进行的侦察与监视，具有灵活、机动、准确和针对性强的特点。

4. 空间侦察监视技术

它是指利用航天器的光电遥感器和无线电接收机等侦察设备获取情报的技术。它的特点是轨道高、发现目标快、侦察范围广。可以长期反复地监视全球，也可定期或连续地监视某一区域。它不受国界和地理条件的限制。

（四）电子对抗技术

电子对抗就是敌对双方为削弱、破坏对方电子设备的使用效能、保障己方电子设备发挥效能而采取的各种电子措施和行动，又称电子战。电子对抗分 3 个方面：电子对抗侦察、电子干扰和电子防御。电子对抗按电子设备的类型可分为雷达对抗、无线电通信对抗、导航对抗、制导对抗、光电对抗和水声对抗等；按配置部位又可分为外层空间对抗、空中对抗、地面（包括海面）对抗和水下对抗。机载电子对抗系统是现代电子对抗的主要手段。随着弹道导弹和卫星的发展，外层空间是一个新的战场，电子对抗在未来的现代化战争中，将对战略攻防起到重要作用。

电子对抗是随着电子技术在军事上的应用而逐步发展起来的。第二次世界大战期间，雷达的广泛应用促进了电子对抗的发展。1943 年 6 月，英军在空袭汉堡的战斗中首次使用箔条干扰物。1944 年 6 月，英、美军队在法国诺曼底登陆战役中，综合运用了各种电子对抗手段，对顺利登陆起了重要作用。20 世纪 60 年代以来，电子对抗技术，特别是机载电子干扰系统，在对付高空侦察飞机和干扰防空导弹制导系统方面已成为有效的战争手段。

1. 电子对抗侦察

又称电子支援措施，是用高灵敏度的探测系统搜索和截获敌方电磁辐射信号或声呐信号，经过分析、定位和识别获取敌方电子设备的技术参数和位置等情报，为实施电子干扰、电子防御和摧毁辐射源提供支援。

警戒接收系统是一种功能有限的电子对抗侦察系统。它在不太宽的频谱范围内搜索信号，并在运载器受到特定的雷达波照射且信号强度超过预定的电平阀值时告警。飞机、舰艇、坦克和车辆等各种运载器都可以携带警戒接收系统。

电子侦察卫星能进行全球性电子侦察。它具有覆盖面积大、侦察距离远的优点。当卫星飞到敌方照射区时，卫星上的定向探测系统在全频段上收集电磁辐射信号，经预处理后作短期存贮。当卫星转回己方照射区时，卫星上的遥测系统快速地将存贮数据发回地面；地面及时分析，提取特征信号，确定敌方电子设备的技术参数。卫星飞经每个照射区的时间是准确已知的，根据探测系统接收到信号的时间可以推算出地面电子设备的位置。

2. 电子干扰

为了削弱或破坏敌方电子设备效能而采取的电子技术措施。这种技术分为地辐射和转发电磁波或声波，制造假回波或吸收电磁波，以达到扰乱或欺骗对方电子设备，使其失效或降低效能。电子干扰按是否辐射能量可分为有源干扰和无源干扰；按干扰效果可分为杂波干扰和欺骗干扰。新式电子干扰系统均兼有杂波干扰和欺骗干扰两种工作状态，以造成恶劣的环境和虚假的多目标。干扰设备种类繁多。有源干扰有瞄准式、杂波－阻塞式、回答式和投掷式（辐射电磁波或红外线）。无源干扰包括无源诱饵和干扰物（反射材料）投放器。干扰物除箔条外，还有敷金属气悬体、激光干扰气悬体和空气电离气溶胶等。20世纪70年代以来，旨在降低飞机雷达散射截面和红外辐射强度的隐身技术有了新的突破。它能使敌方雷达（包括热雷达）的探测距离缩短一半或更多。

3. 电子防御

为了保护己方电子设备免受敌方侦察、干扰、定位和摧毁所采取的各种电子技术措施。这些措施可归纳为：①扩展频谱技术：利用扩频技术对自己的电子设备进行波形设计。调制的结果产生宽带低功率密度的伪噪声发射波形，它不易被敌方电子对抗侦察系统识别，只有通过对本机产生的复制信号进行相关处理，才能解调输出。②自适应天线技术：自适应地控制天线方向图，使其主波瓣指向所需信号，而将方向图的零值点对准各干扰源方向。③电子防御还有一些其他新的体制，如双基地雷达体制等。

4. 机载自卫系统

兼有机载警戒和干扰功能的综合电子战系统。现代战斗机和轰炸机用它来挫败敌方电子设备，突破敌方防御。它包含以下各主要设备：电磁波和红外线警戒接收机，各种噪声调制的干扰源，能实行距离、角度与速度欺骗的转发器，箔条和红外诱饵弹的投放器。全部警戒和干扰设备通过计算机组成程序可控的综合系统。它按威胁的严重程度排列顺序，适时地投放诱饵弹，选择最佳的干扰模式，分配干扰功率，引导干扰频率和瞄准干扰方向。它同时还监视威胁信号的变化，鉴定干扰效果，自适应地调整干扰模式。自卫系统还兼有为发射反辐射导弹提供目标参数的功能。

5. 弹载突防系统

采用干扰、欺骗和隐蔽等多种手段的综合电子系统。弹道导弹为突破敌方反弹道导弹防御系统，在外层空间可按程序连续地投放箔条，形成干扰走廊，还可投放充气金属化气球，造成虚假多目标，使反弹道导弹防御系统饱和。弹体碎块和贮箱也能构成假目标。再入大气层后，原先施放的箔条和气球会受大气过滤、摩擦和烧毁，这时可向弹头前方发射小型火箭作为诱饵。诱饵自备能源，能辐射电磁波和红外线，也可从再入体中施放系链式干扰物或再生干扰物。此外，弹头本体也采用隐身技术，例如改进外形，涂以吸波材料，以及控制弹头姿态使其始终指向防御雷达站等，以减小雷达散射截面。

第五节　矢志不渝国防情

迈入新世纪，我国面临着难得的发展机遇，也面临严峻的挑战。当今世界并不太平，战争的硝烟远未散尽，因民族、宗教、领土、能源等因素引发的局部战争此起彼伏，霸权主义、强权政治、“台独”势力都有新的发展并严重威胁我国安全。为了确保国家的长治久安，我们不仅要在物质上增强国防实力，还要在思想上提高全民族的国防意识，筑起牢固的"精神长城"。

一、国防意识培养是当前国防建设的战略任务

国防关系到国家的存亡、民族的兴衰。如果说国防是民族生存之盾，那么国防意识就是民族生存之魂。亚里士多德说过：“思想的防线是一个国家最廉价和最有效的国防。”因此，国防意识的培养是我国国防建设的战略任务，是维护国家安全统一和全面建设小康社会的重要保障。

历史证明，越是在和平时期，就越要重视培养公民的国防意识，古今中外的历史告诉我们，当战争恶魔降临时，人们的国防意识比较容易培养；而当身处和平年代时，人们的国防意识会随着时间的推移而渐趋淡化。在第二次世界大战前的相对和平的一段时间内，欧洲一些国家因迷醉于一时的“繁荣”与“和平”，致使许多青年泯灭了爱国热忱和尚武精神，结果在大战爆发时国土迅速沦入德国法西斯之手。当珍宝岛的枪声和老山的炮声离我们远去的时候，和平环境的“温室效应”使一些国人昏昏然，和平麻痹思想滋生，这是十分危险和可怕的认识，因为思想的腐蚀要比资源的丧失更可怕、更具毁灭性。革命先驱孙中山先生指出：“所谓固国家不以山溪之险，威天下不以兵革之利，其道何在？精神为也。”因此，在我们发展经济、全面推进小康社会建设的同时，绝不能思想麻痹、掉以轻心，

必须更加重视增强人们的国防意识，才能确保国家的发展和民族的复兴。

二、现实要求强化全民国防意识势在必行

重视国防则国存国安，轻视国防则国危国亡，这既是历史的结论，也是现实的呼声。当人们怀着企盼和平的心态迈入21世纪的时候，阿富汗的战火、伊拉克的硝烟把人们从梦中震醒，谁也没预料到新世纪之初迎来的是纷飞的战火和淋漓的鲜血，隆隆的轰炸声证明了21世纪并不是一个可以高唱赞美诗和安魂曲的时代。放眼当今世界，尽管和平与发展的基本趋势不可逆转，但天下并不太平，尤其是现在国际战略格局处于调整时期，霸权主义、强权政治依然存在，军事干涉主义进一步抬头。因此，强化全民国防意识，教育人们树立有备无患、居安思危的观念，无论对国防安全、经济建设还是社会的稳定等都具有直接的现实意义。

三、国防意识是当代青年学生必须具备的基本素质

可以预测的是，未来战争的胜负不仅取决于战场上的角逐，而且可以说在很大程度上取决于今天宁静校园里预先而无声的较量。青年学生只有在头脑中绷紧“国防弦”，从思想上筑起抵御侵略、保卫祖国的屏障，激发蕴藏在他们内心深处的民族自尊心、自信心和爱国情感，将来才能自觉投入建设国防和保卫国防的斗争中去，成为筑牢中华民族21世纪钢铁长城的生力军。从这个意义上说，加强青年学生的国防意识的意义极为深远，既能够使年轻一代理解和支持国防事业，形成热爱国防的良好社会氛围，又能够保证我国武装力量的未来成员具有良好的素质，保证国防的发展具有强大的后劲。梁启超曾说过：“故今日之责任，不在他人，而全在我少年。”作为新世纪振兴中华的当代青年学生，国防意识是其必须具备的基本素质。

四、学生军训是国防意识培养的最重要最有效的手段

学生军训是青年学生履行兵役义务，接受国防教育的基本形式，是培养学生国防意识的重要手段。新中国成立至今，党的三代领导核心都高度重视学生军训工作，做过许多重要指示。正是在党的三代领导核心的亲切关怀下，在各级政府的支持下，在广大学生军训工作者的默默奉献下，一代又一代青年学生牢固树立了国防意识，成为建设国防和保卫国家的栋梁之材。

1. 学生军训是国防意识培养的主要方式

当今世界各国无不把国防意识作为最高的社会公德来培养，特别是许多发达国家，更重视学生军训，更重视国家安全意识、忧患意识的培养，更崇尚民族自强精神。

加强全民的国防意识，首先必须加强青年学生的国防意识，提高他们的国防观念。而学生军训是青年学生接受国防意识培养的基本方式，也是当代大、中学生整个思想政治教育的重要组成部分。和平环境下的菁菁校园，容易使学生们的国防观念淡化，缺乏对国家的政治责任感和崇军尚武的意识等等，这是极为危险的。青年学生正处在世界观、人生观趋于成熟的关键时期，如果不对其进行必要的国防教育，激发他们的爱国主义热情，增强他们建设祖国、保卫祖国的义务感和责任感，将会极大影响他们的全面发展，也就很难建立一支高素质的国防后备力量队伍。因此，对青年学生进行军训，就抓住了国防意识培养的主战场，就抓住了保证我国社会主义性质不变和赢得未来战争胜利的关键。

2. 学生军训是国防意识培养最有效手段

青年学生来自社会的各个角落，他们有较高的科学文化知识，是未来国家建设各个领域的中坚力量，同时也是未来国防后备力量的主要来源。要提高青年学生的国防意识，最有效的途径就是对他们进行军事训练。通过学生军训，对他们进行爱国主义、革命英雄主义、忧患意识、民族自强意识以及国防参与意识等教育，激发他们的爱国之心、报国之情、强国之志，并通过他们强大的“辐射”和带动作用，推动全民国防意识的发展，使全体公民都树立居安思危、常备不懈、有备无患的国防观念。

练习题

1. 你是通过哪些途径了解国防知识的？

2. 你知道的军事节目有哪些？

第六节　工匠精神，逐梦成长

李克强总理在 2016 年《政府工作报告》中首提“工匠精神”，国务院常务会新闻通稿中首次使用“品质革命”这一提法，工匠精神是 2016 年政府工作报告新词。工匠精神是指工匠对自己的产品精雕细琢，精益求精的精神理念。

工匠精神的精髓是用心活、用心干、用心经营、用心诠释人生。匠人一般是指技艺高超的手艺人，也指有相当写作水平的人。这些人往往追求的是精湛的技术或艺术境界，所以，一般是说一个人对某种技艺或艺术以达到很高的水平。匠人精神是只要专注、踏实地做好一件物品，哪怕只是一枚螺丝钉，也能获得成功。匠人精神的第一要素是乐趣和热情。智路从九岁直到今天，除了生病以外，一天都没有休息过。他说："我喜欢反复的日常生活。我不喜欢休日。我在工作的时候最快乐！"我想，他之所以完成这么伟大的业绩，正是因为他热爱自己的工作。

《论语》中有这样的一句话："知之者不如好之者，好之者不如乐之者。"这一句话明确概括了匠人精神的第一要素。匠人精神的第二要素是坚持不懈。孔子曰："学如不及。"求知永无底止。这不限于某一特定范围，而适用于我们生活中的方方面面。在生活中，只要我们仔细观察，就不难发现那些不断研究、探索，在某一领域上独辟蹊径的人。孔子就是一位代表人物。像他自己说的"学如不及"一样，当许多弟子向他求知时，他一生从不骄傲自满，而不断地学习、积累并总结经验。匠人精神的第三要素是坚强和忍耐。我们一般把那些通过不断的努力超越一般境界的人叫作"匠人"。但我们周围缺少真正称得上"匠人"的人，是因为成为匠人，需要经历种种痛苦和挫折。勇敢地直面困难，坚强地走出困境时，才能达到匠人的境界。

工匠精神的内涵首先是注重细节，追求完美和极致，不惜花费时间精力，反复改进产品，提高产品质量，做到精益求精。其次是严谨，一丝不苟，不投机取巧，必须确保每个部件的质量，对产品采取严格的检测标准，不达要求绝不轻易交货。第三是专注、坚持。不断提升产品和服务，真正的工匠在专业领域上绝对不会停止追求进步，无论是使用的材料、设计，还是生产流程，都在不断完善。第四是专业、敬业。工匠精神的目标是打造本行业最优质的、其他同行无法匹敌的卓越产品。在我们的部队中，正是这样的士兵，才把我们装备的性能发挥到极致，让我们新装备的性能达到充分的展现，更是他们的专注和敬业，成就了一批又一批的终极英雄。

工匠精神精神传授

"一切手工技艺，皆由口传心授。"

——香奈儿首席鞋匠

传授手艺的同时，也传递了耐心、专注、坚持的精神，这是一切手工匠人所必须具备的特质。这种特质的培养，只能依赖于人与人的情感交流和行为感染，这是现代的大工业的组织制度与操作流程无法承载的。“工匠精神”的传承，依靠言传身教地自然传承，无法以文字记录，以程序指引，它体现了旧时代师徒制度与家族传承的历史价值。我军严格遵守纪律，一切行动听指挥；艰苦奋斗，不怕牺牲的优良传统，也是一代一代传承下来的。

“工匠精神”在当今部队管理中有着重要的学习价值。当今青年人心浮气躁，对待生活的态度发生了很大的变化，当他们来到部队，通过部队的教育和部队文化的影响，他们逐渐坚定了自己的信仰，不断地提高自己的自身素质与精神境界，使他们成为真正具有“工匠精神”的优秀士兵，积极地为国防事业贡献自己的青春和年华。

国务院总理李克强2016年3月5日做政府工作报告时说，鼓励企业开展个性化定制、柔性化生产，培育精益求精的工匠精神，增品种、提品质、创品牌。“工匠精神”出现在政府工作报告中，让人耳目一新，有媒体将其列入“十大新词”予以解读。古语云：“玉不琢，不成器”。工匠精神不仅体现了对产品精心打造、精工制作的理念和追求，更是要不断吸收最前沿的技术，创造出新成果。

工匠精神落在个人层面，就是一种认真精神、敬业精神。其核心是：不仅仅把工作当作一种职业来做好，而是树立起对职业敬畏、对工作执着、对产品负责的态度，极度注重细节，不断追求完美和极致，给客户无可挑剔的体验。将一丝不苟、精益求精的工匠精神融入每一个环节，做出打动人心的一流产品。

与工匠精神相对的，则是“差不多精神”——满足于90%，差不多就行了，而不追求100%。我国制造业存在大而不强、产品档次整体不高、自主创新能力较弱等现象，多少与工匠精神稀缺、“差不多精神”显现有关。

德国制造——传承百年的工匠精神

从根子上寻找“德国制造”的灵魂，应该是一种工匠精神。锐意臻美、严谨理性的日耳曼民族，信奉标准主义、完美主义、精准主义、专注主义和实用主义。这些文化特征深深地根植于“德国制造”，成为百年传承的灵魂根基。

从一则小故事说起，20世纪初，德国的泰来洋行承建了甘肃兰州的一座桥梁，

1909年竣工，按照当时的合同规定，该桥自完工之日起保证坚固80年。这座桥梁屹立至今，在1949年解放兰州的战役中，经历了枪林弹雨，桥面木板被烧，斑驳的桥梁上留下了深深的弹痕，但桥身安稳如初。到了1989年，在距桥梁建成80年之际，德国专家专程对该桥进行了检查，并提出加固建议，严谨的德国人同时不忘申明合同到期。如今，这座桥梁仍然在照常使用。

从上面简单的一则故事，我们读出了“德国制造”的卓越品质，就算经历上百年的风雨考验，依然坚实如初，这就是“德国制造”的魅力。正因如此，“德国制造”赢得了全世界消费者的认同。小到剃须刀、手表、家用刀具，大到汽车、联合收割机、航天飞机，“德国制造”给世人的感觉可以用五个词来概括：耐用、务实、可靠、安全、精密。这也是百年“德国制造”所传承下来的精髓和经久不衰的秘密。

德国开展工业革命的时间比英法两国晚了三十多年。由于分裂的原因，德国的工业化进程步履蹒跚。1871年，德国实现了统一，“德国制造”的前进步伐开始加速。但是，发展的路途并不平坦。

起初，“德国制造”由于大量仿制英国制造的机器产品，引起了英国厂商的不满。19世纪80年代，英国人对德国所制造的山寨产品，特别是质量低下的机床设备嗤之以鼻。当时英国机床厂商曾指责德国人仿造的机床破坏其产品名声，并强迫德国厂家在机床产品上标出“德国制造”的字样。1887年，英国议会修改了《商标法》，规定所有由德国出口到英国的物品都必须标明“德国制造”，以此将“德国制造”的劣质产品与英国制造的优质产品区别开来，“德国制造”的蔑称由此得来。

为了改变“德国制造”的形象，德国人改革创新，锐意进取，通过对传统产业的技术改造和对产品质量的严格把关，大力发展钢铁、化工、机械、电气等制造业和实体经济。

借力第二次工业革命的东风，以电能、内燃机和化学为代表的“德国制造”在19世纪末、20世纪初如雨后春笋般迸发盎然生机，征服了全世界。一些享誉世界的名牌开始出现，如汽车领域的奔驰、电气领域的西门子、化学领域的拜耳等。过去那种质量次和精度低的形象开始被优质和高精度的形象所取代，“德国制造”脱颖而出，其含义也大为不同，并从此确立德国在机器设备制造领域的领先地位。

两次世界大战给“德国制造”打上了负面和耻辱的标签。二战结束后，“德国制造”开始走“和平化”道路，致力于为大众提供各种消费品。20世纪50至70年代，面对日本厂商在钢铁、汽车、照相机和家用电器等行业中标准化和大批量生产所带来的激烈竞争，“德国制造”依赖其灵活的产品设计，开辟了小批量定制模式，主要关注工艺技巧密集产品的制造，把生产重点转移到对技术和投资要求更高的机械工具的模具设计、大型工业设备、精密机床和高级光学仪器等领域，尽可能制造出在质量、性能、用途和规格等方面独一无二的产品。

这一时期“德国制造”的机械产品三分之二都是小批量生产的，而在规模生产方面，“德国制造”则突出其在技术、产能、品质、安全和舒适性等方面的特色。汽车制造就是典型例子，大众、宝马、奔驰、奥迪等品牌的汽车驰骋国际。汽车制造业被誉为德国“工业中的工业”，德国是欧洲最大的乘用车生产商，欧洲市场超过三分之一的轿车是由德国厂商制造的。同时，以化工、制药、电子和信息等为代表的高新技术产业有了迅速发展，一些巨型的跨国公司开始长袖善舞，如默克制药、巴斯夫化学和博世工业等。

2008年金融危机给世界极大的震撼，人们回过头来才发现实体经济尤其是制造业的重要性。“德国制造”成为德国经济逆势复苏和率先走出衰退的主导产业，也是欧洲经济最重要的一剂强心针。

“德国制造”不仅是德国企业的共有品牌，而且也是德国经济的世界名片。从最初的技术模仿到自主创新；从追赶英美到跨越式发展，最后自成体系；从追求规模数量到关注质量和品质，最后集中于工艺技术和研究密集型产品的生产，这一切都证明了“德国制造”的独一无二。

在世界500强中，虽然大的德国企业不多，但至少有1 000个细分市场的隐形冠军是德国企业。这就是“德国制造”的灵魂：小而精，精而美，追求技术、质量与工艺的完美结合而非规模的膨胀。除此之外，最值得注意的是，“德国制造”拥有无数个百年老店，秉承着一以贯之的传统，从优秀到卓越，成为基业长青的典范。例如1731年成立的双立人公司，最初推出了“双立人品牌”厨具和刀具以及各式西餐餐具，后又逐步延伸至不锈钢桌面产品、军刀和美甲产品等，成为制造优质不锈钢制品的行业领导与先锋。

“德国制造”的华丽蜕变离不开科技创新、严谨规范的标准化、质量认证体系和人才的培养，但从根子上寻找“德国制造”的灵魂，应该是一种工匠精神。锐意臻美、严谨理性的日耳曼民族，信奉标准主义、完美主义、精准主义、专注主义和实用主义。这些文化特征深深地根植于“德国制造”，成为百年传承的灵魂根基。

练习题

1. 为什么要学习工匠精神?

2. 你对中国制造了解吗?

第六章　应急救护

第一节　救护新概念

一、概述

随着现代社会的飞速发展，人们生活水平的不断提高，各种心脑血管急症、交通事故、严重创伤、急性中毒等突发事件逐年增多，人们对突发公共卫生事件的应急处理和现场救护的需求愈来愈大。向广大人群普及现代急救护理观念和技能，显得更为重要。让我们在面临灾难的时候不再无助和绝望。让伤害来临时不是在无知中等待，从而错失救命的关键时刻。如图 6-1 为事故现场图片。

图 6-1　事故现场

急救的最基本的目的就是挽救生命。急救，即施救者在医护人员到达前，按医学护理的原则，利用现场适用物资临时及适当地为伤病者进行的初步救援及护理，然后从速送往医院救治。

二、急救的必要性

传统观念中人们将抢救急危重症、意外伤害病人的希望完全寄托于医院和医生身上，缺乏对急、危、重伤病员现场救护重要性的认识。这种传统的观念，往往就使处在生死之际的病人丧失了几分钟、十几分钟最宝贵的抢救时间。这宝贵的时间被称为“救命的黄金时刻”。图 6–2 为心电图。

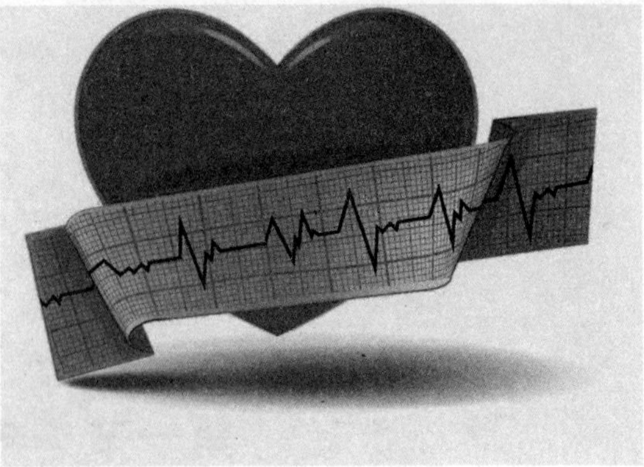

图 6–2 心电图

心脏停止跳动后：

· 3 秒时病人感头晕。

· 10 ~ 20 秒即发生昏厥。

· 30 ~ 40 秒瞳孔散大。

· 40 秒左右出现抽搐。

· 60 秒后呼吸停止、大小便失禁。

· 4 ~ 6 分后脑细胞发生不可逆损害。

· 10 分后，脑组织基本死亡。

心跳呼吸停止后，急救时间见表 6–1。

表 6–1 **急救时间与生还概率**

1 分钟内复苏，存活率高于 89%	1 分钟内除颤，生存率为 70% ~ 90%
4 分钟内复苏，存活率为 46%	5 分钟内除颤，生存率为 50%
4 ~ 6 分钟内复苏，存活率为 10%	7 分钟内除颤，生存率为 30%
6 分钟后复苏，存活率为 4%	9 ~ 11 分钟内除颤，生存率为 10%
10 分钟后复苏，存活率为 0	12 分钟除颤，生存率为 2% ~ 5%

1. 黄金时间 4 分钟

呼吸心搏停止要在 4 分钟内给予心肺复苏，能达到较好的效果。脑组织在常温下缺血缺氧只能耐受 4 分钟，而在 CPR 下可延长到 20 分钟左右。

2. 白金时间 10 分钟

对创伤的控制出血、解除窒息、保持呼吸道的通畅，应该在伤后 10 分钟内完成。

3. 黄金 1 小时

各种原因的休克，胸、腹、盆腔内脏损伤出血，严重的颅脑伤应在伤后 1 小时内得到有效的手术治疗。

危重急症或意外伤害一旦发生，人们首先想到的是呼叫“120”，然后只作些简单的照顾护理，面对生命奄奄一息的呼吸心搏骤停者，或者是面对严重创伤病人，而不懂得抓住“救命黄金时刻”立即心肺复苏；或者在“黄金 1 h，白金 10 min”内进行止血、包扎、固定等自救、互救。导致不该死亡与伤残的悲剧发生。

三、“第一目击者”

急救的黄金时间、白金时间不仅是一个急救医学范畴的时间概念，更是一个社会范畴的时间概念。从现实看，黄金时间不是“120”所具有的，而是由家属、周边的群众、居民所具有。所以真正救危重患者生命的不一定是白衣天使，而在大多数情况下是近在咫尺、朝夕相处的、掌握急救技能的工友、同学、朋友、家人或一同乘车的同路人。

“第一目击者”，又称为“第一反应人”。现场救护中的“第一目击者”和我们传统意义上的“第一目击者”不同，不是目睹事故发生的人，而是在事发现场利用所学的救护知识、技能救助病人的人。图 6-3 为正确急救示意图。

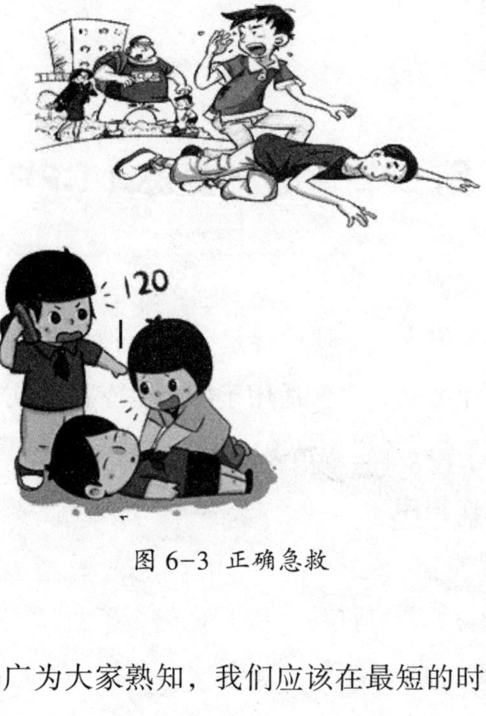

图 6-3 正确急救

四、急救电话

急救电话 120 号码广为大家熟知，我们应该在最短的时间内提供较为准确的信息，便于救护人员及时迅速地赶到急救现场，争取抢救时间。但是会正确拨打120急救电话的公众却不多，错误的呼救方式或可导致急救延迟、病情加重。那么，在需要时该如何正确拨打120呢？

沉着冷静。遇到事情不要惊慌，沉着冷静，迅速找到电话拨打120急救报警电话，为救援争取时间。

讲清楚所在地址及伤病员的大致情况。拨通电话后，简单明了地阐述伤病者所发生的情况，伤到哪里，程度如何，伤病员精神状况、人数等各方面，尽可能支出附近街道的交汇处或其他明显标志。便于120急救中心提前做好准备，为救援争取时间。

做好救援准备。在打完电话等待救援期间，迅速整理。携带好伤病员的衣物、用品及钱财。疏通救治通道，保持畅通无阻。如果地方比较偏僻，最好到路口等候接应。

练习题

1. 急救的概念与特点。

2. 黄金时间4分钟。

技能训练

模拟现场呼救电话。

第二节　心肺复苏（CPR）

一、心肺复苏的意义

心肺复苏是对呼吸停止、心搏骤停病人的一种急救措施，试图通过心肺复苏使病人恢复自主呼吸和心跳。主要适用于中毒、车祸创伤、心脏病、高血压、触电、气体中毒、异物堵塞呼吸道等情况。

二、心肺复苏操作程序

1. 判断意识

拍打双肩，凑近耳边大声呼唤："喂！你怎么了？"

注意：要轻拍重喊（图6-4）。

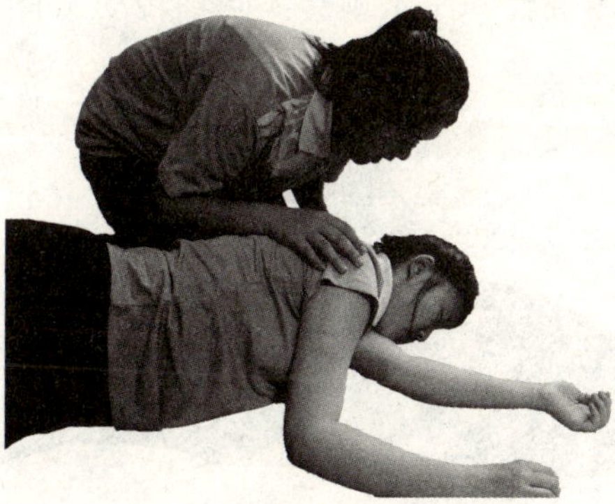

图 6-4 判断意识

2. 高声呼救

如意识丧失，应立即呼救“来人呐！有人晕倒了，救命啊！”拨打“120”，启动救护体系（图 6-5）。

图 6-5 高声呼救

3. 摆放体位

（1）将伤病员摆放为仰卧位，放在地面或硬床板上（图 6-6）。

图 6-6 双侧上臂伸直

（2）注意脊椎外伤要整体翻转，头、颈身体同轴转动（图 6–7）。

图 6–7 保护颈部翻身

（3）心肺复苏体位（图 6–8）

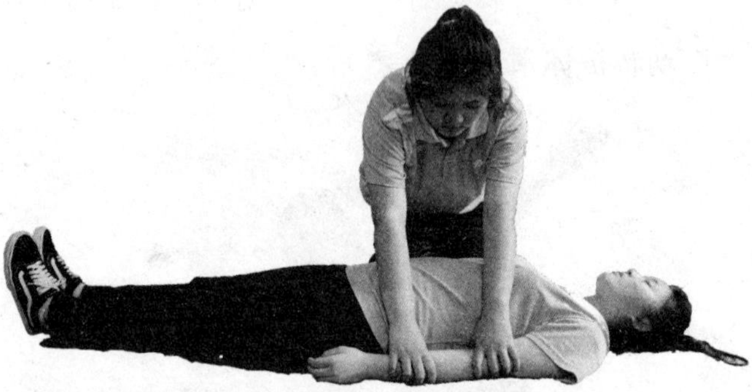

图 6–8 心肺复苏体位

4. 打开气道（图 6–9）

成人：用仰头举颏法打开气道，一手的手掌外侧缘部位置于伤者的前额，另一手食指、中指置于下颏将下颌骨上提，使下颌角与耳垂的连线和地面垂直。

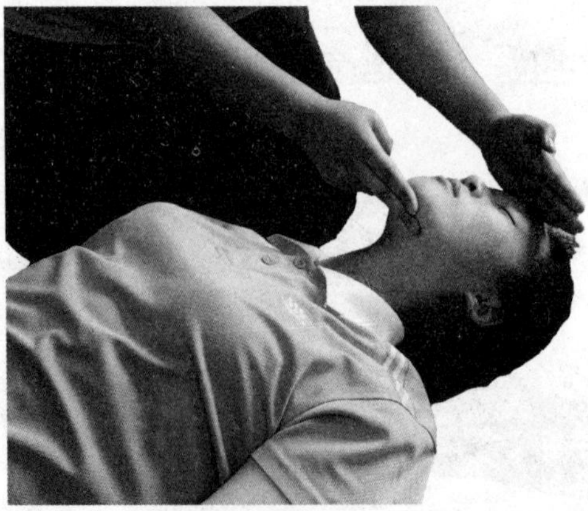

图 6–9 仰头举颏法

5. 判断呼吸（不能少于 5–10 秒钟）

一听是否有呼吸声；

二看是否胸廓起伏；

三感觉有否呼吸气流。

6. 人工呼吸（图 6–10）

若无自主呼吸，则进行口对口人工呼吸。打开气道，口包口密闭缓慢吹气，时间 5 秒左右，见胸廓有无起伏，连吹 2 次。

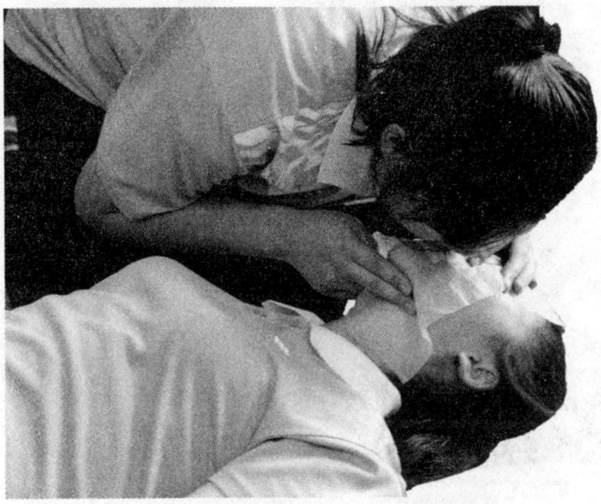

图 6–10　口对口吹气

7. 胸外心脏按压

（1）部位：胸骨中线中下 1/2 交界处，一手食、中指并拢，放在肋缘下，沿肋骨缘向上滑到胸骨底部（剑突处），把另一手掌根紧靠示指放好（图 6–11）。

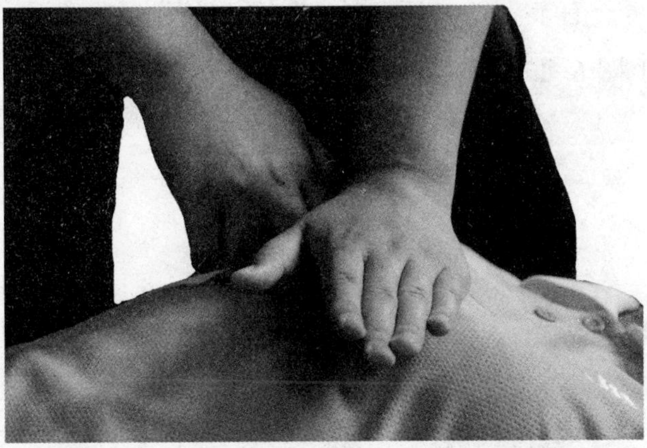

（a）胸外按压定位正确位置

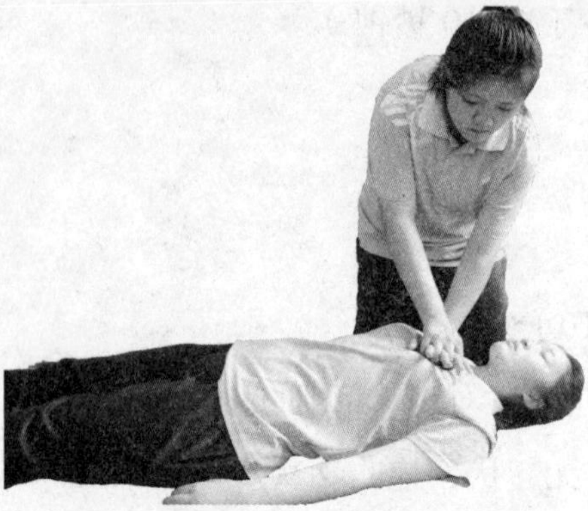

（b）错误示例：选位置不准确，过于靠上

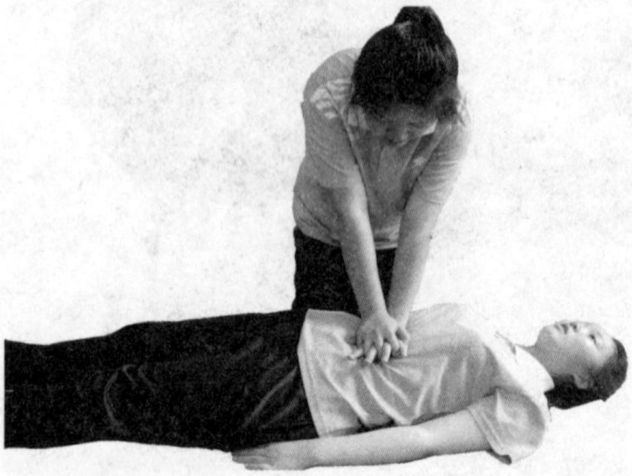

（c）错误示例：选位置不准确，过于靠下

图 6-11 胸外按压定位

（2）双手十指相叠，手指翘起（以免压到胸壁），双臂肘关节伸直，肩手保持垂直，靠上身重量用力作快速按压，使胸骨下压深度为 4 ~ 5 厘米，按压频率为 80 ~ 100 次 / 分，有节奏地一压一松，按压与放松时间大致相等，手掌根不离开胸壁以防错位（图 6-12）。

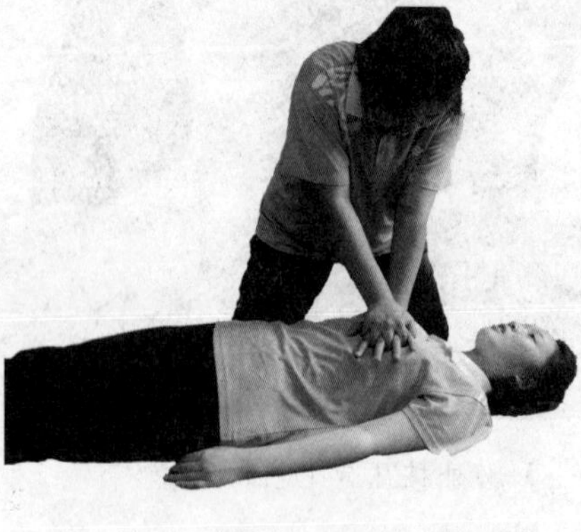

（a）胸外心脏按压正确方法

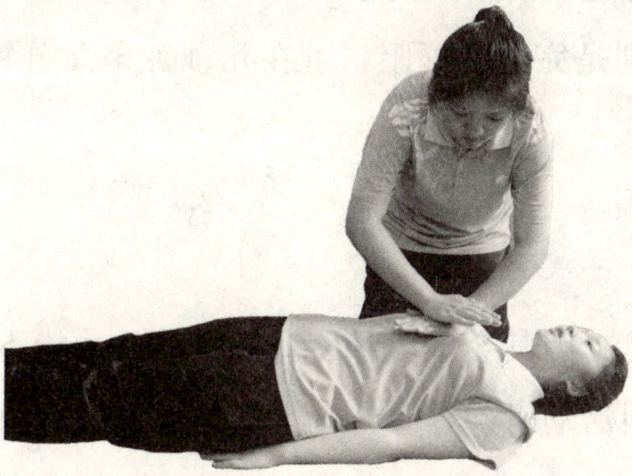

（b）错误示例：双臂没有垂直向下按压

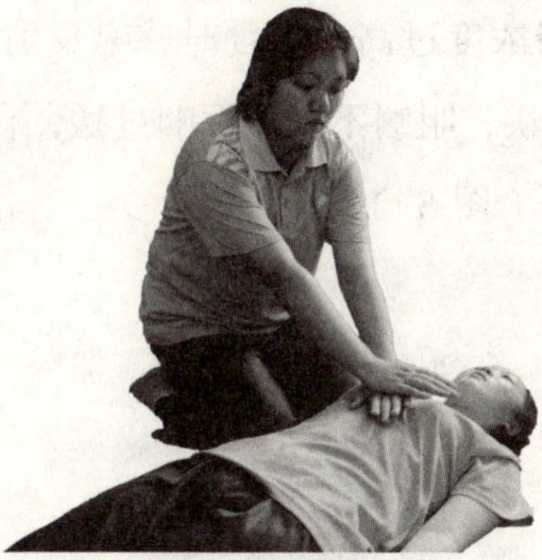

（c）错误示例：上半身没有前倾

图 6-12 胸外心脏按压

三、心肺复苏有效指证

1. 自主呼吸，能扪及大动脉搏动，心跳恢复。
2. 散大的瞳孔回缩变小，对光反射恢复。
3. 面色、口唇、指甲转为红润。

技能训练

模拟心肺复苏的操作步骤。

第三节　气道梗阻的急救

喉是呼吸道最狭窄的部位，异物嵌钝在喉部可造成呼吸道部分或完全梗阻。

气道梗阻是一种可怕的急症，诊断或治疗上只要稍有几秒钟延误，即可发生灾难性或致命性的后果。特别是完全性梗阻，可在几秒钟至几分钟内引起意识丧失、死亡。

一、气道梗阻的原因

1. 婴幼儿童

尤其以三岁以下小儿，因其会厌软骨发育不成熟，功能不健全；当口中含物说话、哭笑、打闹；剧烈活动时，容易将口中含物吸入气管引起气管阻塞，导致窒息。

2. 中、老年人

进食时说话；体内酒精浓度过高，进食时咳嗽反射动作迟缓；吃大块硬质食物，如鸡块、排骨时速度太快，咀嚼不全，吞咽过猛，食物卡在喉部。

3. 易致气道梗阻的物品（图 6–13）

图 6–13 易致气道梗阻的物品

二、气道梗阻的表现

1. 特殊表现

由于异物吸入气管时，病人感到极度不适，常常不由自主地以一手呈“V”字状紧贴于颈前喉部，苦不堪言。如图 6–14 所示。

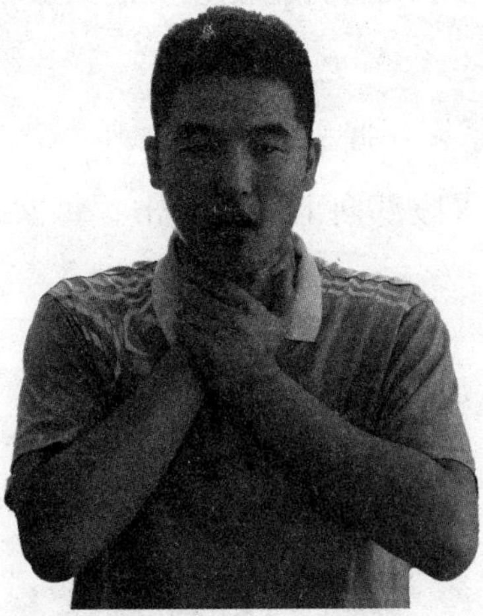

图 6-14“V”形手势

2. 气道不完全阻塞

病人可以有咳嗽、喘气或咳嗽微弱无力，呼吸困难，病人张口吸气时，可以听到异物冲击性的高啼声，皮肤、甲床和口腔黏膜、面色青紫，发绀。

3. 气道完全阻塞

较大的异物堵住喉部、气管处，病人面色灰暗青紫，不能说话、不能咳嗽、不能呼吸，失去知觉，窒息，很快呼吸停止。

三、海氏手法

膈下腹部冲击法由 1974 年美国医生海姆里克发明，是一种简便有效的解除气道异物阻塞的急救方法。海氏手法又叫作“海姆里克腹部冲击法”。腹部冲击法的原理是在上腹部猛推，以抬高膈肌而使得空气由肺内压出，如此产生人工咳嗽，将阻塞气道的异物排出。为了清除气道内的异物，必要时多次重复这个推动的动作。1974 年，海姆里克首先应用该法成功抢救了一名因食物堵塞了呼吸道而发生窒息的患者，从此该法在全世界被广泛应用，拯救了无数患者，其中包括美国前总统里根、纽约前任市长埃德、著名女演员伊丽莎白·泰勒等等。因此，该法被人们称为“生命的拥抱”。

（一）互救腹部冲击法

1. 立位腹部冲击法：对清醒伤病员的救护，见图 6-15。

（1）救护员站在伤病员背后，伤者弯腰并头部前倾；救护员双手环抱病人腰部。

（2）救护员一手握空心拳，将拇指侧顶住病人腹部正中线肚脐上方两横指处、剑突下方。

（3）救护员另一手掌紧握在握拳之手上。

（4）救护员用力在病人腹部向上连续冲击，每次推压动作要明显分开。重复以上手法直到异物排出。

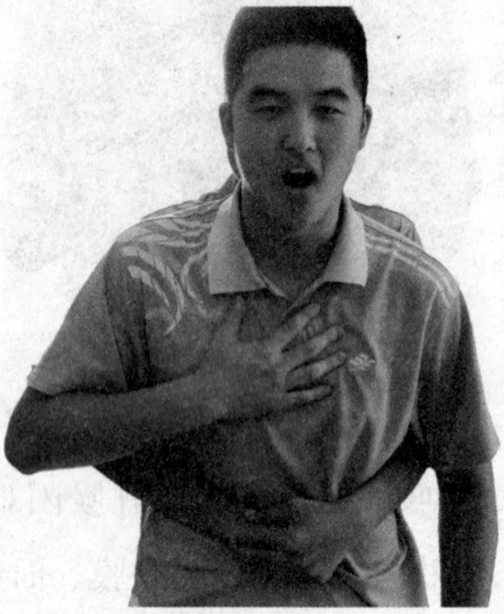

图 6-15 腹部冲击

2. 仰卧位腹部冲击法：对昏迷患者的救护，见图 6-16。

（1）将患者放置于平卧位，按额抬颈开放患者气道；

（2）操作者应坐于患者腿部或跪在患者一侧，膝关节放松地靠在患者髋部；

（3）将一手掌根部放在患者的剑突与脐中间，另一只手放在这只手的腕部；

（4）迅速的上下冲击患者腹部（不要向侧方施加压力），连续 5 次以上，每次推压动作要明显分开，直至异物排出。

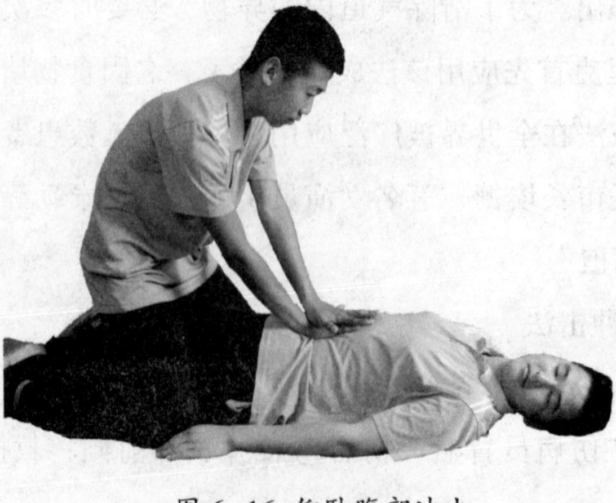

图 6-16 仰卧腹部冲击

（二）自救腹部冲击法

可采用上述用于对清醒伤病员的救护 4 个步骤的后 3 个步骤，或稍稍弯下腰去，靠在一固定的水平物体上，以物体边缘压迫上腹部，快速向上冲击。重复之，直到异物排出。如图 6-17、6-18 所示。

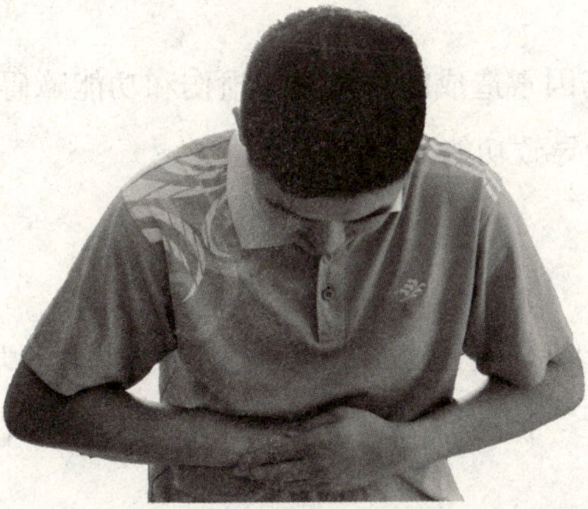

图 6-17 自救腹部冲击

图 6-18 椅背腹部冲击法

技能训练

模拟实施“海氏”手法。

第四节　创伤救护

一、概述

创伤是指各种致伤因素造成的人体组织损伤和功能障碍。轻者造成体表损伤，引起疼痛或出血；重者导致功能障碍甚至死亡。

二、止血

1. 指压止血法

将受伤部位尽量抬高，高过心脏位置。用干净纱布用力直接按压出血处，并保持足够压力于伤口上。同时，另一手用手指压紧伤口近心端的动脉，阻断血运（图 6-19）。

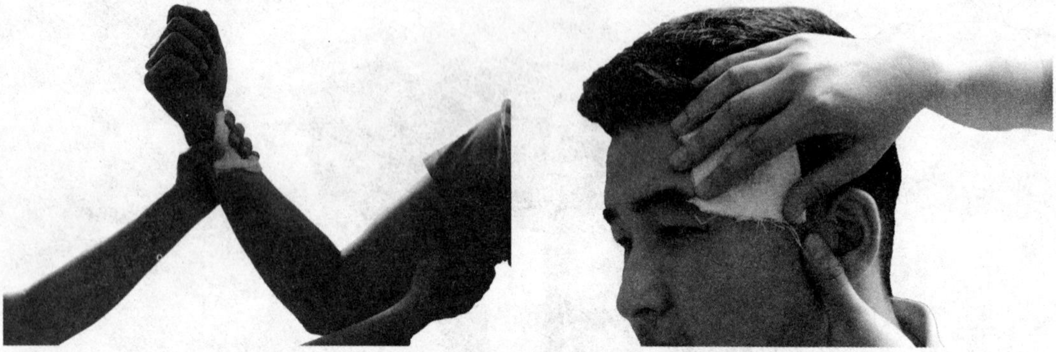

（a）压迫肱动脉　　（b）压迫颞浅动脉

图 6-19 指压止血法

2. 加压包扎止血法

伤口覆盖无菌敷料后，然后再用绷带、三角巾等紧紧包扎以达到止血的目的。

3. 止血带止血法

上止血带的部位在上臂上 1/3 或大腿中上段，利用平整的棉织品做衬垫，止血带松紧合适，定时放松，做好明显标记，记录上止血带的时间，禁止用电线、铁丝、绳子等替代止血带（图 6-20）。

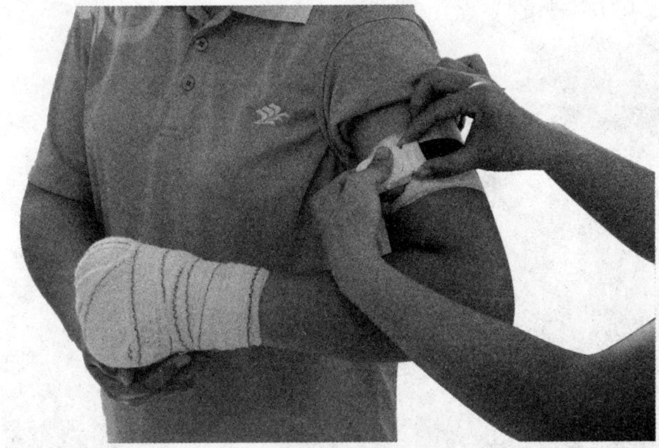

（a）止血带缠绕肢体

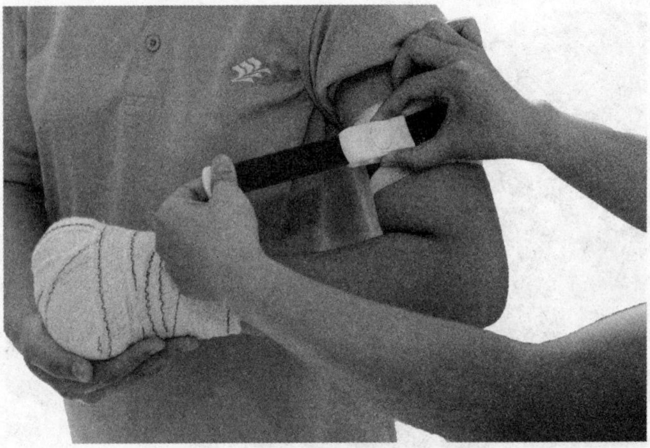

（b）拉紧扣环

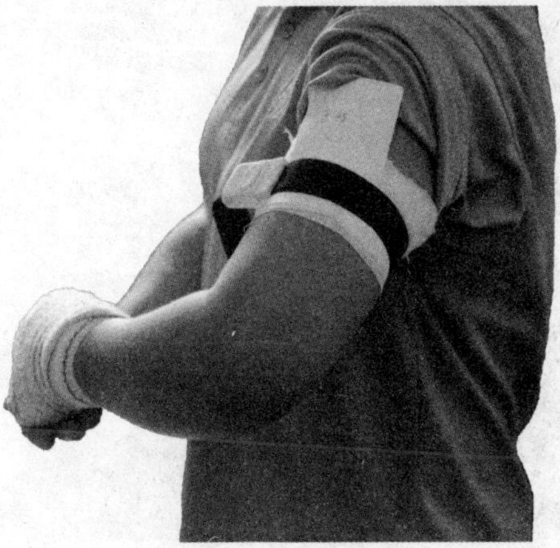

（c）标明时间

图 6-20 止血带止血法

如无止血带，可用绷带代替（图 6-21）。

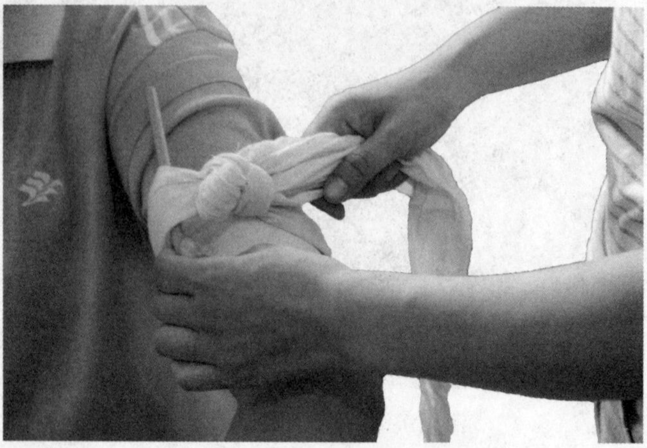

（a）打活结 穿绞棒

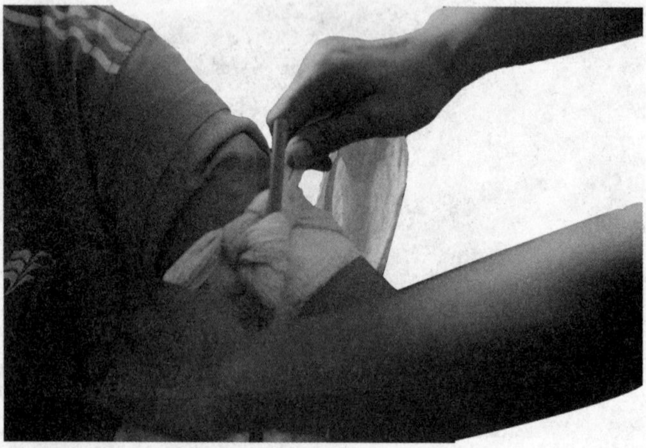

（b）绞紧 固定绞棒

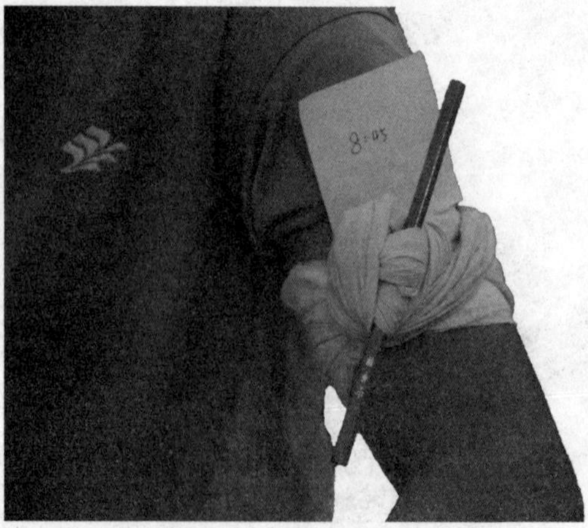

（c）标明时间

图 6-21 绷带止血法

三、包扎

快速、准确地将伤口用纱布、绷带、三角巾或其他现场可以利用的布料等进行包扎，以达到保护伤口、减少感染、减少出血、预防休克、保护重要脏器、利于转运的目的。

1. 手部包扎

（1）“8” 包扎法（图 6-22）。

图 6-22 手部“8”字包扎法

（2）螺旋包扎（图 6-23）

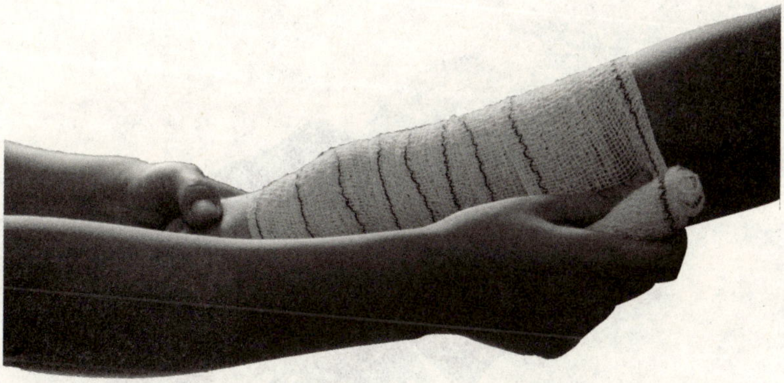

图 6-23 手部螺旋包扎

2. 头部包扎

帽式包扎（图 6-24）。

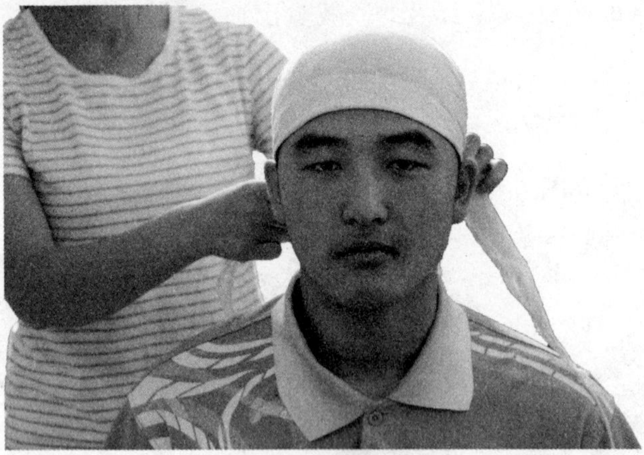

（a）

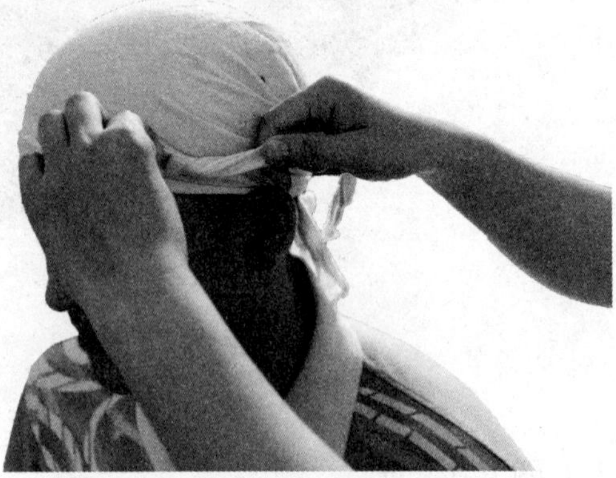

（b）

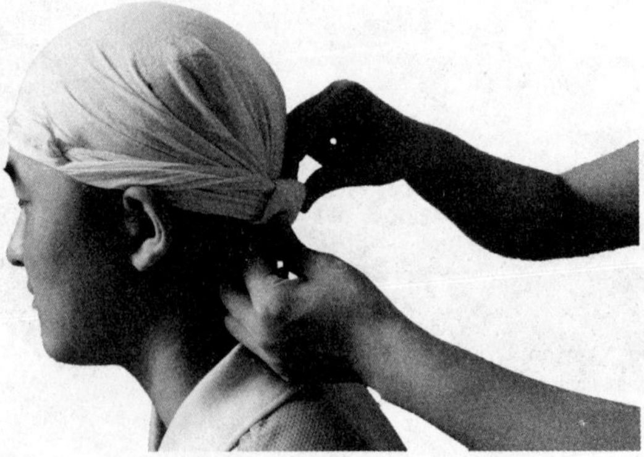

（c）

图 6-24 头部帽式包扎

3. 肩部包扎（图 6-25）。

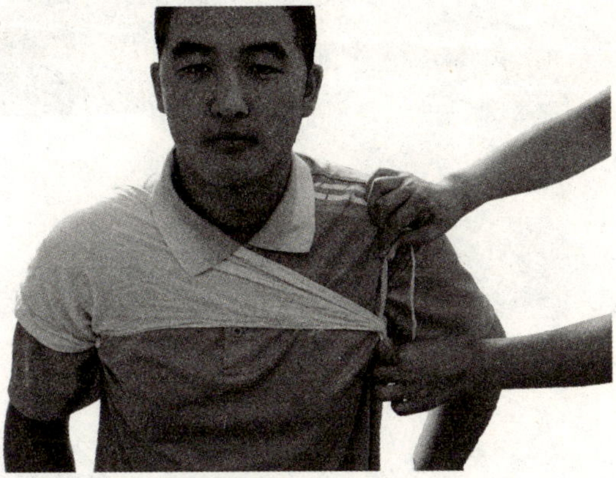

（a）

（b）

图 6-25 肩部包扎

4. 手（足）及关节部包扎

（1）手（足）部包扎（图 6-26）。

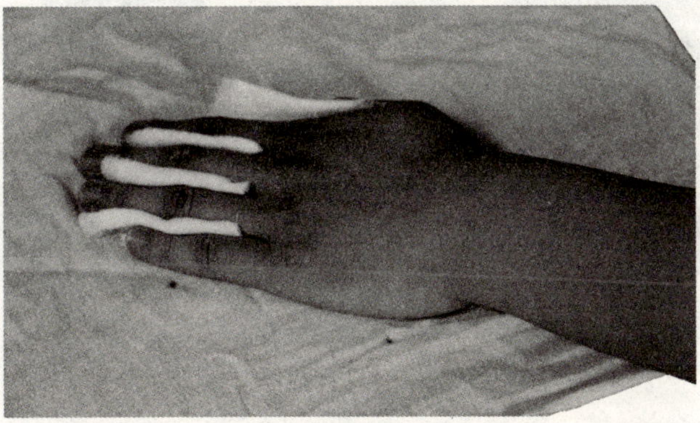

（a）

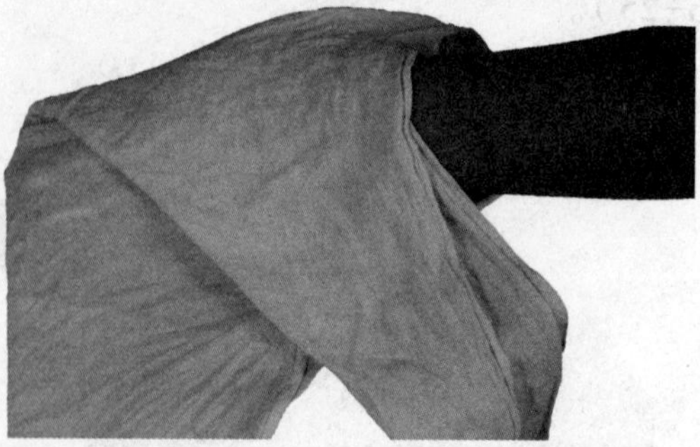

（b）

（c）

图 6-26 手部包扎

（2）膝（肘）部包扎（图 6-27）。

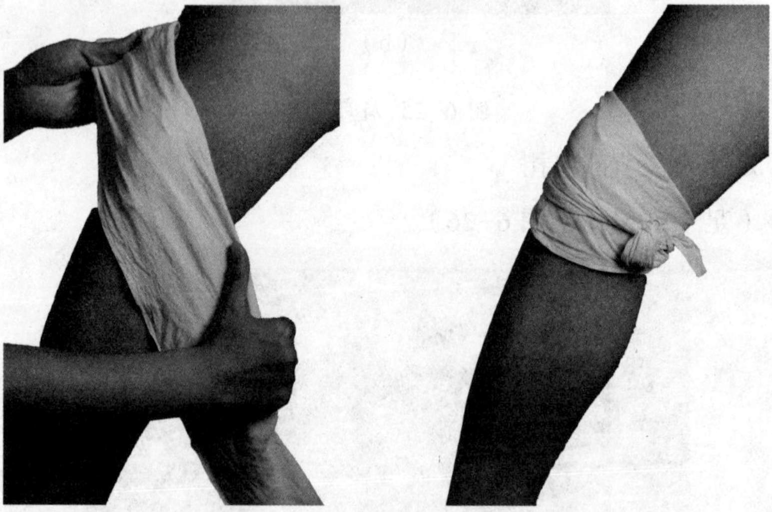

图 6-27 膝部包扎

技能训练

模拟身体各部位的止血与包扎。

第七章　防空常识

防空是指对来自航空空间或外层空间的敌方飞行器进行斗争的措施和行动。现代防空，主要是抗击敌方各型来袭飞机、巡航导弹、弹道导弹和军用航天器等。我国的国土防空体系由要地防空、军队防空（又称野战防空）和人民防空组成，其中要地防空是保卫重要地区安全的防空，如重要城市、交通枢纽和重要军事基地的防空；军队防空是保障地面部队作战行动安全的防空；而人民防空则是动员和组织城市居民采取的防空措施。

第一节　人民防空

人民防空是指动员和组织人民群众防备敌方空中袭击消除空袭后果所采取的措施和行动，简称人防。其目的是保护人民生命、财产的安全，减少国民经济损失，保存战争潜力。有些国家把战时保护居民安全与平时抢险救灾的行动称为“民防”。人民防空标志如图 7-1 所示。

人民防空标志（人防徽）及其含义

此图片为中国人民防空标志，该标志由文字和图案两部分构成，其基本含义是中国人民防空。

	图案的金黄色框为人民防空工程图形，象征人民防空的基本手段、任务和宗旨，即人民防空通过采用工程掩蔽等防护措施，防范和减轻空袭及灾害的危害，保护人民生命和财产安全。
CCAD	“ccad”是中国人民防空的英文缩写：chinese civil air defence。
	金黄色长城图形象征中华人民共和国，并寓意人民防空是国防的重要组成部分，是我国的地下长城。
	绿色橄榄枝象征和平与安宁。
	蓝色三角图形和橙色背景为日内瓦公约第一附加议定书确定的民防国际通用标志的主体，象征中国人民防空与国际民防接轨。

图 7-1 人民防空标志

一、人民防空的任务和手段

人民防空建设实行“长期准备，重点建设，平战结合”的方针，其任务是平时保卫国家领空不受侵犯，战时掩护国家进入战时体制，抗击和反击敌之空袭，保卫重要目标，保障军队行动自由，保护人民群众安全。

（一）人民防空平时的主要任务

1. 开展人防教育

使公民增强国防观念和人防意识，掌握人防知识和技能，并熟悉人防法规，依法履行人防义务。

2. 建设和维护人防工程

人防工程是人防建设的重点，通常包括各种掩蔽工程、警报和通信工程、指挥自动化工程等。建设和维护人防工程的目的是提高防灾抗灾能力，保护人民生命和财产安全。

3. 建立指挥通信系统

通过国家和各级政府统一组织电信部门、军队通信部门统一、覆盖面广的人民防空指挥通信和警报网。

4. 制订抗灾救灾预案

其内容通常包括：(1) 对灾害的设想；(2) 抗灾救灾的任务和决心；(3) 人防专业队伍的组成、配置和任务；(4) 对情况的处置方法；(5) 组织指挥和保障等。

5. 组建和训练人防专业队伍

人防专业队伍是根据城市人民防空抢险抢救的需要而组建的抗灾救灾的技术骨干力量。

6. 应付自然灾害和人为灾害

对洪水、地震、森林和草原火灾、旱灾、海啸，飓风、滑坡、泥石流、火山爆发等自然灾害的预防和救援，以及对灾害性化学事故、放射性污染事故、交通事故、建筑物与构筑物等倒塌等事故的预防和救援。

(二) 人民防空的基本手段

人民防空的基本手段，概括起来就是“鸣”“走”“藏”“消”四个字。所谓“鸣”，即指鸣防空警报。在战争的不同状态下发出不同的警报信号，使所有人员能根据信号做出正确反应。所谓“走”，即适时地组织人员疏散。在临战前，有计划地组织人员、物资和有关单位向郊县等地疏散，减少因敌空袭造成的人员伤亡，保存重要生产能力，减轻战时城市负担。人民防空疏散必须根据国家发布的命令实施，由县以上人民政府统一组织，任何其他组织不得擅自行动。所谓“藏”，即及时地进入人防工事隐蔽。根据防空袭警报信号，在空袭时就地就近利用人防工程，或山地、树林等地形地物躲避敌空袭。所谓“消”，即及时地消除空袭造成的后果。在遭空袭时和空袭后，各群众防空组织和城市居民迅速进行抢险抢修和自救互救行动，消除敌空袭后果，以保障城市的正常运转。

二、防空警报的识别和防护

防空警报，是防空袭行动的信号。对于战时保护人员生命财产安全，夺取防空袭斗争主动权，具有十分重要的意义。

(一) 防空警报的识别

识别，就是对空袭警报信号、现代空袭兵器进行识别、辨认。由于现代空袭作战来势突然，空袭兵器难以识别，因此，识别空袭警报信号是适时防范的重要前提。

空袭警报信号有三种：预先警报、空袭警报、解除警报。

预先警报：是在敌方对我方攻击有预兆时发放。鸣36秒，停24秒，反复3遍，3分钟为一个周期。

空袭警报：是在敌方对我方将要攻击时发放。鸣6秒，停6秒，反复15遍，3分钟为一个周期。

解除警报：是在空袭或战情暂时缓解时发放。连续长鸣3分钟。

（二）防空警报鸣响时的防护

听到防空警报鸣响时，所有人员应沉着冷静，行动迅速，按照统一指挥进行自身的防护。

1. 预先警报鸣响时的行动

听到预先警报鸣响，预示空袭即将来临。此时要求城镇居民的行动是：

（1）各人民防空专业队员，立即奔赴战斗岗位，做好各项准备工作。

（2）正在上课的学校应立即停课，组织学生离开教室，召集分散在学校各处的人员，服从统一指挥，按预先划分好的路线和位置，迅速而有秩序地向人防工程转移。在行动过程中，应注意互相照顾，避免拥挤，以免堵塞工事出入口，发生意外事故。

（3）居室内的居民要关闭门窗，切断电源，熄灭炉火，关闭煤气、液化气等，以免遭到袭击后发生次生灾害等。

（4）室内人员应迅速停止手中的工作，准备个人防护器材，配齐个人防空应急包内的一切急需物品，明确人防工程位置及疏散转移路线。

（5）厂矿、企业、机关、商店、影剧院及车站码头的人，除必须坚守岗位的人员外，要听从指挥，切不可慌乱，要有秩序地向防空工事、地下、半地下室等便于隐蔽的地带就近隐蔽。

（6）在市内行驶中的公共汽车、电车及其他车辆，应立即靠边停止运行，进行疏散隐蔽。司机要把车辆驶到马路支线停放，以免影响消防、救护及紧急车辆的行驶。载有危险物品的车辆，要行驶到远离楼房住宅的安全地带停放。

（7）在郊外空旷地的人员，要选择就近便于隐蔽的低洼地、路沟、地坑、大树下疏散隐蔽。

2. 空袭警报鸣响时的行动

听到空袭警报鸣响，预示炸弹很快就要落地爆炸。此时要求城镇居民的行动是：

（1）所有向人防工程或防空地下室转移的人们，必须服从人防工作人员的指挥，就近、快速、有序进入。进入人防工程后，要遵守规定，保持安静。

（2）在街道上的行人，敌机进行轰炸时，要尽快离开危险房屋、高压电线、易燃易爆等危险品，向飞机飞来方向的左右躲避，或迅速向矮墙、土坑、堤坝、坚固的建筑物等边旁处隐蔽，同时用头盔或者木板等物品保护头部及身体的其他重要部位。

（3）如果发现敌机将在你附近投下炸弹，或导弹将在你附近爆炸时，应迅速就地卧倒，卧倒时面部向下，掩住耳、张开口、闭上眼、胸和腹部不要紧贴地面，以防震伤内脏及头部器官。当听到炸弹发出“嘘……”声时，表明炸弹已接近地面，采取上述措施，可以减少对人员的杀伤。

（4）夜间要把露天灯火全部熄灭，门窗挂上防空帘，手电筒要蒙上红布，不要暴露一点光亮，然后尽快进入周围的人防工事。

3. 解除警报鸣响时的行动

听到解除警报鸣响，预示阶段空袭已经结束。此时要求城镇居民的行动是：

听到解除警报后，普通民众要保持清醒的头脑，有组织地撤离人防工程或疏散地，远离危险区域，进入安全地带。有一定技术和能力的人员应积极参加抢救，了解隐蔽场地周围人员、设施的损伤情况，查明周围有无未爆炸的炸弹等可疑危险物；查看有无人员受伤、被埋或发生火灾，以视情况进行抢救；及时向指挥部报告所在地的人员、物资损伤情况。

（三）防空应急包携带的物品

应急包是由国外传入中国的，发达国家用来应对各种灾难的工具集合，一般是把应对灾难的小工具装进一个包里，称为应急包。家庭可用普通双肩背包加入必须物品代替。

应急包中的物品一般包括：

1. 证件——包括身份证、社保卡等。

2. 食品——包括密封存放的食品、瓶装水等（两天用量）。

3. 医疗用品——包括基本急救用品、个人药品、特殊器械。基本急救用品是指用于包扎、止血、固定、伤口处理的院前基本急救用品，如消毒纱布、绷带、胶布（带）、止血带、创可贴、酒精棉片等等。个人药品包括日常消炎药、止泻药等日常非处方药以及病人特需药品，如速效救心丸等。特殊器械指老人或病人所需医疗器械，如体温计、血压计等等。

4. 自救互救工具——如高频口哨（必须是经过测试的 3 000 赫兹才有作用）、开罐器、多功能工具、耐磨手套、安全绳、手电筒、收音机、备用电池等等

5. 生活卫生用品——个人换洗外套、裤子、内衣裤等，卫生用品，以及牙刷等洗漱用品。

6. 信息工具——包括手机、市区地图、居民防空防灾手册等。

空袭造成的后果很严重，好像防不胜防，实际上根据空袭的特点，采取有针对性的防护措施，就能得到很好的保护，减少人民生命和财产的损失，最大限度地保护人民群众。

三、利用防空地下室进行掩蔽

（一）防空工程

人民防空工程包括为保障战时人员与物资掩蔽、人民防空指挥、医疗救护等而单独修建的地下防护建筑，以及结合地面建筑修建的战时可用于防空的地下室。如图 7-2 所示。

图 7-2 防空工程

人民防空工程建设应当遵循“统一规划，突出重点，平战结合，质量第一”的原则。盖楼房要建防空地下室。《人民防空法》规定：“城市新建民用建筑，按照国家有关规定修建战时可用于防空的地下室。”

国家规定：一类重点防护城市（省会城市），新建 10 层以上或基础埋深 3 米以上的民用建筑，应按地面首层建筑面积修建防空地下室；新建其他民用建筑，

地面总建筑面积在2 000平方米以上的，按地面建筑面积4% ~ 5%集中修建防空地下室；新建居民小区、开发区和重要经济目标区民用建筑，按一次性规划地面总建筑面积的4% ~ 5%集中修建防空地下室。

（二）防空地下室的功能和作用

结合民用建筑修建防空地下室，是提高城市防空抗毁能力，保存战争潜力和有生力量的需要。防空地下室的基本功能，是防御敌人的突然空袭，保护人民生命财产的安全。防空地下室能利用上层建筑物的防护能力，对航弹的直接命中和早期核辐射、核沉降都有较好的防护效果。防空地下室还可以为坚守城市的部队、民兵机动和前运后送，打地道战、街垒战、巷战提供工程依托，成为城市防卫作战工程保障的重要补充。修建防空地下室，对夺取城市防空袭斗争和城市防卫作战的胜利，都将起到重要作用。另外，结合民用建筑修建防空地下室，也是增强楼房稳定性、提高地面建筑防灾抗毁能力以及增加楼房使用面积、节省地皮的需要。

（三）人防工程与普通地下室的区别

人防工程不同于普通地下室。普通地下室是为稳定地上建筑物或实现某种用途而建的，没有防护等级要求。防空地下室是根据人防工程防护要求专门设计的。其区别有：

1. 人防地下室顶板、侧墙、地板都比普通地下室更厚实、坚固，除承重外还有一定抗冲击波和常规炸弹爆轰波的能力。

2. 人防地下室结构密闭，有滤毒通风设备，有防化学、生物战剂的设备和能力，而普通地下室没有。

3. 人防地下室有室外安全进出口，普通地下室没有。

4. 人防地下室的防震能力要比普通地下室好。战时对普通地下室进行必要的加固、改造，也可使其具有一定的防护效能。

（四）利用防空地下室进行掩蔽需要注意的问题

人防地下室具有良好的防护性能，然而要发挥其应有的作用，还必须掌握正确的使用方法和要求，才能达到防护目的。在防空地下室的隐蔽人员，应注意以下几个方面：

1. 掩蔽人员忌带有味、易燃物品进入人防工程。在人防工程内严禁使用明火，不吸烟，少饮水，不随地大小便，饮食残余物、垃圾要集中密闭存放。

2. 隐蔽时要安静坐、卧，少活动，不打闹，保持体力，减少工程内氧气消耗。不要乱动工程内的各种设备。

3. 当工程局部发生坍塌、漏毒等意外情况时，隐蔽人员要利用简易防护器材进行个人防护，并听从指挥，有秩序地转移或进行隔绝防护工作，切不可产生混乱。

4. 在核武器、化学武器、生物武器袭击后进入的人员，应在工作人员的指导下进行洗消，通过检测后才能进入人员掩蔽室。

5. 解除警报前，不能擅自开门出入人防工程。若急需出入，要做好个人防护，征得值班人员的同意后，在专业人员的协助下出入。

6. 空袭警报解除后，首先要对自己周围的环境进行清理，清点并携带好自己的物品，在有关人员的指挥下，有秩序地撤出。

人防工程是防备敌人突然袭击，有效地掩蔽人员和物资，保存战争潜力的重要设施。而实际上，人防工程还是地铁建设的重要组成部分，平时地铁以交通运营为主，战时则承担着人员转运、重要物资输送的重要生命线作用。战时如果需要，隧道内的一道道钢制大门会自动移动至闭合，一个区间两头的“隔断防护门”闭合，通风装置开启后，一座地铁站就变成了一个与世隔绝、单独密闭的安全避难所。

那么，除人防工程外，空袭时有无相对安全的地方呢？由于现代空袭主要是精确打击重要军事、政治、经济目标，所以，纯粹的寺庙、教堂、医院、幼儿园、学校、农场、公园、普通平房居民区等地方相对安全，郊区、乡村、山区相对安全，距离重要目标 100 ~ 200 米以外的地方相对安全；当爆炸发生次生灾害有可能危及人身安全时，其上风、上水方向相对安全；距离煤气站、贮油罐及危险品仓库 1 000 米以外的地方相对安全。当然，人防工程内及疏散地域相对安全程度要高一些。

第二节 要地防空

要地防空，是指保卫国家重要目标安全的防空。包括政治经济中心、首脑机关、军事要地、重要工程、工业基地和交通枢纽的防空等，是国土防空的主体部分。如图 7-3 所示。

图 7-3 要地防空

一、历史来源

要地防空是在第一次世界大战中随着敌对双方空袭对方后方城市而出现的，当时，英国首先在伦敦的一些重要目标组织对空防御，形成了要地防空，以后德、法、意等国也组织了要地防空。第二次世界大战前夕，要地防空组织初步形成体系，战争中伦敦、莫斯科等要地防空作战发展为战役规模。二战后，朝鲜战争、越南战争和中东战争进一步促进了要地防空的发展，特别是导弹、核武器的发展，扩大了要地防空的作战空域和范围。

中国曾在抗日战争中组织过要地防空。中华人民共和国建立后，为打击国民党和美国飞机的轰炸和窜扰活动，相继在上海等主要城市组织要地防空，以后逐步扩大了要地防空的范围，完善了要地防空体系。20 世纪 60 年代以来，以主要要地为中心，对相邻要地统一组织防空的区域防空，已成为要地防空的主要组织形式。同时，要地防空对象也由防飞机向防飞机、防导弹、防空间武器三位一体方向发展。

二、作战要求

现代要地防空作战一般纳入区域防空系统，采取以主要要地为中心，对相邻要地统一组织防空的形式进行。防空作战的基本要求是常备不懈，快速反应，统一指挥，密切协同，充分发挥各防空力量的整体威力；有重点地环形、纵深、多层配备防空兵力，构成远中近程、高中低空、点线面体相结合的火力配系，采取外层截击、中间会攻、内层阻歼、层层抗击手段，将敌空袭兵器消灭于要地之外；

严密伪装和防护，确保目标安全，提高防空体系的生存能力。

要地防空通常由防空部队和人民防空组织在要地防空指挥中心统一指挥下，共同完成。

第三节　野战防空

野战防空，是军队在野战条件下进行有组织的防空斗争。包含反轰炸、反航空侦察、反空降、反空中袭扰和争夺制空权等作战行动。如图 7-4 所示。

图 7-4　野战防空

一、历史来源

野战防空始于第一次世界大战中。1914 年，德军对来袭的飞机用高射炮进行还击，以后，各参战国也相继采用这种作战方法。第二次世界大战前夕，世界一些国家增强了野战防空的组织，并与要地防空有了明确区分。第二次世界大战中，空袭的规模日益增大，对军队的作战行动产生了更大的影响，野战防空成为合同作战的重要组成部分。20 世纪 50 年代以来，由于地空导弹的出现和发展，使野战防空的能力显著提高，逐步形成高、中、低空，远、中、近程的绵密的防空火网，更加有效地保障了地面军队的作战行动。

二、中国野战防空

中国人民解放军的野战防空组织通常由对空战斗部队、对空情报组织和防空指挥机构编成。对空作战部队，主要有地空导弹兵、高射炮兵、高射机枪分队和电子对抗部队、分队等。对空情报组织，主要是雷达兵、电子侦察分队等使用各种手段，侦察和报知空中情报。防空指挥机构，由总参谋部和军区级指挥机关按照中央军委的意图，统一指挥作战地区的野战防空。当野战防空区域与要地防空区域重叠时，野战防空部队可与要地防空部队组成统一的防空火力网协同行动。

三、实施原则

野战防空的基本原则是积极打击和严密防护相结合。具体做法是：

1. 集中主要兵力，保卫重点目标；

2. 组织周密的对空侦察，对敌空袭主要方向，尽力延伸兵力，扩大防空范围，争取及早发现和击毁敌空中目标；

3. 对合成军队的主要部署实施不间断地掩护，在关键时节尤应全力以赴；

4. 适时机动防空兵力和火力，出其不意地打击空袭之敌；

5. 密切协同各防空组织和部队的作战行动；

6. 采取严密的防护措施，减少空袭造成的损失。

未来野战防空作战，只有利用信息技术这个“黏合剂”“倍增器”，将作战能力进行有机整合，提升综合战斗力，才能有资格、有条件与其他防空作战力量一道，构建一体化联合防空作战体系，从而发挥整体作战威力，胜利完成防空作战任务。

练习题

1. 防空警报信号有哪几种？每种警报信号是怎样规定的？

2. 淄博工业学校正在教室内上课的学生听到防空警报信号时应该怎样做？

3. 进入人防工程掩蔽时应注意什么问题？

第八章 增强国防意识，注意信息安全

第一节 国防意识

国防意识是一种重要的精神力量，是制止战争、威慑敌人的重要因素。公民国防意识的强弱关系到国家的强弱、民族的兴衰。正如孙中山先生所说：“所谓固国家不以山溪之险，威天下不以兵革之利，其道何在？精神为也。”一个国家的国防巩固与否不应只以“山溪之险，兵革之利”来衡量，还应看其国民的国防意识和精神状态如何。

一、概念

所谓国防，简单地说，就是为适应国家安全与发展的需要，保卫国家领土主权，防备外敌武装侵略而采取的以军事为主体及与军事有关的政治、经济、外交、科技、文化等的一切措施的总和。

国防意识是一个国家的公民抵御外侮，捍卫祖国的独立和主权，维护国家的尊严和安全的主观认识。主要表现为爱国主义精神和尚武精神。

二、国防连着你我他

“国防连着你我他”，这句话清楚明白地说出了国防与每个公民的关系，国强则民安，国破则家亡。这是历史经验的总结，是人们通过血与泪换来的对国防与人民的生命、财产、生产、生活等价值关系的深刻认识。但是，不同的人对这种价值关系的认识程度是不同的，有的认识深刻一些，有的认识肤浅一些，有的甚至一无所知。一般地说，当外敌入侵，公民的生存、生命、家庭幸福受到直接威胁的时候，对国防重要性的认识要深一些，会觉得没有国防是不行的；而在和平时期，当自己国家已有相当强大的国防力量，外敌不敢贸然进犯，人们过着安居乐业生活的时候，则容易出现轻视国防，甚至出现国防可有可无的认识和心态。

我们不能等到敌人把刺刀逼近胸口上，再来认识它的重要性，在平时，在享受国防带来的安宁环境和幸福生活的时候，也不要忘记它、轻视它。要通过经常而有效的国防教育，使人们居安思危，认识国防对于我们每个人的价值和作用，从而积极关心和参加国防建设。人们越关心国防，国防越强大，和平幸福生活就越有保障。

（一）国防同你我他的生存、生命息息相关。

没有国防，便没有国家的安全；没有国家的安全，便没有你我他的生存、甚至生命的保障。

有国无防，千万善良的人们成为侵略者任意屠杀的羔羊。我们不会忘记，清朝末年，由于政府腐败，有国无防，八国联军入侵中国，给中国人民带来多么巨大的涂炭之灾！八国联军侵入天津，把大炮架在最高的鼓楼之上，对着逃难的人流狂轰，使鼓楼至北门外水阁，几里长的街道上推起几尺高的尸体；西门内外，尸体也堆积成山。联军逢人便杀，使百万人的天津城，几乎被杀去十分之九。海河里的死尸，竟阻塞了水流，河堤上的鲜血积了一寸多深。

有国无防，广大城乡成为敌人施虐的惨绝人寰的大屠场！据史料记载，仅从1937年7月7日卢沟桥事变到1945年8月，日本帝国主义残杀我国人民竟达一千万以上，仅山东一个省，就被日寇残害370多万人。

有国无防，中国人被活活送进细菌试验工厂。1931年，在日军占领下的哈尔滨平房区，日军强征数万中国民工，建立了一座规模很大的细菌工厂。这个工厂占地30多平方公里，设有细菌研究、细菌生产、细菌武器制造等八个处。他们在这里培养了数以万计的老鼠，培置了大量的鼠疫、霍乱、伤寒等杀人细菌。为了检验细菌杀人的效果，日本侵略者抓了大批的中国人充当他们的试验品。

（二）国防与你我他的物质财富紧密相关。

历史告诉我们，没有国防，侵略者就会肆意践踏我国的国土，山河破碎，你我他想富也富不起来，即使富起来，物质财富也保不住。

中华人民共和国建立之前的100多年，帝国主义利用我国国防力量虚弱，用军舰、大炮，轻而易举地打进了中国的大门。仅以1900年八国联军侵略中国为例，当时被迫签订的仅向中国公开索取的白银就达九亿八千万两。据史料记载，八国联军侵入天津，美国侵略军抢去库存的银子可以堆成30英尺见方的银山，30英尺等于9.144米，也就是这座银山的高度、长度、宽度都是9.144米。俄国和英国各自抢走的银子，都多达几百万两；沙俄军队跑到铸银厂抢走几百万两；日本侵略军跑到长芦盐务署抢走银子200万两。公家的银子他们要抢，市民的店铺和居室中的财宝他们也去抢，有一伙侵略兵在一个棺材里搜出了银两，于是便纷纷跑到田野刨坟挖墓，搜刮财宝，造成津郊几乎无坟不破。

（三）**国防同你我他的荣誉和尊严密切相关。**

有了强大的国防，你我他的荣誉和尊严才有依托和保证，否则，你我他就无法避免遭受外来侵略者的欺凌和污辱。

在帝国主义肆意侵略中国的时期，在殖民者统治的上海，外滩公园门口曾经挂过一个牌子，牌子上赫然写着这样几个大字："华人与狗，不得入内！"外来侵略者竟然把中国人和狗相提并论，把有几千年文明的中华儿女，看作和狗一样不得走进中国领土上的公园。类似这样不把中国人当人的奇耻大辱，在历史上有国无防的岁月里，何止这样一件？

今天，帝国主义再也不可能把"华人与狗不得入内"的牌子挂在中国的土地上，随着综合国力的提升，每个中国人可以扬眉吐气挺起腰杆做人，再也不会被外敌任意凌辱。这份荣誉和尊严，来自于在中国共产党领导下建立的强大的国防。

三、神圣义务

我国《宪法》规定："保卫祖国、抵抗侵略是中华人民共和国每一个公民的神圣职责。依照法律服兵役和参加民兵组织是中华人民共和国公民的光荣义务。"公民为建设国防、保卫国防，承担的义务是多方面的，主要包括：

（1）兵役义务，即公民根据法律规定，在军队中服役或在军队之外承担有关军事方面的责任。根据我国《兵役法》的规定，兵役义务包括到部队服现役，参加民兵、服预备役，大中学生参加军事训练等方面。

（2）支持军队改革和建设的义务。

（3）支持民兵、预备役建设的义务。

（4）支前参战的义务。

（5）拥军优属的义务。

（6）维护国防军事设施的义务。

（7）保守国家军事机密的义务。

（8）积极参加发展生产，增强我国经济实力的义务。

依法服兵役并不是我国独有的，世界各国都以法律形式，对自己的国民提出履行保卫国防的要求。美国把保卫国家称为“社会的第一勤务”；英国法律规定：凡具有英国国籍之健全男子（除若干有限之例外），均有依法应征到任何武装部队中服兵役之义务；韩国法律规：20岁至30岁的男性公民必须服兵役；土耳其宪法不仅规定：“参加保卫祖国，乃系每一个土耳其人之权利与义务”，还规定：“无故未服兵役者，均不得被选为议员”；以色列规定：“凡以色列国民，无分男女，均应当兵。”由此可见，各国要求公民履行国防义务是很严格的。

那么，我国公民为什么必须履行国防义务呢？因为公民履行国防义务，就是保卫自己祖国的生存，保卫祖国的利益，其中也包括保卫自己的利益，保卫自己的生存和生命，保卫自己的安全和幸福，保卫自己在祖国享有的各种权利。作为中华人民共和国的公民，人民当家做主人，保卫祖国和保卫自身利益是一致的，必须履行国防义务。

第二节　信息安全

国家安全是指中华人民共和国的领土、主权的完整与安全。当今世界仍存在许多的矛盾和不稳定因素，因此，保证国家秘密的安全，不仅关系到我国的长治久安，而且有可能影响我国在国际事务中的地位。此外，国家秘密还关系着国民经济和社会发展，尤其是在全球“技术战”“贸易战”日趋激烈的今天，获取他国秘密已成为国际科技竞争、市场竞争的重要手段。

冷战结束后，国际局势日趋缓和，但是境外组织对我国重要信息的窃密活动却日益增加，不仅从原来的政治、军事领域扩大到经济、科技、文化等领域，而且窃密手段越来越多种多样，严重威胁着我国的国家安全和利益。

一、国家秘密的密级

国家秘密的密级分为“绝密”“机密”“秘密”三级：

“绝密”是最重要的国家秘密，泄露会使国家的安全和利益遭受特别严重的损害。

“机密”是重要的国家秘密，泄露会使国家的安全和利益遭受严重的损害。

“秘密”是一般的国家秘密，泄露会使国家的安全和利益遭受损害。

国家秘密及其密级的具体范围，由国家保密工作部门分别会同外交、公安、国家安全和其他中央有关机关规定。国防方面的国家秘密及其密级的具体范围，由中央军事委员会规定。

二、为境外窃取国家秘密情报

为境外的机构、组织、人员窃取、刺探、收买、非法提供国家秘密或情报的行为，称为境外窃取国家秘密情报罪，是触犯刑法的行为。此行为严重危害国家的安全，刑法规定对构成窃取国家秘密情报罪的，处五年以上十年以下有期徒刑；对严重危害国家安全或者使国家利益遭受重大损失等情节特别严重的，处十年以上有期徒刑或者无期徒刑；其中对国家和人民危害特别严重的或者情节特别恶劣的，最高刑可以判处死刑。

1. 窃取

是指使用秘密手段盗窃属于国家秘密或者情报的资料或物品的行为。

2. 刺探

是指通过各种渠道、使用各种手段，非法探知国家秘密或者情报资料的行为。

3. 收买

是指用金钱、色情和其他物质利益等手段向掌握国家秘密或者情报的人员获取国家秘密或者情报资料或者物品的行为。

4. 非法提供

是指国家秘密持有者或知悉者非法出卖、交付、告知其他不应知悉该项国家秘密或者情报的人的行为。

法律规定：有窃取、刺探、收买、非法提供 4 个具体行为，只要行为人实施上述行为其中之一的，就构成犯罪。如果行为人实施上述行为时被抓获，实际上未能最终获取国家秘密或情报，或者未能完成非法提供的行为时，也应构成犯罪未遂。

【案例】

2012 年 10 月，为减轻家庭经济压力，哈尔滨某高校研究生常某某在网上找兼职家教工作，并留下联系方式。有人主动与常某某联系，要他帮助搜集一些半公开的资料，常某某表示同意，每次都是对方先付款，并动辄数千元。几次交往后，对方开始要求他利用学习期间的便利条件搜集情报及内部资料。常某某明知是犯罪行为，却没抵挡住金钱的诱惑。期间，对方曾一次给常某某20万元。在对方资助下，常某某曾带女友去国外旅游。常某某还利用到海南旅行的机会，拍摄敏感军事图片传到境外。

2012年10月至2014年6月间，常某某共向境外人员发送情报资料54次共计60余份，接受境外人员提供的“经费”20余万元，给国家安全带来严重威胁。

2014年8月6日，在哈尔滨一大学航天专业就读硕士研究生的常某某，为境外人员搜集情报及内部资料50余次，接受“经费”20余万元。经查实，常某某被黑龙江省人民检察院农垦区分院批准逮捕。

三、网络安全

自网络空间出现后，国家主权就逐渐向网络空间延伸。2010年，《中国互联网状况》白皮书中就明确指出，中华人民共和国境内的互联网属于中国主权管辖范围，中国的互联网主权应受到尊重和维护。

网络国防安全地位重要，“谁掌握了信息，控制了网络，谁就将拥有整个世界。”这样的论断并非危言耸听。2013年6月6日，美国中情局前雇员、国家安全局技术承包商斯诺登，在香港通过英国《卫报》和美国《华盛顿邮报》披露了美国的绝密网络情报手段“棱镜”项目。这个项目一经曝光，美国国内反应强烈，国际社会为之哗然。斯诺登引爆的监控丑闻告诫人们：网络国防安全领域除了“传统”的木马病毒威胁，一些技术更为先进，行为更为诡秘的新兴威胁也开始显现。

今天，网络黑客不再是鲜为人知的人物，他们遍布世界各地，拥有熟练的计算机操作技术，多为18 ~ 30岁之间的年轻人，多为在校的男性学生。因为对计算机有着很强的求知欲，抱有猎奇心、精力旺盛等因素，使他们步入了黑客殿堂。由于年龄偏小，价值观不健全，很容易受到来自外界甚至国外敌对势力提供的金钱、女色等诱惑，而出现利用网络技术泄露国家秘密的行为。但是，恰当的学校教育和引导，伴随着年龄的增长、心智的成熟，这些具有高超电脑技术的群体，利用好自己的兴趣特长，往往会成为安全专家、反黑客专家，为国家做出贡献。这取决于正确的选择。

“少年强，则国强。”作为中国的未来和希望，在信息发展日新月异的今天，只有把国家的强盛当作己任，扎实学习，钻研技术，锐意创新，用高超的技艺、精湛的技术把国家打造得日益坚固，才能使中国巍然屹立于世界东方。

练习题

1. 我国公民为什么必须履行国防义务？

2. 为境外窃取国家秘密情报有哪些行为？

3. 作为淄博市工业学校的一名学生，如何对待依法服兵役？

附　录

一、《中华人民共和国国防法》

第一章　总　则

第一条　为了建设和巩固国防，保障社会主义现代化建设的顺利进行，根据宪法，制定本法。

第二条　国家为防备和抵抗侵略，制止武装颠覆，保卫国家的主权统一、领土完整和安全所进行的军事活动，以及与军事有关的政治、经济、外交、科技、教育等方面的活动，适用本法。

第三条　国防是国家生存与发展的安全保障。

国家加强武装力量建设和边防、海防、空防建设，发展国防科研生产，普及全民国防教育，完善动员体制，实现国防现代化。

第四条　国家独立自主、自力更生地建设和巩固国防，实行积极防御战略，坚持全民自卫原则。

国家在集中力量进行经济建设的同时，加强国防建设，促进国防建设与经济建设协调发展。

第五条　国家对国防活动实行统一的领导。

第六条　保卫祖国、抵抗侵略是中华人民共和国每一个公民的神圣职责。

中华人民共和国公民应当依法履行国防义务。

第七条　国家和社会尊重、优待军人，保护军人的合法权益，开展各种形式的拥军优属活动。

中国人民解放军和中国人民武装警察部队开展拥政爱民活动，加强军政、军民团结。

第八条 中华人民共和国在对外军事关系中，维护世界和平，反对侵略扩张行为。

第九条 国家和社会对在国防活动中作出贡献的组织和个人，采取各种形式给予表彰和奖励。

违反本法和有关法律，拒绝履行国防义务或者危害国防利益的，依法追究法律责任。

第二章 国家机构的国防职权

第十条 全国人民代表大会依照宪法规定，决定战争和和平的问题，并行使宪法规定的国防方面的其他职权。

全国人民代表大会常务委员会依照宪法规定，决定战争状态的宣布，决定全国总动员或者局部动员，并行使宪法规定的国防方面的其他职权。

第十一条 中华人民共和国主席根据全国人民代表大会的决定和全国人民代表大会常务委员会的决定，宣布战争状态，发布动员令，并行使宪法规定的国防方面的其他职权。

第十二条 国务院领导和管理国防建设事业，行使下列职权：

（一）编制国防建设发展规划和计划；

（二）制定国防建设方面的方针、政策和行政法规；

（三）领导和管理国防科研生产；

（四）管理国防经费和国防资产；

（五）领导和管理国民经济动员工作和人民武装动员、人民防空、国防交通等方面的有关工作；

（六）领导和管理拥军优属工作和退出现役的军人的安置工作；

（七）领导国防教育工作；

（八）与中央军事委员会共同领导中国人民武装警察部队、民兵的建设和征兵、预备役工作以及边防、海防、空防的管理工作；

（九）法律规定的与国防建设事业有关的其他职权。

第十三条 中央军事委员会领导全国武装力量，行使下列职权：

（一）统一指挥全国武装力量；

（二）决定军事战略和武装力量的作战方针；

（三）领导和管理中国人民解放军的建设，制定规划、计划并组织实施；

（四）向全国人民代表大会或者全国人民代表大会常务委员会提出议案；

（五）根据宪法和法律，制定军事法规，发布决定和命令；

（六）决定中国人民解放军的体制和编制，规定总部以及军区、军兵种和其他军区级单位的任务和职责；

（七）依照法律、军事法规的规定，任免、培训、考核和奖惩武装力量成员；

（八）批准武装力量的武器装备体制和武器装备发展规划、计划，协同国务院领导和管理国防科研生产；

（九）会同国务院管理国防经费和国防资产；

（十）法律规定的其他职权。

第十四条　国务院和中央军事委员会可以根据情况召开协调会议，解决国防事务的有关问题。会议议定的事项，由国务院和中央军事委员会在各自的职权范围内组织实施。

第十五条　地方各级人民代表大会和县级以上地方各级人民代表大会常务委员会在本行政区域内，保证有关国防事务的法律、法规的遵守和执行。

地方各级人民政府依照法律规定的权限，管理本行政区域内的征兵、民兵、预备役、国防教育、国民经济动员、人民防空、国防交通、国防设施保护、退出现役的军人的安置和拥军优属等工作。

第十六条　地方各级人民政府和驻地军事机关根据需要召开军地联席会议，协调解决本行政区域内有关国防事务的问题。

军地联席会议由地方人民政府的负责人和驻地军事机关的负责人共同召集。军地联席会议的参加人员由会议召集人确定。

军地联席会议议定的事项，由地方人民政府和驻地军事机关依照各自的权限办理，重大事项应当分别向上级报告。

第三章　武装力量

第十七条　中华人民共和国的武装力量属于人民。它的任务是巩固国防，抵抗侵略，保卫祖国，保卫人民的和平劳动，参加国家建设事业，全心全意为人民服务。

第十八条　中华人民共和国的武装力量必须遵守宪法和法律，坚持依法治军。

第十九条 中华人民共和国的武装力量受中国共产党领导。武装力量中的中国共产党组织依照中国共产党章程进行活动。

第二十条 国家加强武装力量的革命化、现代化、正规化建设，增强国防力量。

第二十一条 中华人民共和国的武装力量应当适应现代战争的要求，加强军事训练，开展政治工作，提高保障水平，全面提高战斗力。

第二十二条 中华人民共和国的武装力量，由中国人民解放军现役部队和预备役部队、中国人民武装警察部队、民兵组成。

中国人民解放军现役部队是国家的常备军，主要担负防卫作战任务，必要时可以依照法律规定协助维护社会秩序；预备役部队平时按照规定进行训练，必要时可以依照法律规定协助维护社会秩序，战时根据国家发布的动员令转为现役部队。

中国人民武装警察部队在国务院、中央军事委员会的领导指挥下，担负国家赋予的安全保卫任务，维护社会秩序。

民兵在军事机关的指挥下，担负战备勤务、防卫作战任务，协助维护社会秩序。

第二十三条 中华人民共和国武装力量的规模应当与保卫国家安全和利益的需要相适应。

第二十四条 中华人民共和国的兵役分为现役和预备役。现役军人和预备役人员的服役制度由法律规定。

国家依照法律规定对现役军人和预备役人员实行衔级制度。

第二十五条 国家禁止任何组织或者个人非法建立武装组织，禁止非法武装活动，禁止冒充现役军人或者武装力量组织。

第四章 边防、海防和空防

第二十六条 中华人民共和国的领陆、内水、领海、领空神圣不可侵犯。国家加强边防、海防和空防建设，采取有效的防卫和管理措施，保卫领陆、内水、领海、领空的安全，维护国家海洋权益。

第二十七条 中央军事委员会统一领导边防、海防和空防的防卫工作。

地方各级人民政府、国务院有关部门和有关军事机关，按照国家规定的职权范围，分工负责边防、海防和空防的管理和防卫工作，共同维护国家的安全和利益。

第二十八条 国家根据边防、海防和空防的需要，建设作战、指挥、通信、防护、交通、保障等国防设施。各级人民政府和军事机关应当依照法律、法规的规定，保障国防设施的建设，保护国防设施的安全。

第五章 国防科研生产和军事订货

第二十九条 国家建立和完善国防科技工业体系，发展国防科研生产，为武装力量提供性能先进、质量可靠、配套完善、便于操作和维修的武器装备以及其他适用的军用物资，满足国防需要。

第三十条 国防科技工业实行军民结合、平战结合、军品优先、以民养军的方针。

国家统筹规划国防科技工业建设，保持规模适度、专业配套、布局合理的国防科研生产能力。

第三十一条 国家促进国防科学技术进步，加强高新技术研究，发挥高新技术在武器装备发展中的先导作用，增加技术储备，研制新型武器装备。

第三十二条 国家对国防科研生产实行统一领导和计划调控。

国家为承担国防科研生产任务的企业事业单位提供必要的保障条件和优惠政策。地方各级人民政府应当对承担国防科研生产任务的企业事业单位给予协助和支持。

承担国防科研生产任务的企业事业单位必须完成国防科研生产任务，保证武器装备的质量。

第三十三条 国家采取必要措施，培养和造就国防科学技术人才，创造有利的环境和条件，充分发挥他们的作用。

国防科学技术工作者应当受到全社会的尊重。国家逐步提高国防科学技术工作者的待遇，保护其合法权益。

第三十四条 国家根据国防建设的需要和社会主义市场经济的要求，实行国家军事订货制度，保障武器装备和其他军用物资的采购供应。

第六章 国防经费和国防资产

第三十五条 国家保障国防事业的必要经费。国防经费的增长应当与国防需求和国民经济发展水平相适应。

第三十六条 国家对国防经费实行财政拨款制度。

第三十七条 国家为武装力量建设、国防科研生产和其他国防建设直接投入的资金、划拨使用的土地等资源，以及由此形成的用于国防目的的武器装备和设备设施、物资器材、技术成果等属于国防资产。

国防资产归国家所有。

第三十八条 国家根据国防建设和经济建设的需要，确定国防资产的规模、结构和布局，调整和处分国防资产。

国防资产的管理机构和占有、使用单位，应当依法管理国防资产，充分发挥国防资产的效能。

第三十九条 国家保护国防资产不受侵害，保障国防资产的安全、完整和有效。

禁止任何组织或者个人破坏、损害和侵占国防资产。未经国务院、中央军事委员会或者国务院、中央军事委员会授权的机构批准，国防资产的占有、使用单位不得改变国防资产用于国防的目的。国防资产经批准不再用于国防目的的，依照有关法律、法规的规定管理。

第七章 国防教育

第四十条 国家通过开展国防教育，使公民增强国防观念、掌握国防知识、发扬爱国主义精神，自觉履行国防义务。

普及和加强国防教育是全社会的共同责任。

第四十一条 国防教育贯彻全民参与、长期坚持、讲求实效的方针，实行经常教育与集中教育相结合、普及教育与重点教育相结合、理论教育与行为教育相结合的原则。

第四十二条 国务院、中央军事委员会和省、自治区、直辖市人民政府以及有关军事机关，应当采取措施，加强国防教育工作。

一切国家机关和武装力量、各政党和各社会团体、各企业事业单位都应当组织本地区、本部门、本单位开展国防教育。

学校的国防教育是全民国防教育的基础。各级各类学校应当设置适当的国防教育课程，或者在有关课程中增加国防教育的内容。军事机关应当协助学校开展国防教育。

教育、文化、新闻、出版、广播、电影、电视等部门和单位应当密切配合，采取多种形式开展国防教育。

第四十三条 各级人民政府应当将国防教育纳入国民经济和社会发展计划，保障国防教育所需的经费。

第八章 国防动员和战争状态

第四十四条 中华人民共和国的主权、统一、领土完整和安全遭受威胁时，国家依照宪法和法律规定，进行全国总动员或者局部动员。

第四十五条 国家在和平时期进行动员准备，将人民武装动员、国民经济动员、人民防空、国防交通等方面的动员准备纳入国家总体发展规划和计划，完善动员体制，增强动员潜力，提高动员能力。

第四十六条 国家建立战略物资储备制度。战略物资储备应当规模适度、储存安全、调用方便、定期更换，保障战时的需要。

第四十七条 国务院和中央军事委员会共同领导动员准备和动员实施工作。

一切国家机关和武装力量、各政党和各社会团体、各企业事业单位和公民，在和平时期必须依照法律规定完成动员准备工作；在国家发布动员令后，必须完成规定的动员任务。

第四十八条 国家根据动员需要，可以依法征收、征用组织和个人的设备设施、交通工具和其他物资。

县级以上人民政府对被征收、征用者因征用所造成的直接经济损失，按照国家有关规定给予适当补偿。

第四十九条 国家依照宪法规定宣布战争状态，采取各种措施集中人力、物力和财力，领导全体公民保卫祖国，抵抗侵略。

第九章 公民、组织的国防义务和权利

第五十条 依照法律服兵役和参加民兵组织是中华人民共和国公民的光荣义务。

各级兵役机关和基层人民武装机构应当依法办理兵役工作，按照国务院和中央军事委员会的命令完成征兵任务，保证兵员质量。其他有关国家机关、社会团体和企业事业单位应当依法完成民兵和预备役工作，协助兵役机关完成征兵任务。

第五十一条 企业事业单位应当按照国家的要求承担国防科研生产任务，接

受国家军事订货，提供符合质量标准的武器装备或者军用物资。

企业事业单位应当按照国家规定，在交通建设中贯彻国防要求。车站、港口、机场、道路等交通设施的管理单位应当为现役军人和军用车辆、船舶的通行提供优先服务，按照规定给予优待。

第五十二条　公民应当接受国防教育。

公民和组织应当保护国防设施，不得破坏、危害国防设施。

公民和组织应当遵守保密规定，不得泄露国防方面的国家秘密，不得非法持有国防方面的秘密文件、资料和其他秘密物品。

第五十三条　公民和组织应当支持国防建设，为武装力量的军事训练、战备勤务、防卫作战等活动提供便利条件或者其他协助。

第五十四条　公民和组织有对国防建设提出建议的权利，有对危害国防的行为进行制止或者检举的权利。

第五十五条　公民和组织因国防建设和军事活动在经济上受到直接损失的，可以依照国家有关规定取得补偿。

第十章　军人的义务和权益

第五十六条　现役军人必须忠于祖国，履行职责，英勇战斗，不怕牺牲，捍卫祖国的安全、荣誉和利益。

第五十七条　现役军人必须模范地遵守宪法和法律，遵守军事法规，执行命令，严守纪律。

第五十八条　现役军人应当发扬人民军队的优良传统，热爱人民，保护人民，积极参加社会主义物质文明、精神文明建设，完成抢险救灾等任务。

第五十九条　军人应当受到全社会的尊重。

国家采取有效措施保护现役军人的荣誉、人格尊严，对现役军人的婚姻实行特别保护。

现役军人依法履行职责的行为受法律保护。

第六十条　国家和社会优待现役军人。

国家保障现役军人享有与其履行职责相适应的生活福利待遇，对在条件艰苦的边防、海防等地区或者岗位工作的现役军人在生活福利等方面给予优待。

国家实行军人保险制度。

第六十一条 国家妥善安置退出现役的军人，为转业军人提供必要的职业培训，保障离休退休军人的生活福利待遇。

县级以上人民政府负责安置转业军人，根据其在军队的职务等级、贡献和专长安排工作。

接收转业军人的单位应当按照国家有关规定，在生活福利待遇、教育、住房等方面给予优待。

第六十二条 国家和社会抚恤优待残疾军人，对残疾军人的生活和医疗依法给予特别保障。

因战、因公致残或者致病的残疾军人退出现役后，县级以上人民政府应当及时接收安置，并保障其生活不低于当地的平均生活水平。

第六十三条 国家和社会优待现役军人家属，抚恤优待烈士家属和因公牺牲、病故军人的家属，在就业、住房、义务教育等方面给予照顾。

第六十四条 民兵、预备役人员和其他人员依法参加军事训练，担负战备勤务、防卫作战任务时，应当履行自己的职责和义务；国家和社会保障其享有相应的待遇，按照有关规定对其实行抚恤优待。

第十一章　对外军事关系

第六十五条 中华人民共和国坚持互相尊重主权和领土完整、互不侵犯、互不干涉内政、平等互利、和平共处五项原则，独立自主地处理对外军事关系，开展军事交流与合作。

第六十六条 中华人民共和国支持国际社会采取的有利于维护世界和地区和平、安全、稳定的与军事有关的活动，支持国际社会为公正合理地解决国际争端、军备控制和裁军所做的努力。

第六十七条 中华人民共和国在对外军事关系中遵守同外国缔结或者加入、接受的有关条约和协定。

第十二章　附　则

第六十八条 本法关于军人的规定，适用于中国人民武装警察部队。

第六十九条 中华人民共和国特别行政区的防务，由特别行政区基本法和有关法律规定。

第七十条 本法自公布之日起施行。

二、《中华人民共和国兵役法》

（1984年5月31日第六届全国人民代表大会第二次会议通过；1984年5月31日中华人民共和国主席令第14号公布；根据1998年12月29日第九届全国人民代表大会常务委员会第六次会议《关于修改〈中华人民共和国兵役法〉的决定》第一次修正；根据2009年8月27日第十一届全国人民代表大会常务委员会第十次会议《关于修改部分法律的决定》第二次修正；根据2011年10月29日第十一届全国人民代表大会常务委员会第二十三次会议《关于修改〈中华人民共和国兵役法〉的决定》第三次修正）

第一章 总 则

第一条 根据中华人民共和国宪法第五十五条“保卫祖国、抵抗侵略是中华人民共和国每一个公民的神圣职责。依照法律服兵役和参加民兵组织是中华人民共和国公民的光荣义务”和其他有关条款的规定，制定本法。

第二条 中华人民共和国实行义务兵与志愿兵相结合、民兵与预备役相结合的兵役制度。

第三条 中华人民共和国公民，不分民族、种族、职业、家庭出身、宗教信仰和教育程度，都有义务依照本法的规定服兵役。

有严重生理缺陷或者严重残疾不适合服兵役的人，免服兵役。

依照法律被剥夺政治权利的人，不得服兵役。

第四条 中华人民共和国的武装力量，由中国人民解放军、中国人民武装警察部队和民兵组成。

第五条 兵役分为现役和预备役。在中国人民解放军服现役的称现役军人；经过登记，预编到现役部队、编入预备役部队、编入民兵组织服预备役的或者以其他形式服预备役的，称预备役人员。

第六条 现役军人和预备役人员，必须遵守宪法和法律，履行公民的义务，同时享有公民的权利；由于服兵役而产生的权利和义务，由本法和其他相关法律法规规定。

第七条 现役军人必须遵守军队的条令和条例，忠于职守，随时为保卫祖国而战斗。

预备役人员必须按照规定参加军事训练、执行军事勤务，随时准备参军参战，保卫祖国。

第八条 现役军人和预备役人员建立功勋的，得授予勋章、奖章或者荣誉称号。

第九条 中国人民解放军实行军衔制度。

第十条 全国的兵役工作，在国务院、中央军事委员会领导下，由国防部负责。

各军区按照国防部赋予的任务，负责办理本区域的兵役工作。

省军区（卫戍区、警备区）、军分区（警备区）和县、自治县、市、市辖区的人民武装部，兼各该级人民政府的兵役机关，在上级军事机关和同级人民政府领导下，负责办理本区域的兵役工作。

机关、团体、企业事业单位和乡、民族乡、镇的人民政府，依照本法的规定完成兵役工作任务。兵役工作业务，在设有人民武装部的单位，由人民武装部办理；不设人民武装部的单位，确定一个部门办理。

第二章 平时征集

第十一条 全国每年征集服现役的人数、要求和时间，由国务院和中央军事委员会的命令规定。

县级以上地方各级人民政府组织兵役机关和有关部门组成征集工作机构，负责组织实施征集工作。

第十二条 每年十二月三十一日以前年满十八周岁的男性公民，应当被征集服现役。当年未被征集的，在二十二周岁以前仍可以被征集服现役，普通高等学校毕业生的征集年龄可以放宽至二十四周岁。

根据军队需要，可以按照前款规定征集女性公民服现役。

根据军队需要和本人自愿，可以征集当年十二月三十一日以前年满十七周岁未满十八周岁的公民服现役。

第十三条 国家实行兵役登记制度。每年十二月三十一日以前年满十八周岁的男性公民，都应当在当年六月三十日以前，按照县、自治县、市、市辖区的兵役机关的安排，进行兵役登记。经兵役登记并初步审查合格的，称应征公民。

第十四条 在征集期间，应征公民应当按照县、自治县、市、市辖区的兵役机关的通知，按时到指定的体格检查站进行体格检查。

应征公民符合服现役条件，并经县、自治县、市、市辖区的兵役机关批准的，被征集服现役。

第十五条 在征集期间，应征公民被征集服现役，同时被机关、团体、企业事业单位招收录用或者聘用的，应当优先履行服兵役义务；有关机关、团体、企业事业单位应当服从国防和军队建设的需要，支持兵员征集工作。

第十六条 应征公民是维持家庭生活唯一劳动力的，可以缓征。

第十七条 应征公民正在被依法侦查、起诉、审判的或者被判处徒刑、拘役、管制正在服刑的，不征集。

注：根据国务院、中央军委决定，2013 年首次将冬季征兵调整为夏秋季征兵，即从 8 月 1 日开始,9 月 1 日批准新兵入伍,9 月 5 日起运新兵,9 月 30 日征兵结束。

第三章　士兵的现役和预备役

第十八条 现役士兵包括义务兵役制士兵和志愿兵役制士兵，义务兵役制士兵称义务兵，志愿兵役制士兵称士官。

第十九条 义务兵服现役的期限为二年。

第二十条 义务兵服现役期满，根据军队需要和本人自愿，经团级以上单位批准，可以改为士官。根据军队需要，可以直接从非军事部门具有专业技能的公民中招收士官。

士官实行分级服现役制度。士官服现役的期限一般不超过三十年，年龄不超过五十五周岁。

士官分级服现役的办法和直接从非军事部门招收士官的办法，由国务院、中央军事委员会规定。

第二十一条 士兵服现役期满，应当退出现役。因军队编制员额缩减需要退出现役的，经军队医院诊断证明本人健康状况不适合继续服现役的，或者因其他特殊原因需要退出现役的，经师级以上机关批准，可以提前退出现役。

士兵退出现役的时间为部队宣布退出现役命令之日。

第二十二条 士兵退出现役时，符合预备役条件的，由部队确定服士兵预备役；经过考核，适合担任军官职务的，服军官预备役。

退出现役的士兵，由部队确定服预备役的，自退出现役之日起四十日内，到安置地的县、自治县、市、市辖区的兵役机关办理预备役登记。

第二十三条 依照本法第十三条规定经过兵役登记的应征公民，未被征集服现役的，办理士兵预备役登记。

第二十四条 士兵预备役的年龄，为十八周岁至三十五周岁，根据需要可以适当延长。具体办法由国务院、中央军事委员会规定。

第二十五条 士兵预备役分为第一类和第二类。

第一类士兵预备役包括下列人员：

（一）预编到现役部队的预备役士兵；

（二）编入预备役部队的预备役士兵；

（三）经过预备役登记编入基干民兵组织的人员。

第二类士兵预备役包括下列人员：

（一）经过预备役登记编入普通民兵组织的人员；

（二）其他经过预备役登记确定服士兵预备役的人员。

预备役士兵达到服预备役最高年龄的，退出预备役。

第四章 军官的现役和预备役

第二十六条 现役军官由下列人员补充：

（一）选拔优秀士兵和普通高中毕业生入军队院校学习毕业的学员；

（二）选拔普通高等学校毕业的国防生和其他应届优秀毕业生；

（三）直接提升具有普通高等学校本科以上学历表现优秀的士兵；

（四）改任现役军官的文职干部；

（五）招收军队以外的专业技术人员和其他人员。

战时根据需要，可以从士兵、征召的预备役军官和非军事部门的人员中直接任命军官。

第二十七条 预备役军官包括下列人员：

（一）退出现役转入预备役的军官；

（二）确定服军官预备役的退出现役的士兵；

（三）确定服军官预备役的普通高等学校毕业学生；

（四）确定服军官预备役的专职人民武装干部和民兵干部；

（五）确定服军官预备役的非军事部门的干部和专业技术人员。

第二十八条 军官服现役和服预备役的最高年龄由《中华人民共和国现役军官法》和《中华人民共和国预备役军官法》规定。

第二十九条 现役军官按照规定服役已满最高年龄的，退出现役；未满最高年龄因特殊情况需要退出现役的，经批准可以退出现役。

军官退出现役时，符合服预备役条件的，转入军官预备役。

第三十条 退出现役转入预备役的军官，退出现役确定服军官预备役的士兵，在到达安置地以后的三十日内，到当地县、自治县、市、市辖区的兵役机关办理预备役军官登记。

选拔担任预备役军官职务的专职人民武装干部、民兵干部、普通高等学校毕业生、非军事部门的人员，由工作单位或者户口所在地的县、自治县、市、市辖区的兵役机关报请上级军事机关批准并进行登记，服军官预备役。

预备役军官按照规定服预备役已满最高年龄的，退出预备役。

第五章 军队院校从青年学生中招收的学员

第三十一条 根据军队建设的需要，军队院校可以从青年学生中招收学员。招收学员的年龄，不受征集服现役年龄的限制。

第三十二条 学员完成学业考试合格的，由院校发给毕业证书，按照规定任命为现役军官、文职干部或者士官。

第三十三条 学员学完规定的科目，考试不合格的，由院校发给结业证书，回入学前户口所在地；就读期间其父母已办理户口迁移手续的，可以回父母现户口所在地，由县、自治县、市、市辖区的人民政府按照国家有关规定接收安置。

第三十四条 学员因患慢性病或者其他原因不宜在军队院校继续学习，经批准退学的，由院校发给肄业证书，回入学前户口所在地；就读期间其父母已办理户口迁移手续的，可以回父母现户口所在地，由县、自治县、市、市辖区的人民政府按照国家有关规定接收安置。

第三十五条 学员被开除学籍的，回入学前户口所在地；就读期间其父母已办理户口迁移手续的，可以回父母现户口所在地，由县、自治县、市、市辖区的人民政府按照国家有关规定办理。

第三十六条 军队根据国防建设的需要，可以依托普通高等学校招收、选拔培养国防生。国防生在校学习期间享受国防奖学金待遇，应当参加军事训练、政治教育，履行国防生培养协议规定的其他义务；毕业后应当履行培养协议到军队服现役，按照规定办理入伍手续，任命为现役军官或者文职干部。

国防生在校学习期间，按照有关规定不宜继续作为国防生培养，但符合所在学校普通生培养要求的，经军队有关部门批准，可以转为普通生；被开除学籍或者作退学处理的，由所在学校按照国家有关规定办理。

第三十七条 本法第三十二条、第三十三条、第三十四条、第三十五条的规定，也适用于从现役士兵中招收的学员。

第六章 民 兵

第三十八条 民兵是不脱产的群众武装组织，是中国人民解放军的助手和后备力量。

民兵的任务是：

（一）参加社会主义现代化建设；

（二）执行战备勤务，参加防卫作战，抵抗侵略，保卫祖国；

（三）为现役部队补充兵员；

（四）协助维护社会秩序，参加抢险救灾。

第三十九条 乡、民族乡、镇、街道和企业事业单位建立民兵组织。凡十八周岁至三十五周岁符合服兵役条件的男性公民，经所在地人民政府兵役机关确定编入民兵组织的，应当参加民兵组织。

根据需要，可以吸收十八周岁以上的女性公民、三十五周岁以上的男性公民参加民兵组织。

国家发布动员令后，动员范围内的民兵，不得脱离民兵组织；未经所在地的县、自治县、市、市辖区人民政府兵役机关批准，不得离开民兵组织所在地。

第四十条 民兵组织分为基干民兵组织和普通民兵组织。基干民兵组织是民兵组织的骨干力量，主要由退出现役的士兵以及经过军事训练和选定参加军事训练或者具有专业技术特长的未服过现役的人员组成。基干民兵组织可以在一定区域内从若干单位抽选人员编组。普通民兵组织，由符合服兵役条件未参加基干民兵组织的公民按照地域或者单位编组。

第七章 预备役人员的军事训练

第四十一条 预备役士兵的军事训练，在现役部队、预备役部队、民兵组织中进行，或者采取其他组织形式进行。

未服过现役预编到现役部队、编入预备役部队和编入基干民兵组织的预备役士兵，在十八周岁至二十四周岁期间，应当参加三十日至四十日的军事训练；其中专业技术兵的训练时间，按照实际需要确定。服过现役和受过军事训练的预备役士兵的复习训练，以及其他预备役士兵的军事训练，按照中央军事委员会的规定进行。

第四十二条 预备役军官在服预备役期间，应当参加三个月至六个月的军事训练；预编到现役部队和在预备役部队任职的，参加军事训练的时间可以适当延长。

第四十三条 国务院和中央军事委员会在必要的时候，可以决定预备役人员参加应急训练。

第四十四条 预备役人员参加军事训练、执行军事勤务的伙食、交通等补助费用按照国家有关规定执行。预备役人员是机关、团体、企业事业单位工作人员或者职工的，参加军事训练、执行军事勤务期间，其所在单位应当保持其原有的工资、奖金和福利待遇；其他预备役人员参加军事训练、执行军事勤务的误工补贴按照国家有关规定执行。

第八章 普通高等学校和普通高中学生的军事训练

第四十五条 普通高等学校的学生在就学期间，必须接受基本军事训练。

根据国防建设的需要，对适合担任军官职务的学生，再进行短期集中训练，考核合格的，经军事机关批准，服军官预备役。

第四十六条 普通高等学校设军事训练机构，配备军事教员，组织实施学生的军事训练。

第四十五条第二款规定的培养预备役军官的短期集中训练，由军事部门派出现役军官与普通高等学校军事训练机构共同组织实施。

第四十七条 普通高中和中等职业学校，配备军事教员，对学生实施军事训练。

第四十八条 普通高等学校和普通高中学生的军事训练，由教育部、国防部负责。教育部门和军事部门设学生军事训练的工作机构或者配备专人，承办学生军事训练工作。

第九章　战时兵员动员

第四十九条　为了对付敌人的突然袭击，抵抗侵略，各级人民政府、各级军事机关，在平时必须做好战时兵员动员的准备工作。

第五十条　在国家发布动员令以后，各级人民政府、各级军事机关，必须迅速实施动员：

（一）现役军人停止退出现役，休假、探亲的军人必须立即归队；

（二）预备役人员、国防生随时准备应召服现役，在接到通知后，必须准时到指定的地点报到；

（三）机关、团体、企业事业单位和乡、民族乡、镇的人民政府负责人，必须组织本单位被征召的预备役人员，按照规定的时间、地点报到；

（四）交通运输部门应当优先运送应召的预备役人员、国防生和返回部队的现役军人。

第五十一条　战时根据需要，国务院和中央军事委员会可以决定征召三十六周岁至四十五周岁的男性公民服现役，可以决定延长公民服现役的期限。

第五十二条　战争结束后，需要复员的现役军人，根据国务院和中央军事委员会的复员命令，分期分批地退出现役，由各级人民政府妥善安置。

第十章　现役军人的待遇和退出现役的安置

第五十三条　国家保障现役军人享有与其履行职责相适应的待遇。现役军人的待遇应当与国民经济发展相协调，与社会进步相适应。

军官实行职务军衔等级工资制，士官实行军衔级别工资制，义务兵享受供给制生活待遇。现役军人享受规定的津贴、补贴和奖励工资。国家建立军人工资的正常增长机制。

现役军人享受规定的休假、疗养、医疗、住房等福利待遇。国家根据经济社会发展水平提高现役军人的福利待遇。

国家实行军人保险制度，与社会保险制度相衔接。军人服现役期间，享受规定的军人保险待遇。军人退出现役后，按照国家有关规定接续养老、医疗、失业等社会保险关系，享受相应的社会保险待遇。现役军人配偶随军未就业期间，按照国家有关规定享受相应的保障待遇。

第五十四条 国家建立健全以扶持就业为主，自主就业、安排工作、退休、供养以及继续完成学业等多种方式相结合的士兵退出现役安置制度。

第五十五条 现役军人入伍前已被普通高等学校录取或者是正在普通高等学校就学的学生，服役期间保留入学资格或者学籍，退出现役后两年内允许入学或者复学，并按照国家有关规定享受奖学金、助学金和减免学费等优待；入学或者复学后参加国防生选拔、参加国家组织的农村基层服务项目人选选拔，以及毕业后参加军官人选选拔的，优先录取。

义务兵和服现役不满十二年的士官入伍前是机关、团体、企业事业单位工作人员或者职工的，服役期间保留人事关系或者劳动关系；退出现役后可以选择复职复工。

义务兵和士官服现役期间，入伍前依法取得的农村土地承包经营权，应当保留。

第五十六条 现役军人，残疾军人，退出现役军人，烈士、因公牺牲、病故军人遗属，现役军人家属，应当受到社会的尊重，受到国家和社会的优待。军官、士官的家属随军、就业、工作调动以及子女教育，享受国家和社会的优待。

第五十七条 现役军人因战、因公、因病致残的，按照国家规定评定残疾等级，发给残疾军人证，享受国家规定的待遇和残疾抚恤金。因工作需要继续服现役的残疾军人，由所在部队按照规定发给残疾抚恤金。

现役军人因战、因公、因病致残的，按照国家规定的评定残疾等级采取安排工作、供养、退休等方式妥善安置。有劳动能力的退出现役的残疾军人，优先享受国家规定的残疾人就业优惠政策。

残疾军人、患慢性病的军人退出现役后，由安置地的县级以上地方人民政府按照国务院、中央军事委员会的有关规定负责接收安置；其中，患过慢性病旧病复发需要治疗的，由当地医疗机构负责给予治疗，所需医疗和生活费用，本人经济困难的，按照国家规定给予补助。

现役军人、残疾军人参观游览公园、博物馆、展览馆、名胜古迹享受优待；优先购票乘坐境内运行的火车、轮船、长途汽车以及民航班机；其中，残疾军人按照规定享受减收正常票价的优待，免费乘坐市内公共汽车、电车和轨道交通工具。义务兵从部队发出的平信，免费邮递。

第五十八条 义务兵服现役期间，其家庭由当地人民政府给予优待，优待标准不低于当地平均生活水平，具体办法由省、自治区、直辖市人民政府规定。

第五十九条 现役军人牺牲、病故，由国家发给其遗属一次性抚恤金；其遗属无固定收入，不能维持生活，或者符合国家规定的其他条件的，由国家另行发给定期抚恤金。

第六十条 义务兵退出现役，按照国家规定发给退役金，由安置地的县级以上地方人民政府接收，根据当地的实际情况，可以发给经济补助。

义务兵退出现役，安置地的县级以上地方人民政府应当组织其免费参加职业教育、技能培训，经考试考核合格的，发给相应的学历证书、职业资格证书并推荐就业。退出现役义务兵就业享受国家扶持优惠政策。

义务兵退出现役，可以免试进入中等职业学校学习；报考普通高等学校以及接受成人教育的，享受加分以及其他优惠政策；在国家规定的年限内考入普通高等学校或者进入中等职业学校学习的，享受国家发给的助学金。

义务兵退出现役，报考公务员、应聘事业单位职位的，在军队服现役经历视为基层工作经历，同等条件下应当优先录用或者聘用。

服现役期间平时荣获二等功以上奖励或者战时荣获三等功以上奖励以及属于烈士子女和因战致残被评定为五级至八级残疾等级的义务兵退出现役，由安置地的县级以上地方人民政府安排工作；待安排工作期间由当地人民政府按照国家有关规定发给生活补助费；本人自愿选择自主就业的，依照本条第一款至第四款规定办理。

国家根据经济社会发展水平，适时调整退役金的标准。退出现役士兵安置所需经费，由中央和地方各级人民政府共同负担。

第六十一条 士官退出现役，服现役不满十二年的，依照本法第六十条规定的办法安置。

士官退出现役，服现役满十二年的，由安置地的县级以上地方人民政府安排工作；待安排工作期间由当地人民政府按照国家有关规定发给生活补助费；本人自愿选择自主就业的，依照本法第六十条第一款至第四款的规定办理。

士官服现役满三十年或者年满五十五周岁的，作退休安置。

士官在服现役期间因战、因公、因病致残丧失工作能力的，按照国家有关规定安置。

第六十二条 士兵退出现役安置的具体办法由国务院、中央军事委员会规定。

第六十三条 军官退出现役，国家采取转业、复员、退休等办法予以妥善安置。作转业安置的，按照有关规定实行计划分配和自主择业相结合的方式安置；作复员安置的，按照有关规定由安置地人民政府接收安置，享受有关就业优惠政策；符合退休条件的，退出现役后按照有关规定作退休安置。

军官在服现役期间因战、因公、因病致残丧失工作能力的，按照国家有关规定安置。

第六十四条 机关、团体、企业事业单位有接收安置退出现役军人的义务，在招收录用工作人员或者聘用职工时，同等条件下应当优先招收录用退出现役军人；对依照本法第六十条、第六十一条、第六十三条规定安排工作的退出现役军人，应当按照国家安置任务和要求做好落实工作。

军人服现役年限计算为工龄，退出现役后与所在单位工作年限累计计算。

国家鼓励和支持机关、团体、企业事业单位接收安置退出现役军人。接收安置单位按照国家规定享受税收优惠等政策。

第六十五条 民兵、预备役人员因参战、参加军事训练、执行军事勤务牺牲、致残的，学生因参加军事训练牺牲、致残的，由当地人民政府依照军人抚恤优待条例的有关规定给予抚恤优待。

第十一章 法律责任

第六十六条 有服兵役义务的公民有下列行为之一的，由县级人民政府责令限期改正；逾期不改的，由县级人民政府强制其履行兵役义务，并可以处以罚款：

（一）拒绝、逃避兵役登记和体格检查的；

（二）应征公民拒绝、逃避征集的；

（三）预备役人员拒绝、逃避参加军事训练、执行军事勤务和征召的。

有前款第二项行为，拒不改正的，不得录用为公务员或者参照公务员法管理的工作人员，两年内不得出国（境）或者升学。

国防生违反培养协议规定，不履行相应义务的，依法承担违约责任，根据情节，由所在学校作退学等处理；毕业后拒绝服现役的，依法承担违约责任，并依照本条第二款的规定处理。

战时有本条第一款第二项、第三项或者第三款行为，构成犯罪的，依法追究刑事责任。

第六十七条 现役军人以逃避服兵役为目的，拒绝履行职责或者逃离部队的，按照中央军事委员会的规定给予处分；构成犯罪的，依法追究刑事责任。

现役军人有前款行为被军队除名、开除军籍或者被依法追究刑事责任的，不得录用为公务员或者参照公务员法管理的工作人员，两年内不得出国（境）或者升学。

明知是逃离部队的军人而雇用的，由县级人民政府责令改正，并处以罚款；构成犯罪的，依法追究刑事责任。

第六十八条 机关、团体、企业事业单位拒绝完成本法规定的兵役工作任务的，阻挠公民履行兵役义务的，拒绝接收、安置退出现役军人的，或者有其他妨害兵役工作行为的，由县级以上地方人民政府责令改正，并可以处以罚款；对单位负有责任的领导人员、直接负责的主管人员和其他直接责任人员，依法予以处罚。

第六十九条 扰乱兵役工作秩序，或者阻碍兵役工作人员依法执行职务的，依照治安管理处罚法的规定给予处罚；使用暴力、威胁方法，构成犯罪的，依法追究刑事责任。

第七十条 国家工作人员和军人在兵役工作中，有下列行为之一，构成犯罪的，依法追究刑事责任；尚不构成犯罪的，给予处分：

（一）收受贿赂的；

（二）滥用职权或者玩忽职守的；

（三）徇私舞弊，接送不合格兵员的。

第七十一条 县级以上地方人民政府对违反本法的单位和个人的处罚，由县级以上地方人民政府兵役机关会同行政监察、公安、民政、卫生、教育、人力资源和社会保障等部门具体办理。

第十二章　附　则

第七十二条 本法适用于中国人民武装警察部队。

第七十三条 中国人民解放军根据需要配备文职干部。本法有关军官的规定适用于文职干部。

第七十四条 本法自 1984 年 10 月 1 日起施行。

三、《中华人民共和国国防教育法》

（2001年4月28日第九届全国人民代表大会常务委员会第二十一次会议通过
2001年4月28日中华人民共和国主席令第五十二号公布
自公布之日起施行）

第一章 总 则

第一条 为了普及和加强国防教育，发扬爱国主义精神，促进国防建设和社会主义精神文明建设，根据国防法和教育法，制定本法。

第二条 国防教育是建设和巩固国防的基础，是增强民族凝聚力、提高全民素质的重要途径。

第三条 国家通过开展国防教育，使公民增强国防观念，掌握基本的国防知识，学习必要的军事技能，激发爱国热情，自觉履行国防义务。

第四条 国防教育贯彻全民参与、长期坚持、讲求实效的方针，实行经常教育与集中教育相结合、普及教育与重点教育相结合、理论教育与行为教育相结合的原则，针对不同对象确定相应的教育内容分类组织实施。

第五条 中华人民共和国公民都有接受国防教育的权利和义务。

普及和加强国防教育是全社会的共同责任。

一切国家机关和武装力量、各政党和各社会团体、各企业事业组织以及基层群众性自治组织，都应当根据各自的实际情况组织本地区、本部门、本单位开展国防教育。

第六条 国务院领导全国的国防教育工作。中央军事委员会协同国务院开展全民国防教育。

地方各级人民政府领导本行政区域内的国防教育工作。驻地军事机关协助和支持地方人民政府开展国防教育。

第七条 国家国防教育工作机构规划、组织、指导和协调全国的国防教育工作。

县级以上地方负责国防教育工作的机构组织、指导、协调和检查本行政区域内的国防教育工作。

第八条 教育、民政、文化宣传等部门，在各自职责范围内负责国防教育工作。

征兵、国防科研生产、国民经济动员、人民防空、国防交通、军事设施保护等工作的主管部门，依照本法和有关法律、法规的规定，负责国防教育工作。

工会、共产主义青年团、妇女联合会以及其他有关社会团体，协助人民政府开展国防教育。

第九条 中国人民解放军、中国人民武装警察部队按照中央军事委员会的有关规定开展国防教育。

第十条 国家支持、鼓励社会组织和个人开展有益于国防教育的活动。

第十一条 国家和社会对在国防教育工作中作出突出贡献的组织和个人，采取各种形式给予表彰和奖励。

第十二条 国家设立全民国防教育日。

第二章 学校国防教育

第十三条 学校的国防教育是全民国防教育的基础，是实施素质教育的重要内容。

教育行政部门应当将国防教育列入工作计划，加强对学校国防教育的组织、指导和监督，并对学校国防教育工作定期进行考核。

第十四条 小学和初级中学应当将国防教育的内容纳入有关课程，将课堂教学与课外活动相结合，对学生进行国防教育。

有条件的小学和初级中学可以组织学生开展以国防教育为主题的少年军校活动。教育行政部门、共产主义青年团组织和其他有关部门应当加强对少年军校活动的指导与管理。

小学和初级中学可以根据需要聘请校外辅导员，协助学校开展多种形式的国防教育活动。

第十五条 高等学校、高级中学和相当于高级中学的学校应当将课堂教学与军事训练相结合，对学生进行国防教育。

高等学校应当设置适当的国防教育课程，高级中学和相当于高级中学的学校应当在有关课程中安排专门的国防教育内容，并可以在学生中开展形式多样的国防教育活动。

高等学校、高级中学和相当于高级中学的学校学生的军事训练，由学校负责军事训练的机构或者军事教员按照国家有关规定组织实施。军事机关应当协助学校组织学生的军事训练。

第十六条 学校应当将国防教育列入学校的工作和教学计划，采取有效措施，保证国防教育的质量和效果。

学校组织军事训练活动，应当采取措施，加强安全保障。

第十七条 负责培训国家工作人员的各类教育机构，应当将国防教育纳入培训计划，设置适当的国防教育课程。

国家根据需要选送地方和部门的负责人到有关军事院校接受培训，学习和掌握履行领导职责所必需的国防知识。

第三章 社会国防教育

第十八条 国家机关应当根据各自的工作性质和特点，采取多种形式对工作人员进行国防教育。

国家机关工作人员应当具备基本的国防知识。从事国防建设事业的国家机关工作人员，必须学习和掌握履行职责所必需的国防知识。

各地区、各部门的领导人员应当依法履行组织、领导本地区、本部门开展国防教育的职责。

第十九条 企业事业组织应当将国防教育列入职工教育计划，结合政治教育、业务培训、文化体育等活动，对职工进行国防教育。

承担国防科研生产、国防设施建设、国防交通保障等任务的企业事业组织，应当根据所担负的任务，制定相应的国防教育计划，有针对性地对职工进行国防教育。

社会团体应当根据各自的活动特点开展国防教育。

第二十条 军区、省军区（卫戍区、警备区）、军分区（警备区）和县、自治县、市、市辖区的人民武装部按照国家和军队的有关规定，结合政治教育和组织整顿、军事训练、执行勤务、征兵工作以及重大节日、纪念日活动，对民兵、预备役人员进行国防教育。

民兵、预备役人员的国防教育，应当以基干民兵、第一类预备役人员和担任领导职务的民兵、预备役人员为重点，建立和完善制度，保证受教育的人员、教育时间和教育内容的落实。

第二十一条 城市居民委员会、农村村民委员会应当将国防教育纳入社区、农村社会主义精神文明建设的内容，结合征兵工作、拥军优属以及重大节日、纪念日活动，对居民、村民进行国防教育。

城市居民委员会、农村村民委员会可以聘请退役军人协助开展国防教育。

第二十二条 文化、新闻、出版、广播、电影、电视等部门和单位应当根据形势和任务的要求，采取多种形式开展国防教育。

中央和省、自治区、直辖市以及设区的市的广播电台、电视台、报刊应当开设国防教育节目或者栏目，普及国防知识。

第二十三条 烈士陵园、革命遗址和其他具有国防教育功能的博物馆、纪念馆、科技馆、文化馆、青少年宫等场所，应当为公民接受国防教育提供便利，对有组织的国防教育活动实行优惠或者免费；依照本法第二十八条的规定被命名为国防教育基地的，应当对有组织的中小学生免费开放；在全民国防教育日向社会免费开放。

第四章 国防教育的保障

第二十四条 各级人民政府应当将国防教育纳入国民经济和社会发展计划，并根据开展国防教育的需要，在财政预算中保障国防教育所需的经费。

第二十五条 国家机关、事业单位、社会团体开展国防教育所需的经费，在本单位预算经费内列支；企业开展国防教育所需经费，在本单位职工教育经费中列支。

学校组织学生军事训练所需的经费，按照国家有关规定执行。

第二十六条 国家鼓励社会组织和个人捐赠财产，资助国防教育的开展。

社会组织和个人资助国防教育的财产，由依法成立的国防教育基金组织或者其他公益性社会组织依法管理。

国家鼓励社会组织和个人提供或者捐赠所收藏的具有国防教育意义的实物用于国防教育。使用单位对提供使用的实物应当妥善保管，使用完毕，及时归还。

第二十七条 国防教育经费和社会组织、个人资助国防教育的财产，必须用于国防教育事业，任何单位或者个人不得挪用、克扣。

第二十八条 本法第二十三条规定的场所，具备下列条件的，经省、自治区、直辖市人民政府批准，可以命名为国防教育基地：

（一）有明确的国防教育主题内容；

（二）有健全的管理机构和规章制度；

（三）有相应的国防教育设施；

（四）有必要的经费保障；

（五）有显著的社会教育效果。

国防教育基地应当加强建设，不断完善，充分发挥国防教育的功能。被命名的国防教育基地不再具备前款规定条件的，由原批准机关撤销命名。

第二十九条 各级人民政府应当加强对国防教育基地的规划、建设和管理，并为其发挥作用提供必要的保障。

各级人民政府应当加强对具有国防教育意义的文物的收集、整理、保护工作。

第三十条 全民国防教育使用统一的国防教育大纲。国防教育大纲由国家国防教育工作机构组织制定。

适用于不同地区、不同类别教育对象的国防教育教材，由有关部门或者地方依据国防教育大纲并结合本地区、本部门的特点组织编写。

第三十一条 各级国防教育工作机构应当组织、协调有关部门做好国防教育教员的选拔、培训和管理工作，加强国防教育师资队伍建设。

国防教育教员应当从热爱国防教育事业、具有基本的国防知识和必要的军事技能的人员中选拔。

第三十二条 中国人民解放军和中国人民武装警察部队应当根据需要和可能，为驻地有组织的国防教育活动选派军事教员，提供必要的军事训练场地、设施以及其他便利条件。

在国庆节、中国人民解放军建军节和全民国防教育日，经批准的军营可以向社会开放。军营开放的办法由中央军事委员会规定。

第五章 法律责任

第三十三条 国家机关、社会团体、企业事业组织以及其他社会组织违反本法规定，拒不开展国防教育活动的，由人民政府有关部门或者上级机关给予批评教育，并责令限期改正；拒不改正，造成恶劣影响的，对负有直接责任的主管人员依法给予行政处分。

第三十四条 违反本法规定，挪用、克扣国防教育经费的，由有关主管部门责令限期归还；对负有直接责任的主管人员和其他直接责任人员依法给予行政处分；构成犯罪的，依法追究刑事责任。

第三十五条 侵占、破坏国防教育基地设施、损毁展品的，由有关主管部门给予批评教育，并责令限期改正；有关责任人应当依法承担相应的民事责任。

有前款所列行为，违反治安管理规定的，由公安机关依法给予治安管理处罚；构成犯罪的，依法追究刑事责任。

第三十六条 寻衅滋事，扰乱国防教育工作和活动秩序的，或者盗用国防教育名义骗取钱财的，由有关主管部门给予批评教育，并予以制止；违反治安管理规定的，由公安机关依法给予治安管理处罚；构成犯罪的，依法追究刑事责任。

第三十七条 负责国防教育的国家工作人员玩忽职守、滥用职权、徇私舞弊的，依法给予行政处分；构成犯罪的，依法追究刑事责任。

第六章　附　则

第三十八条 本法自公布之日起施行。

参考文献

[1] 中国红十字会总会 . 救护：中国红十字会救护师资培训教材 . 北京：社会科学文献出版社，2003.

[2] 张科军 . 管窥美国院前急救：一位中国急救师的游美侧记 . 济南：山东友谊出版社，2011.

图书在版编目（CIP）数据

中职中专军事训练教材 / 李军主编 . —济南：山东科学技术出版社，2017.8
ISBN 978-7-5331-7981-6

Ⅰ.①中…　Ⅱ.①李…　Ⅲ.①军事训练 – 中等专业学校 – 教材　Ⅳ.①G631.8

中国版本图书馆 CIP 数据核字（2017）第 158355 号

主　编　李　军
副主编　于孝连　丁翠霞　杨双宏　贾　青
　　　　　张林辉　李　宁　张翠娟　杨俊芳

中职中专军事训练教材

李　军　主编

主管单位：山东出版传媒股份有限公司
出 版 者：山东科学技术出版社
地址：济南市玉函路16号
邮编：250002　电话：（0531）82098088
网址：www.lkj.com.cn
电子邮件：sdkj@sdpress.com.cn
发 行 者：山东科学技术出版社
地址：济南市玉函路16号
邮编：250002　电话：（0531）82098071
印 刷 者：山东金坐标印务有限公司
地址：莱芜市嬴牟西大街28号
邮编：271100　电话：（0634）6276023

开本：787 mm × 1092 mm　1/16
印张：13.75
版次：2017 年 8 月第 1 版　　2017 年 8 月第 1 次印刷

ISBN 978-7-5331-7981-6
定价：22.00 元